Geschichte & Du

Von der Ur- und Frühgeschichte
bis zum Römischen Reich

1

Gymnasium Hamburg

Herausgegeben von
Rolf Schulte
Benjamin Stello

C.C.Buchner

Geschichte & Du – Hamburg

Unterrichtswerk für Geschichte in der Sekundarstufe I

Herausgegeben von Rolf Schulte und Benjamin Stello

Band 1: Von der Ur- und Frühgeschichte bis zum Römischen Reich

Bearbeitet von Solveig Bronst, Stephan Kohser, Finn Melchertsen, Rolf Schulte, Miriam Sénécheau und Benjamin Stello

Zu diesem Lehrwerk ist erhältlich:
Digitales Lehrermaterial **click & teach** Einzellizenz, WEB-Bestell-Nr. 312561
Weitere Lizenzformen (Einzellizenz flex, Kollegiumslizenz) und Materialien unter www.ccbuchner.de.

Dieser Titel ist auch als digitale Ausgabe **click & study** unter www.ccbuchner.de erhältlich.

1. Auflage, 1. Druck 2024
Alle Drucke dieser Auflage sind, weil untereinander unverändert, nebeneinander benutzbar.

Dieses Werk folgt der reformierten Rechtschreibung und Zeichensetzung. Ausnahmen bilden Texte, bei denen künstlerische, philologische oder lizenzrechtliche Gründe einer Änderung entgegenstehen.

Auf verschiedenen Seiten dieses Buches finden sich Mediencodes. Sie verweisen auf optionale Unterrichtsmaterialien und Internetadressen (Links), die der Verlag in eigener Verantwortung zur Verfügung stellt. Haftungshinweis: Trotz sorgfältiger inhaltlicher Kontrolle wird die Haftung für die Inhalte externer Seiten ausgeschlossen.

Redaktion: Jennifer Weisenseel
Layout und Satz: tiff.any GmbH & Co. KG, Berlin
Druck und Bindung: Mohn Media Mohndruck GmbH, Gütersloh

www.ccbuchner.de

ISBN 978-3-661-**31251**-4

Inhalt

1 Wir begegnen der Vergangenheit

2 Ur- und Frühgeschichte

3 Ägypten

4 Das antike Griechenland

5 Das Römische Reich

6 Anhang

Operatoren auf einen Blick

Hier geht's zu allen Operatoren

31100-0346

Methoden auf einen Blick

Hier geht's zu allen Methoden

31100-0347

Arbeitstechniken auf einen Blick

Hier geht's zu allen Arbeitstechniken

31100-0348

Operator	Was genau musst du tun?	Was dir helfen kann
charakterisieren	Du → **beschreibst** einen historischen Sachverhalt, indem du das Besondere an ihm deutlich → **herausarbeitest**.	Um das Besondere zu erfassen, musst du das Thema oder Material auf besondere Merkmale untersuchen und danach → **gliedern** (z. B. Was ist das Besondere am Bau der Pyramiden?).
einordnen	Du ordnest ein Ereignis, die Handlungsweise einer Person, das Thema der Quelle bzw. der Darstellung in einen größeren Zusammenhang ein.	**Tipp:** Stelle dir z. B. dazu folgende Fragen: – Was hat sich in dem betreffenden Zeitraum sonst noch ereignet? – In welchem Zusammenhang ist mir das Ereignis, die Person oder das Thema schon einmal begegnet?
erklären (siehe auch S. 59)	Du stellst einen Sachverhalt so dar, dass die Inhalte für andere verständlich sind.	Zähle die Punkte nicht nur auf, sondern verknüpfe sie miteinander. Damit die Zusammenhänge deutlich werden, verwende begründende Konjunktionen: *weil; deshalb; dadurch; daher*
erläutern (siehe auch S. 123)	Wie bei → **erklären** stellst du einen Sachverhalt so dar, dass die Inhalte, deren Zusammenhänge und Gründe für andere deutlich werden. Führe dazu Beispiele, Belege oder weitere Informationen an.	Die Beispiele und Belege sollen deine Erklärung veranschaulichen und verständlich machen, warum etwas so ist. **Beispiele:** – *Das zeigt sich daran, dass ...* – *Dies wird belegt durch ...*
gegenüberstellen	Du → **skizzierst** die Aussagen, Probleme oder Sachverhalte, die du einander gegenüberstellen sollst. Du gehst auf Unterschiede und Gemeinsamkeiten ein und gewichtest sie in deiner Argumentation.	**Tipp:** Eine Mindmap kann dir helfen, den Überblick über alle Aspekte zu behalten und deinen Text sinnvoll zu strukturieren. Fange dann mit einem Aspekt in einer Aussage/einem Problem an und erkläre dann, wie dieser in der anderen Aussage/dem anderen Problem dargestellt ist. **Beispiel:** *Stelle die verschiedenen Aussagen zum Leben in Sparta einander gegenüber.*
herausarbeiten	Du untersuchst ein Material unter bestimmten Gesichtspunkten und entnimmst ihm Informationen oder Begriffe, die darin nicht ausdrücklich genannt sein müssen.	Achte genau auf das Merkmal, das in der Aufgabe genannt wird. Dadurch vermeidest du eine reine Inhaltsangabe. **Beispiel:** *Arbeite heraus, welche Jahreszeit in M3 dargestellt wird.*
nachweisen, begründen	Du zeigst an einem Material, dass eine bestimmte Aussage zutrifft. Dabei suchst du alle Stellen aus dem Material heraus, die die Aussage unterstützen. Diese Belegstellen liefern die Beweise für die Aussage.	**Beispiel:** *Weise nach, dass die Religion der alten Ägypter auch den Alltag der Menschen bestimmte.* **Tipps:** Du kannst die Aussage auch als Frage formulieren: *Weshalb bestimmte die Religion auch den Alltag der Menschen?* Die Antworten kannst du dann mit *weil* sammeln.
vergleichen (siehe auch S. 42)	Du stellst zwei Aussagen oder Materialien gegenüber und suchst anhand bestimmter Vergleichspunkte nach Gemeinsamkeiten und Unterschieden. Am Schluss formulierst du ein Ergebnis.	**Tipp:** In der Vorbereitung deiner Antwort kann eine Tabelle hilfreich sein, um Gemeinsamkeiten, Unterschiede und Ähnlichkeiten zu sortieren: Vergleichsmerkmal | Material 1 | Material 2 ... | ... | ...
widerlegen	Du → **weist nach**, dass eine bestimmte Aussage nicht zutrifft. Dazu sammelst du Beweise gegen die Argumente im Material, mit denen die Aussage begründet wird.	**Tipp:** Sammle alle Argumente für die Aussage in einer Tabelle. Notiere dann in der zweiten Spalte, warum das Argument nicht zutrifft oder was dagegenspricht. **Beispiel:** *Widerlege die folgende Aussage, die auf einer Internetseite zu finden ist: „Die Frauen im alten Ägypten waren gegenüber Männern klar benachteiligt. Sie waren ausschließlich für den Haushalt und die Kindererziehung zuständig. Die Ehemänner bestimmten über ihr Leben und ihren Besitz."*

Sich eine eigene Meinung bilden und gemeinsam Probleme lösen

Operator	Was genau musst du tun?	Was dir helfen kann
beurteilen	Du beurteilst einen bestimmten Sachverhalt, indem du dir eine eigene Meinung dazu bildest. Gib immer Gründe für dein Urteil (= Sachurteil) an. Achte darauf, dass sie sich auf die historische Zeit beziehen.	Nenne der Reihe nach die Argumente, die zu deinem Urteil führen, und belege jedes deiner Argumente. Achte darauf, dass du die historischen Fakten und Umstände berücksichtigst. **Beispiele:** – *Ötzi kann als typischer Vertreter der Steinzeiten betrachtet werden, weil ...* – *Die Aussage des Augustus, dass er die Republik wiederhergestellt habe, ist richtig/nicht richtig, da ...*
entwickeln	Du legst zu einem Sachverhalt oder zu einer Problemstellung eine weiterführende Einschätzung, ein Lösungsmodell, eine Gegenposition oder ein begründetes Lösungskonzept dar.	**Beispiel:** *Entwickelt im Team Ideen, warum Menschen sich mit ihrer Vergangenheit auseinandersetzen und sie als Geschichte an die Nachwelt überliefern.*
erörtern, diskutieren	Du → **beschreibst** zunächst einen Sachverhalt. Dann → **entwickelst** du schriftlich eine Argumentation, indem du Thesen mit Beispielen bildest. Bringe dabei deine persönlichen Vorstellungen ein (→ **Stellung nehmen**).	Sammle einzelne Sachaussagen anhand bestimmter Gesichtspunkte und gleiche sie auf Gemeinsamkeiten, Ähnlichkeiten und Unterschiede ab. Wichtig ist, dass du am Ende zu einem Sach- und/oder Werturteil kommst, das du begründen kannst.
Stellung nehmen, bewerten	Du beziehst wie bei → **beurteilen** und → **erörtern** Stellung zu einem historischen Sachverhalt. Bei deiner Stellungnahme sollst du aber auch deine persönlichen Vorstellungen berücksichtigen (= Werturteil).	**Beispiel:** *Die antike Sklaverei war eine Ungerechtigkeit, weil die Sklaven sich nicht aussuchen konnten, für wen sie arbeiten sollten.* Bei Werturteilen spielen also unsere heutigen Vorstellungen eine Rolle.
überprüfen, prüfen	Du untersuchst, ob eine Aussage stimmig ist, und formulierst ein überzeugendes Ergebnis zu deinen Überlegungen.	**Tipp:** Berücksichtige beim Überprüfen die Informationen zu den Operatoren → **beurteilen** und → **Stellung nehmen**.

Sinnzusammenhänge aus Quellen erschließen und begründet Stellung nehmen

Operator	Was genau musst du tun?	Was dir helfen kann
interpretieren	Du untersuchst die Aussagen eines Textes oder Bildes und stellst fest, was der Autor oder Künstler damit bewirken wollte. Du musst die jeweiligen Materialien → **analysieren**, → **erläutern** und bewerten. Erst wenn du die Zusammenhänge verstehst, kannst du sie deuten.	**Beispiele:** – *Der Autor möchte mit seinem Text (wahrscheinlich) erreichen, dass ...* – *Das Bild will dem Betrachter zeigen, dass ...* Wichtig ist dabei, dass du dich eng an die Materialien hältst. Dafür kann es sinnvoll sein, auf sie zu verweisen (immer mit Zeilenangaben).

So findest du dich im Buch zurecht

Geschichte & Du wird dich durch das Schuljahr begleiten. Das Besondere dabei ist: Das Buch stellt immer wieder die Frage, was die behandelten Themen eigentlich **mit dir zu tun haben**. Zudem bietet es vielfältige **digitale Materialien** und **interaktive Übungen**.
Wie du dich in den verschiedenen Teilen des Buches gut zurechtfindest, zeigen dir die folgenden Erklärungen.

Der Auftakt – wissen, worum es geht

Die Auftaktseiten stehen am Beginn eines jeden Großkapitels. Große Abbildungen zeigen dir, um welches **Thema** es sich handelt. Die Arbeitsvorschläge (**Was weißt und kannst du schon?**) helfen dir, erste Fragen über das Thema und die Zeit zu stellen.

Geschichte & Du – was hat das Thema mit dir zu tun?

Auf der linken Seite findest du verschiedene Materialien. Sie liefern dir Anregungen, wo das Thema in **deinem Alltag** vorkommt.

Orientierung – Überblick über Zeit und Raum

Karte und **Zeitleiste** geben dir auf der rechten Seite einen Überblick: Um welchen Zeitraum und welchen Teil der Welt geht es? Wie weit ist das Thema zeitlich und räumlich entfernt?
Die Arbeitsvorschläge (**Jetzt bist du dran**) zeigen dir, was du mithilfe der Materialien, Karten und Zeitleisten auf dieser Doppelseite über das Thema erfahren kannst.

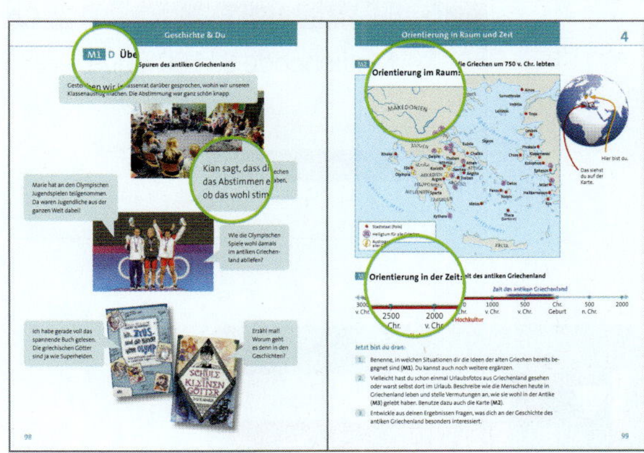

Geschichte aktiv – im Team arbeiten

Diese Doppelseiten findest du in jedem Großkapitel. Hier kannst du in **Partner- oder Gruppenarbeit** Materialien zu einem besonderen Themenbereich bearbeiten. Wir erklären dir **Schritt für Schritt** ganz genau, wie du die Themen eigenständig erforschen und erarbeiten kannst. Die Arbeitsschritte werden teilweise durch verlinkte **Arbeitstechniken** ergänzt, die für dich Tipps und Hilfen bereithalten.

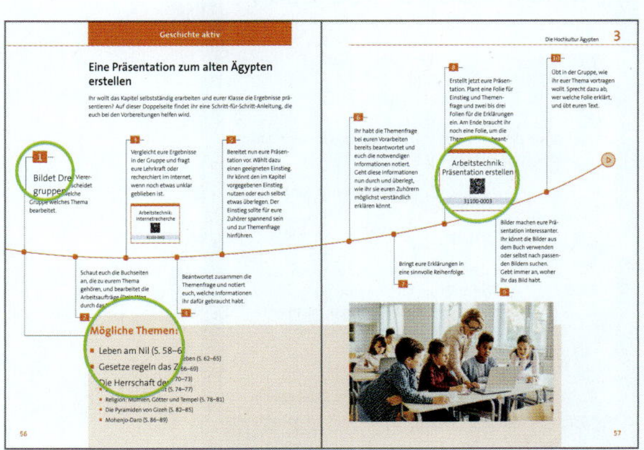

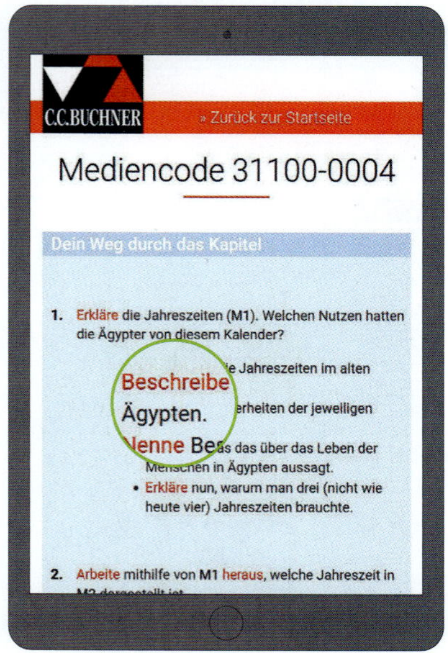

Teilkapitel – das Wichtige übersichtlich geordnet

Die Themen sind in mehrere Teilkapitel gegliedert. Am Anfang stehen Bilder und kurze Texte mit Arbeitsvorschlägen. Sie zeigen anschaulich, worum es im Kern geht, und führen zu der jeweiligen **Leitfrage** der Kapitel. In den **Verfassertexten** (**VT**) haben unsere Schulbuchautoren aufgeschrieben, was sie für wichtig halten. Blau hinterlegte Begriffe und Personen werden im **Lexikon** hinten im Buch noch einmal ausführlich erklärt. Außerdem enthält das Buch viele **Materialien**. Wir unterscheiden dabei **Quellen** (**Q**) und **Darstellungen** (**D**). Manche der Materialien führen über einen Medien- und QR-Code zu einer **Differenzierung**. Sie hilft dir, die Materialien besser zu verstehen.

Zu den Verfassertexten und Materialien gibt es Arbeitsvorschläge (**Dein Weg durch das Kapitel**). **Hilfestellungen** zu allen Aufgaben erhältst du digital. Zu den mit einem **Anker**-Symbol ⚓ gekennzeichneten Aufgaben geben wir dir Tipps zur Bearbeitung im Anhang des Buches. Das **Stern**-Symbol ⭐ ist Aufgaben zugeordnet, die einen Aspekt vertiefen. Die Aufgaben **„Der Blick aufs Ganze“** ermöglichen dir, ein **Lernprodukt** wie einen Comic oder einen Erklärfilm zu erstellen und deine erarbeiteten Ergebnisse zu sichern.

Mediencodes und QR-Codes – digitale Inhalte

Hinter **Mediencodes** verbergen sich viele spannende **digitale Inhalte** für dich (z. B. Hörtexte, Videos, interaktive Übungen und Bilderklärungen). Wenn du diese einsehen willst, musst du nur unsere Homepage *www.ccbuchner.de* aufrufen und in das Suchfeld den Mediencode eingeben. Alle Inhalte kannst du ebenso über einen **QR-Code** abrufen.

Aufgabenkästen – der „digitale Zwilling“

Mithilfe der QR- und Mediencodes kannst du alle **Aufgaben digital** ansehen. Diese sind identisch mit den jeweiligen Aufgaben im Schulbuch, bieten aber nützliche Erweiterungen für dich: **Schritt-für-Schritt-Anleitungen** für die meisten Aufgaben sowie digitale Methoden- und Operatorenkarten.

Methoden und Operatoren – Schritt für Schritt lernen und anwenden

Wer Quellen und Materialien (z. B. Texte, Bilder, Karten) verstehen will, muss sie richtig untersuchen. Dafür brauchst du **Methoden**. An einem Beispiel lernst du, wie du genau vorgehst. Dabei gibt es meistens drei Abschnitte: **Beschreiben – untersuchen – deuten**. Diese Anleitungen findest du auch digital.

Daneben enthalten die Kapitel zusätzliche Hilfen, wie einzelne **Operatoren** in den Arbeitsvorschlägen richtig zu verstehen sind. Ganz vorne im Buch gibt es eine zusammenfassende **Übersicht** zu allen Operatoren. Dort erfährst du auch, wie du am besten formulieren und Aufgaben sicher lösen kannst.

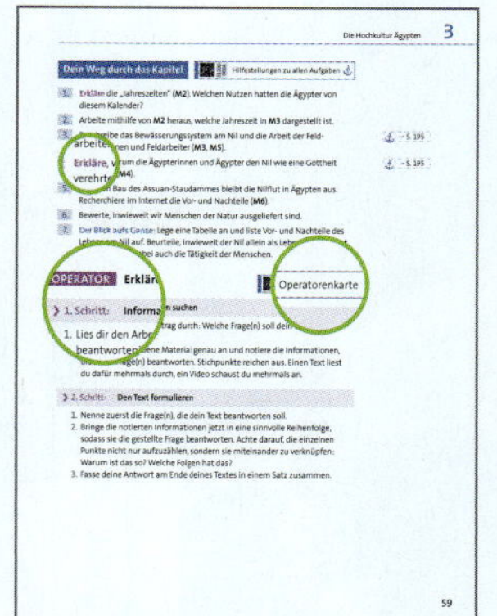

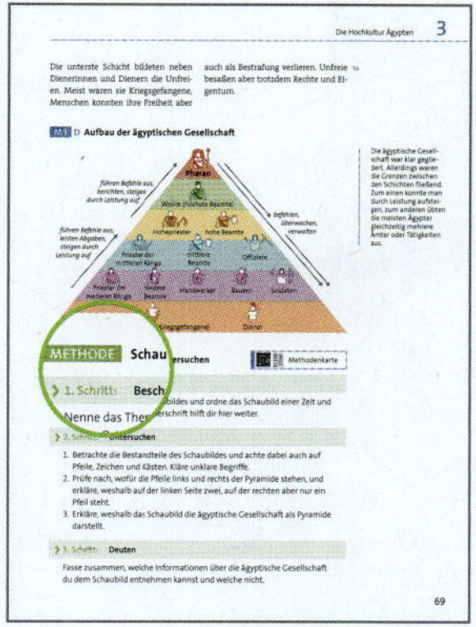

Auf einen Blick – das Wichtige zusammengefasst

Zum Schluss haben wir die **Inhalte der Teilkapitel** knapp zusammengefasst. Die grundlegenden Begriffe und Namen werden noch einmal wiederholt. **Schaubilder** führen die wesentlichen Inhalte zusammen. Du kannst sie auch digital abrufen und mit den Arbeitsvorschlägen bearbeiten. Zudem kannst du mithilfe von **interaktiven Übungen** zu den Themen dein Wissen spielerisch überprüfen.

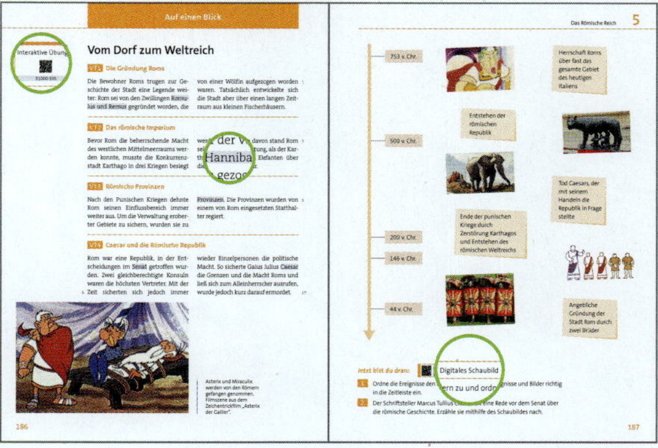

Kompetenzcheck – teste dich selbst

Auf der Doppelseite am Ende eines Großkapitels findest du neues Material mit Arbeitsvorschlägen. Hier kannst du nicht nur zeigen, was du gelernt hast. Du sollst dein **Wissen und Können** auch anwenden und selbstständig arbeiten. Zudem greifen die Abschlussseiten den Titel des Buches wieder auf: Was hat das Thema mit dir zu tun? Inwiefern war es sinnvoll, sich damit auseinanderzusetzen? Über einen Mediencode kannst du die **Lösungen** zu den Aufgaben aufrufen und mit deinen eigenen vergleichen.

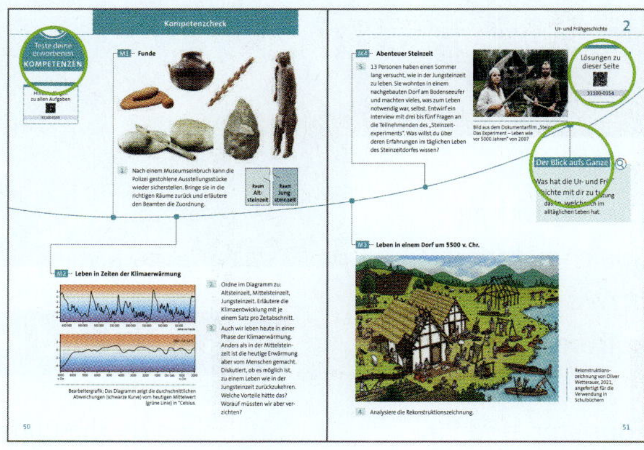

Die Hamburger Speicherstadt ist inzwischen Weltkulturerbe und wird von vielen Touristen und Einwohnern bestaunt. Zur Zeit ihrer Entstehung war sie allerdings ein einfaches Lagerviertel.

Was weißt und kannst du schon?

1. Sieh dir die Bilder rechts genau an und bringe sie in eine zeitliche Reihenfolge von sehr alt nach weniger alt.

1

Wir begegnen der Vergangenheit

4

3

5

6

M1 D Ein neues Fach

Stundenplan

	Montag	Dienstag	Mittwoch	Donnerstag	Freitag
1	Deutsch	Englisch	Deutsch	Sport	Religion
2	Mathe	Englisch	Musik	Sport	Deutsch
3	Erdkunde	Kunst	Geschichte	Mathe	Deutsch
4	Biologie	Kunst	Geschichte	Mathe	Mathe
5	Biologie	Musik	Erdkunde	Englisch	Englisch
6	Religion			Englisch	

Ein neues Fach steht auf dem Stundenplan: Geschichte.

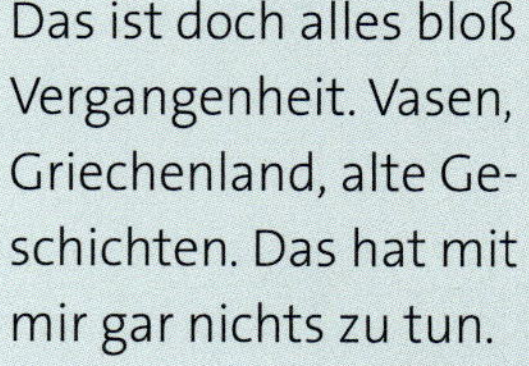

Ich finde Technik toll: Das Kolosseum in Rom ist zwar 2000 Jahre alt, aber ein Vorbild für die heutigen Fußballstadien.

Das ist doch alles bloß Vergangenheit. Vasen, Griechenland, alte Geschichten. Das hat mit mir gar nichts zu tun.

Weil meine Eltern aus Griechenland kommen, habe ich es in Deutschland manchmal nicht leicht. Da hilft es mir, wenn ich weiß, dass vor langer Zeit in Griechenland Dinge erfunden wurden, die heute für uns alle wichtig sind.

Aus Erfahrungen lernen, Vorbilder finden und Selbstbewusstsein aus der eigenen Geschichte gewinnen – so habe ich noch gar nicht über Geschichte nachgedacht. Vielleicht ist Geschichte ja doch ein ganz spannendes Fach.

Ich habe mit meiner Uroma die Fotos „von früher“ angeschaut. Dazu gab es jedes Mal eine Geschichte vom Leben „früher“, als die Menschen arm waren und ein heiler Strumpf schon ein Weihnachtsgeschenk für die Kinder war. Meine Mama sagt, dass mir die Uroma so viele Geschenke macht, weil sie früher so wenig hatten.

Wie haben meine Eltern eigentlich gelebt, als sie Kinder waren?
Warum leben wir hier und nicht dort, wo unsere Großeltern wohnen?
Was hat Geschichte mit mir zu tun?

M2 D Orientierung im Raum: Karte von Hamburg

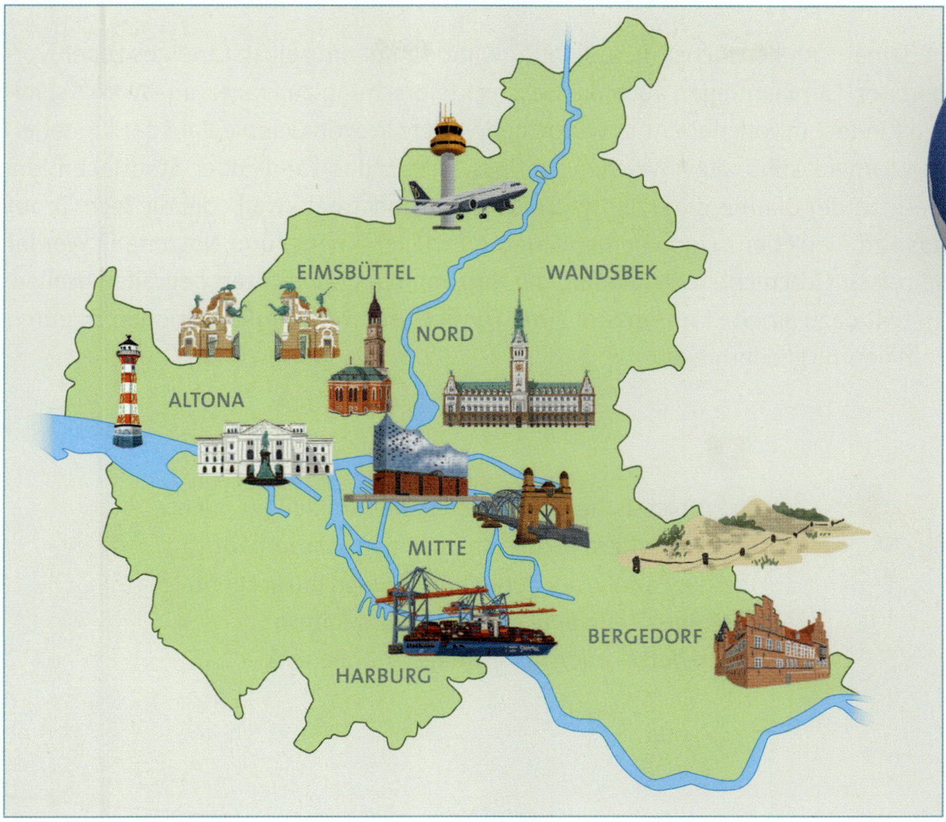

EIMSBÜTTEL
WANDSBEK
NORD
ALTONA
MITTE
BERGEDORF
HARBURG

Hier bist du.

M3 D Orientierung in der Zeit: Epochen der Geschichte

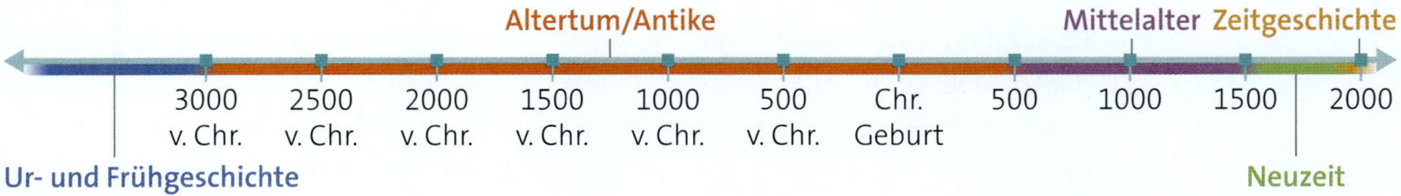

Jetzt bist du dran:

1. Lies die Sprechblasen auf der linken Seite. Schreibe deine eigene Sprechblase. Erläutere darin, was du mit Geschichte verbindest (**M1**).
2. Ist Geschichte wichtig oder nicht? Erkläre, warum du so denkst.
3. Sicher kennst du Orte in deinem Bundesland, an denen dir die Vergangenheit bereits begegnet ist. Beschreibt sie euch gegenseitig im Zweierteam anhand der Karte (**M2**).
4. Nenne ein paar Ereignisse oder Personen, die du auf dem Zeitstrahl einordnen kannst (**M3**).
5. Entwickle aus deinen Ideen Fragen, die dir der Geschichtsunterricht beantworten soll.

Einen Stammbaum erstellen

In deiner Familie wächst du auf, in ihr wirst du auf ein selbstständiges Leben vorbereitet. Familien regen auch die Geschichtsforschung zu Fragen an: Womit spielten Kinder? In welchem Alter wurde geheiratet? Wovon war die Zahl der Kinder einer Familie abhängig? Welchen Einfluss hatten das Land- oder Stadtleben, die Gesetze, der Glaube, die Erziehung, die Berufs- und Arbeitswelt oder die Technik auf das Familienleben? Und wie bewältigten Familien Kriegs- und Notzeiten? Werdet selbst zu Geschichtsforschenden, die ihre Familiengeschichten begreifen wollen. Erstellt dazu einen Stammbaum eurer Familie und wertet Informationen zu euren Familienmitgliedern aus!

1

Bearbeite zunächst alleine die Themenseiten zur Bedeutung von Geschichte in deiner eigenen Lebenswelt.

2

Bearbeitet nun im Zweierteam die Themenseiten zu den Arbeitsweisen des Faches Geschichte.

3

Jetzt bist du bereit, deine eigene Familiengeschichte zu erforschen! Fertige selbst einen Stammbaum deiner Familie an, der möglichst weit zurückgeht. Befrage dazu deine Eltern und Großeltern nach den Namen von Familienmitgliedern.

4

Sammle unterschiedliche Quellen zu deiner Familiengeschichte und ordne sie den passenden Stellen auf deinem Stammbaum zu. Benenne jeweils die Quellenarten. Beurteile, welche Informationen aus diesen Quellen von allgemeinem Interesse sein könnten.

Themen:

- Alles hat Geschichte (S. 16–19)
- Geschichte wird gemacht (S. 20–23)

5

Erzählt euch gegenseitig eure Familiengeschichten im Zweierteam anhand des Stammbaumes und einiger Quellen. Erläutert euch gegenseitig euer Vorgehen.

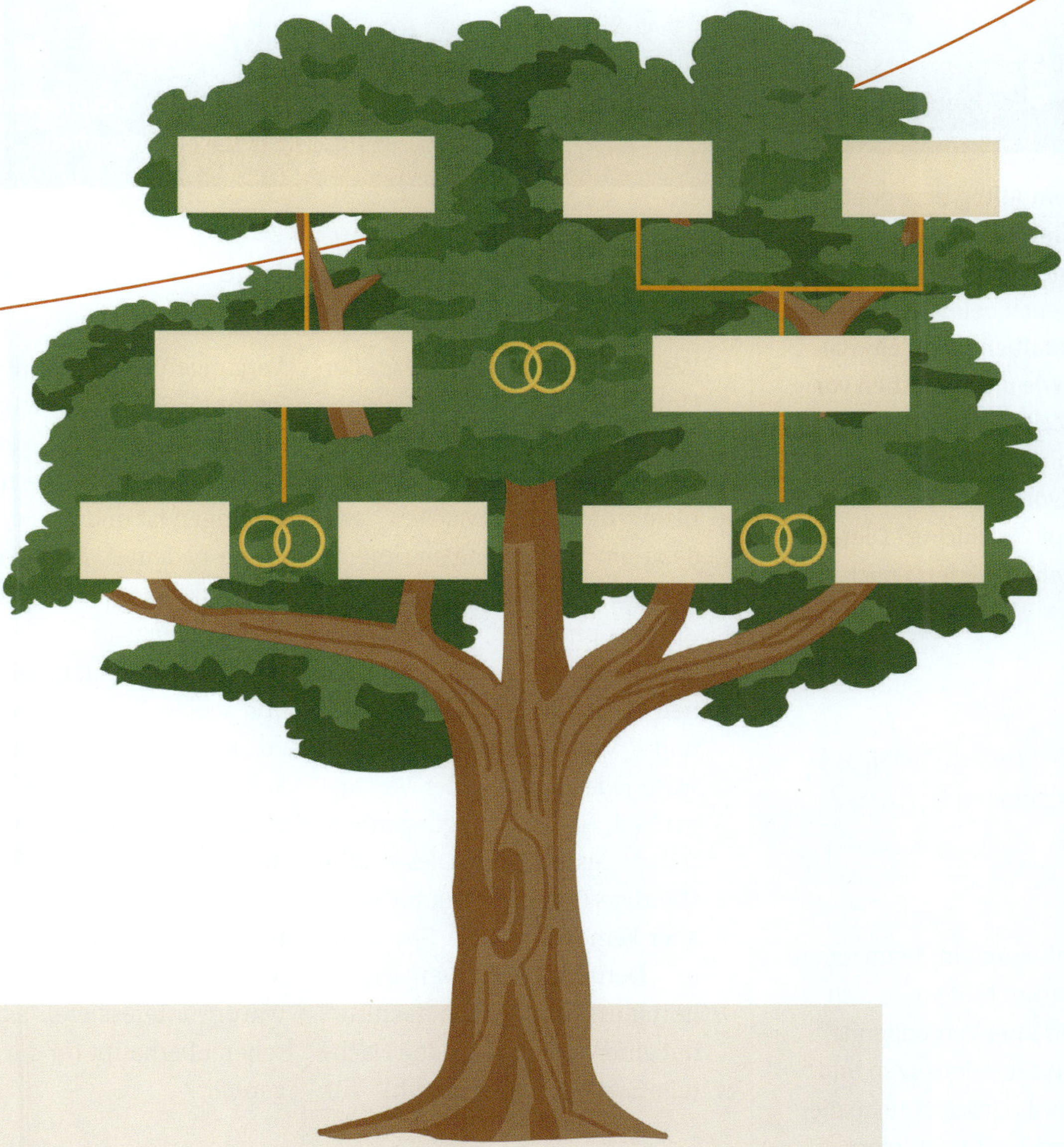

1.1 Alles hat Geschichte

Fotoalben geben uns einen spannenden Einblick in die Vergangenheit.

In unserem Alltag begegnet uns die Geschichte auf ganz unterschiedliche Art und Weise. Habt ihr euch beim Blättern in alten Fotoalben schon einmal gefragt, wie die Menschen vor unserer Zeit gelebt haben? Ist Geschichte wichtig, wenn sie doch vorbei ist? Und was ist überhaupt Geschichte? Diesen Fragen gehen wir jetzt nach.

?

Welche Bedeutung hat Geschichte für uns?

1. Entwickelt im Team Ideen, warum Menschen sich mit ihrer Vergangenheit auseinandersetzen und sie als Geschichte an die Nachwelt überliefern..

VT1 Vergangenheit und Geschichte – ein Gedankenexperiment

Weißt du eigentlich, was der Unterschied zwischen Vergangenheit und Geschichte ist? Vergangenheit und Geschichte ist nicht dasselbe. Machen wir dazu ein Gedankenexperiment: Nehmen wir an, es gäbe einen „Super-Computer“, der einfach alles, was geschieht, aufzeichnen kann – ohne Lücken, Fehler und Verfälschungen. Damit wäre jedes Ereignis der Vergangenheit, ja die Vergangenheit selbst gespeichert. Diese vollständige Datensammlung wäre aber keineswegs „die Geschichte“. Denn unsere „Vergangenheitsaufzeichnungsmaschine“ hat einen entscheidenden Nachteil: Sie hat kein „Gefühl“ für Vergangenheit, Gegenwart und Zukunft. Sie kann nicht sagen, wie ein Ereignis, das vorgestern begonnen hatte, gestern weitergegangen ist und was es für uns heute bedeutet. Menschen hingegen können das. Wenn wir von heute aus in die Vergangenheit zurückschauen, wissen wir von vielen Ereignissen, wie sie zu Ende gegangen sind, und können sagen, was sie für unsere Gegenwart bedeuten. Außerdem wäre unserer Maschine ziemlich egal, was sie eigentlich tut. Auch das würde sie vom Menschen unterscheiden. Aber warum interessieren sich Menschen überhaupt für die Vergangenheit?

Dein Weg durch das Kapitel

Hilfestellungen zu allen Aufgaben 

1. Erkläre in eigenen Worten, was der Unterschied zwischen Vergangenheit und Geschichte ist (**VT1**).
2. **Beschreibe M1** und vergleiche es mit einem aktuellen Familienbild aus der Gegenwart. → S. 192
3. Frage deine Eltern oder Großeltern, ob es alte Fotos oder Fotoalben in deiner Familie gibt. Wähle ein altes Foto aus, das du besonders interessant findest, und **beschreibe** es. Erläutere, warum du das Foto ausgewählt hast und welche Bedeutung es für dich und deine Familie hat.
4. a) Nenne Beispiele, wo dir Vergangenheit begegnet.
   b) Ordne die Beispiele nach Lebensbereichen (Straße, zu Hause, Schule, Gemeinde, Sportverein ...).
5. **Beschreibe** die Veränderungen zwischen beiden Fotografien **M2** 1 und 2. Erläutere mögliche Gründe für die Veränderungen.
6. Erkläre, warum wir in einem Museum etwas über Geschichte und nicht nur über Vergangenheit erfahren (**VT2**). → S. 192
7. Nenne einen Geschichtsort, den du schon besucht hast, und erkläre, was du an diesem Ort faszinierend fandest (**VT3**).
   ☆ Recherchiere einen bekannten Geschichtsort in deiner Nähe und plane einen Ausflug für deine Freunde dorthin.
8. **Der Blick aufs Ganze:** Stelle in einer Mindmap dar,
   – was der Unterschied zwischen Geschichte und Vergangenheit ist,
   – wo dir Geschichte und Vergangenheit begegnen,
   – welche Bedeutung Geschichte für deine Lebenswelt hat.
   Erläutere deine Erkenntnisse einer Mitschülerin oder einem Mitschüler.

OPERATOR Beschreiben

Operatorenkarte

❯ 1. Schritt: Informationen suchen

1. Lies dir den Arbeitsauftrag durch: Welchen historischen Inhalt soll dein Text beschreiben?
2. Sieh dir das gegebene Material genau an und notiere die Informationen, die dir bei deiner Beschreibung helfen. Stichpunkte reichen aus.

❯ 2. Schritt: Antwort formulieren

1. Deine Beschreibung soll die dargestellten Informationen kurz, aber vollständig wiedergeben.
2. Fasse dafür den Inhalt in eigenen Worten chronologisch zusammen.
3. Nutze für deine Beschreibung Fachbegriffe.

M1 Q Familienbild zur Erinnerung an eine Taufe

Foto, um 1900. Die Fotografie wurde um 1827 erfunden.

Fotografen fuhren früher über Land, um Familienbilder zu machen. Sie brachten bemalte Vorhänge für den Hintergrund und Teppiche für den Boden mit. Später – als die Fotoapparate klein und handlich wurden – konnte man auch selber Fotos schießen. Heute geht das mit jedem Smartphone.

M2 Q Wo begegnet dir Geschichte an deinem Wohn- oder Schulort?

1 Hamburg, Reeperbahn und Spielbudenplatz

Foto um 1900

2 Hamburg, Reeperbahn und Spielbudenplatz

Foto von 2018

VT2 Geschichte begegnet uns im Museum

In Museen werden Gegenstände und Bilder aus der Vergangenheit gesammelt, untersucht, teilweise in den ursprünglichen (restaurierten) Zustand gebracht und eine Geschichte über sie erzählt. Für die Erforschung unserer Geschichte sind die Heimat-, Kreis- und Stadtmuseen besonders interessant. In ihnen finden wir neben Urkunden, Bildern, Wappen und sonstigen Funden aus der überlieferten Geschichte einer Region oft auch Gegenstände wie Möbel, Werkzeuge und Trachten. Neben diesen allgemeinen Sammlungen gibt es besondere Museen für Vorgeschichte, Landwirtschaft, Bergbau, Handwerk, Verkehr, Spielsachen, Schule oder Feuerwehr. Heute finden wir in einigen Museen, vor allem den Freilichtmuseen, nicht nur Ausstellungsstücke (Exponate), sondern wir dürfen dort ausprobieren, zum Beispiel wie früher gearbeitet wurde.

Eingang des Altonaer Museums in Hamburg, Foto von 2009

VT3 Was sind Geschichtsorte?

Klöster, Kirchen, Burgen oder Schlösser sind auffällige Zeugen unserer Geschichte. Sie ermöglichen uns Einblicke in verschiedene Lebenswelten. Zugleich werfen diese Bauwerke auch viele Fragen auf: Wann sind sie entstanden? Wer hat sie in Auftrag gegeben? Welchen Zweck hatten sie? Mit welchen Mitteln wurden sie errichtet? Wie wirkten diese Bauten auf die Menschen? Bis heute ziehen diese Geschichtsorte viele Besucherinnen und Besucher an: Was macht diese Orte so faszinierend?

Die Ursprünge Hamburgs liegen in der sogenannten Hammaburg, die das Archäologische Museum Hamburg als Modell so rekonstruiert hat.

1.2 Geschichte wird gemacht

Ein fiktiver Tatort

So wie auf dem großen Bild oben kann es aussehen, wenn Ermittler nach einem Verbrechen Beweise und Vermutungen zusammentragen, um herauszufinden, was passiert ist. Was könnte hier die Gemeinsamkeit zur Arbeit von Geschichtsforschenden, sogenannten Historikerinnen und Historikern, sein?

?

Geschichtsforschende – Profiler ...?

1. Finde Gemeinsamkeiten und Unterschiede zwischen Polizei- und Historikerarbeit.

2 Ergänze die Leitfrage.

VT1 Ein Polizist

Bei der Polizei arbeiten sogenannte „Profiler". Aus Spuren am Tatort, Hinweisen und weiteren Umständen versuchen sie, möglichst viel über die Täterinnen und Täter und den Hergang des Verbrechens zu sagen. Das ist häufig sehr knifflig, weil Zeugenaussagen und Hinweise sich manchmal widersprechen oder Beweise gefälscht sein könnten. Das Bild oben könnte im Lauf ihrer Arbeit entstanden sein.

Historikerinnen und Historiker haben ein ähnliches Problem wie die Profiler. Sie waren ebenfalls nie direkt dabei, als die Dinge geschahen, über die sie berichten wollen. Wie können sie nun möglichst genau etwas über die Vergangenheit herausfinden?

Dein Weg durch das Kapitel

→ S. 194

1. Verteilt die Materialien **VT2** unter euch. Schaut euch „euren“ Abschnitt genau an. Tragt in eurer Gruppe zusammen, was beim Banküberfall tatsächlich geschah. Legt dazu eine Tabelle mit drei Spalten an: Was wissen wir, was glauben wir, was denken wir?
2. Fasse zusammen, wie man etwas über Geschichte herausfinden kann (**VT4**).
3. Zeichne eine Zeitleiste vom Jahr deiner Geburt bis heute (1 Jahr ≙ 1cm). Ermittle, wie lang deine dann Zeitleiste sein müsste, um auch das Zeitalter der Ritter oder der Dinosaurier einzuzeichnen (**VT3**, **Methode**).

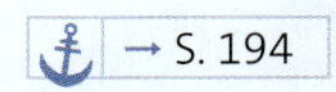

4. **Der Blick aufs Ganze:** Gestalte ein Bild wie das auf der Einstiegsseite für eine Historikerin oder einen Historiker, indem du dem Forschenden Ideen, Fragen und Schritte als Hilfestellungen für seine Arbeit mitgibst.

VT2 Der Banküberfall von Altodorf-Wandsbüttel

Ein Bankräuber versetzte Hamburg in Aufregung! Er überfiel die Bankfiliale in Altodorf-Wandsbüttel. Der Täter konnte fliehen. Zum Glück rücken sofort die besten Ermittler und Profiler der Kriminalpolizei an. Sie können nach und nach vier verschiedene Menschen zu ihren Erlebnissen befragen. Auch die Zeitung ist bereits vor Ort und macht sich ein Bild.

a) *Die Augenzeugin Frau Meyer (31 Jahre alt) berichtet am Tag der Tat dem Polizisten Schlau vom Banküberfall:*

Ich bin immer noch ganz durch den Wind. Ich wollte, wie jeden ersten Tag im Monat, meine Überweisungen zur Bank bringen. Im Juni, dachte ich, könnte man auch das Rad nehmen. Ich stellte es also ab und ging in den Vorraum. Da geschah es: Ein Mann kam in die Bank und rief: „Keiner bewegt sich! Das ist ein Überfall!“ Dann ging es auch ganz schnell. Der Mann am Schalter gab dem Täter einen ganzen Koffer voller Geld. Der Täter rannte aus dem Gebäude, sprang auf sein Moped und fuhr weg. Der Polizei konnte ich sein Aussehen zum Glück genau beschreiben: Der Mann war ca. 35. Er trug ein schlecht gebügeltes Hemd in Anthrazit, eine Chinohose in Navy und braune Ledersandalen. Einen Ehering trug der Mann nicht. Ach so, eine Waffe hatte er nicht. Ich glaube, von dieser Aufregung muss ich mich noch lange erholen.

b) *Der Augenzeuge Herr Müller (75 Jahre alt) berichtet seinen Enkeln einen Monat danach, was er der Polizei vom Banküberfall berichtet hatte:*

Ich war gerade in der Bank und stand am Schalter, als plötzlich ein Mann um die 20 mit Brille und grimmigem Gesichtsausdruck hereinkam. Er hatte normale Kleidung an. Keiner war zunächst auf ihn aufmerksam geworden. Ich dachte allerdings gleich, dass mit ihm etwas nicht stimmt, und so stellte ich mich schon einmal hinter die Säule. Dann überfiel er die Bank. Die alte Frau neben mir konnte ich noch schützend an mich reißen. Es hätte ja sonst etwas passieren können, wenn sie ihm ohne Vorwarnung entgegengelaufen wäre. Schließlich hatte er ein Messer. Die Polizei sagte später auch, dass ich genau das Richtige getan hätte. Da hätte nicht jeder so geistesgegenwärtig gehandelt. Hoffentlich schnappen sie den Kerl bald.

Auf Grundlage aller Zeugenaussagen erstellt die Polizistin Klecksel ein Suchbild für die Fahndung nach dem Täter.

c) *Der Zeitungsredakteur Herr Kolumna berichtet in der Tageszeitung am Folgetag auf Grundlage seiner Befragungen vor Ort:*

Am Mittwoch, den 3. Juni, um 10:30 Uhr kam es laut Polizei zu einem Banküberfall in der Meisengasse. Der Täter ist weiter flüchtig. Es soll sich nach Zeugenaussagen um einen Mann handeln, der zwischen 20 und 40 Jahre alt ist. Der Polizeisprecher sagte, dass zum Glück niemand verletzt worden sei. Einzig eine ältere Frau trug ein paar blaue Flecken davon, als sich ein etwa 75-jähriger ängstlicher Mann zu fest an sie klammerte. Die Initiative „Für ein sicheres Altodorf-Wandsbüttel" zeigte sich ob dieses Vorfalls entsetzt: „Das kommt von der Sparpolitik des Bürgermeisters! Keine Polizeipräsenz! Alles zu teuer! Jetzt haben wir das Übel. Dieser Mann darf nicht wiedergewählt werden!"

d) *Die Lebensgefährtin des mutmaßlichen Täters (40 Jahre alt) berichtet im Rahmen eines Verhörs bei der Polizei eine Woche nach der Tat:*

Ich weiß gar nicht, was Sie von mir wollen. Mein Mann ist so ein freundlicher Mensch. Er besitzt keine dieser Klamotten. Außerdem fährt er Motorrad. Und morgens um 10:30 Uhr ist er immer zum Nordic Walking im Wald. Am Mittwoch war ich sogar mit ihm dort. Bitte lassen Sie ihn laufen. Er hat nichts getan.

VT3 Geschichte ordnen

Wenn wir uns in der Geschichte zurechtfinden wollen, müssen wir das Vergangene zeitlich einordnen können. Deshalb teilen wir die Geschichte in Zeitabschnitte ein. Als festen Bezugspunkt, von dem aus die Jahre gezählt werden können, wurde der weltweit am meisten verbreitete gewählt: Christi Geburt. Bei Ereignissen, die vor dem angeblichen Jahr der Geburt Christi liegen, fügen wir nach der Jahreszahl „vor Christus" hinzu, z. B. 50 vor Christus (abgekürzt: 50 v. Chr.). Das Jahr 0 gibt es nicht. Andere Religionen haben andere Ausgangspunkte gewählt: Die Zeitrechnung im Islam beginnt mit der Flucht des Propheten Mohammed im Jahr 622 unserer Zeitrechnung, bei Jüdinnen und Juden beginnt die Zeitrechnung im Jahr 3761 v. Chr., als nach ihrer Vorstellung die Welt erschaffen wurde.
Größere Zeiträume fassen wir in Jahrhunderte oder Jahrtausende zusammenfassen. Das 19. Jahrhundert zum Beispiel umfasst den Zeitraum von 1801 bis 1900. Für noch längere Zeitabschnitte gilt die Einteilung in Epochen: Die Ur- und Frühgeschichte ist die erste Epoche. Darauf folgt das Altertum, auch Antike genannt. Dann kommt das Mittelalter, das in die Neuzeit mündet. Die letzte Epoche ist die Zeitgeschichte, in der wir leben.

VT4 Wie kann man etwas über Geschichte herausfinden?

Das Ziel von geschichtlich Forschenden ist es, herauszufinden, was in der Vergangenheit geschehen ist. Das können sie anhand von Quellen. Eine Quelle ist alles, was uns aus der Vergangenheit überliefert wurde. Das können schriftliche Quellen wie Bücher, Inschriften, Briefe und andere Dokumente sein, aber zum Beispiel auch mündliche Quellen, etwa Zeugenaussagen, oder Bild- und Tonquellen wie Statuen, Bauwerke, Bilder, Filme, Aufzeichnungen.

Ihre Ergebnisse fassen sie in einer Darstellung zusammen. Auch wenn die Historikerinnen und Historiker dieselben Quellen betrachtet haben, kann sich ihre Darstellung unterscheiden, zum Beispiel, weil die Quellen nicht eindeutig sind oder sie diese unterschiedlich interpretiert haben. Deshalb ist es wichtig, in einer Darstellung immer anzugeben, wie, warum und aufgrund welcher Quellen man zu einer Deutung gekommen ist.

Da wir weder dabei waren, als eine Quelle entstanden ist, noch ihre Herstellenden kennen, können wir nie genau wissen, ob sie die ganze Wahrheit berichtet und mit welcher Absicht sie hergestellt wurde. Wir müssen also „zwischen den Zeilen lesen" und wie ein Profiler der Polizei möglichst genau prüfen: Welche Art von Quelle habe ich vor mir? Wann und wie ist die Quelle entstanden? Wie lässt sich die Quelle beschreiben? Wozu diente sie und welche Bedeutung hatte sie? Was verrät uns die Quelle über ihre Zeit? Wie glaubwürdig ist sie? Nur dann können seriöse Deutungen der Geschichte entstehen.

METHODE Zeitleiste erstellen

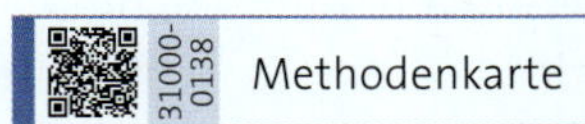

› 1. Schritt: Recherchieren

1. Überlege zuerst, zu welchem Thema und zu welchem Zweck du eine Zeitleiste erstellen möchtest.
2. Sammle Daten, die auf der Zeitleiste eingetragen werden sollen.

› 2. Schritt: Planen

1. Entscheide, an welchem Zeitpunkt die Leiste beginnen und enden soll.
2. Lege fest, welche Zeiträume und Daten eingetragen werden sollen, und teile die Skala in Zeitabschnitte ein.
3. Ordne die Daten chronologisch, d. h. in zeitlicher Reihenfolge.

› 3. Schritt: Gestalten

1. Trage die Daten auf der Skala ein.
   Tipp: Für eine bessere Orientierung kannst du auch noch andere Ereignisse eintragen, die für die dargestellte Zeit besonders wichtig waren.
2. Klebe Bilder an die passende Stelle unter oder über die Zeitleiste.
3. Formuliere passende Unterschriften zu deinen Bildern.

Unter **Vergangenheit** verstehen wir alles, was vor unserer Gegenwart geschehen und unwiederbringlich vorbei ist.

Wir begegnen der Vergangenheit

VT1 Wie und wo begegnet uns Vergangenheit?

Überall im Alltag begegnen wir Spuren der Vergangenheit: einer Kirche, einem Denkmal, einem Straßennamen oder einem Familienfoto. Orte, an denen wir ganz gezielt etwas über Geschichte erfahren können, sind Museen und Archive.

VT2 Was ist eigentlich Geschichte?

Wie wir uns die Vergangenheit vorstellen und sie beschreiben, bezeichnen wir als Geschichte. So gibt es die Geschichte einschneidender Ereignisse wie Kriegen oder bedeutender Persönlichkeiten, etwa von Königen. Es gibt aber auch die Geschichte eines Landes, einer Region, deines Wohnortes oder deiner Schule. Deine Familie und du selbst haben eine Geschichte. Die vielfältigen historischen Spuren, Überbleibsel aus der Vergangenheit, bezeichnen Geschichtsforschende als Quellen.

VT3 Wie erfahren wir etwas über die Vergangenheit?

Um verlässliche Informationen zu erhalten, müssen Quellen mit bestimmten Methoden untersucht und entschlüsselt werden. Es gibt unterschiedliche Quellenarten: Sachquellen, mündliche und schriftliche Quellen sowie Bild- und Tonquellen. Wenn Historikerinnen und Historiker die Quellen untersucht und nach bestimmten Fragestellungen ausgewertet haben, dann schreiben sie darüber. Das nennen wir Darstellung. Das Ergebnis kann dabei ganz unterschiedlich ausfallen, denn die Menschen stellen in unterschiedlichen Zeiten andere Fragen und halten andere Dinge für wichtig. Wie wir uns Geschichte vorstellen, hängt davon ab, wie uns Geschichte vermittelt wird.

VT4 Wie teilen wir die Zeit ein und ordnen die Geschichte?

Um vergangene Ereignisse zeitlich einordnen zu können, ist ein Bezugspunkt notwendig. Ausgangspunkt der christlichen Zeitrechnung ist die Geburt Jesu. Ereignisse, die in der zeitlichen Abfolge (Chronologie) vor diesem Zeitpunkt liegen, kennzeichnen wir mit v. Chr. und Ereignisse danach erkennen wir an der Abkürzung „n. Chr.“ Menschen jüdischen und muslimischen Glaubens haben andere Ereignisse als Bezugspunkte festgelegt. Für eine bessere Orientierung in der Geschichte werden längere Zeitabschnitte in Epochen gegliedert. Die europäische Geschichte wird eingeteilt in Vorgeschichte, Altertum/Antike, Mittelalter, Neuzeit und Zeitgeschichte.

› WORTSPEICHER
größere Zusammenhänge – Darstellungen – Quellen – wertet aus – ordnet ein – erhält

Jetzt bist du dran:

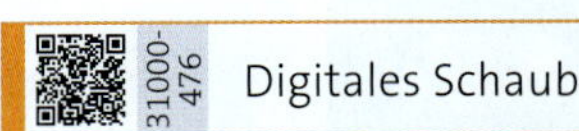

1. Vervollständige das Schaubild digital oder im Heft.
2. Erläutere in einem zusammenhängenden Text, wie Geschichte entsteht.

Hilfestellungen zu allen Aufgaben

31100-0135

M1 Zeitleiste zur Geschichte der Leuchtmittel

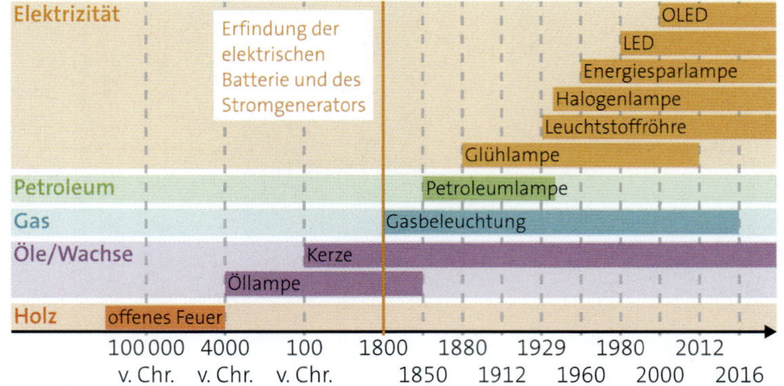

1. Erstelle nach diesem Vorbild eine Zeitleiste zum Thema Geschichte der Kommunikationsmedien der letzten 100 Jahre. Seit wann nutzen die Menschen Telefon, Radio, Fernseher, PC, Internet, Handy, Smartphone usw.? Recherchiere die Informationen dazu im Internet. Wer aus deiner Familie konnte was davon nutzen? Du kannst auch deine Familienangehörigen danach fragen.

M2 Uhren aus früheren Zeiten

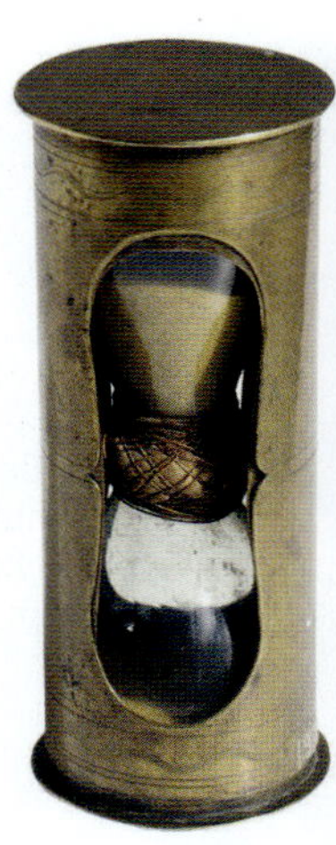

Sanduhr, um 1500

Sonnenuhr um 300 v. Chr.

Der Schatten der Zeigers verändert sich mit dem Stand der Sonne und gibt die Zeit des Lichttages auf den zwölf Linien der Uhr an. Es ist zwölf Uhr mittags, wenn der Schatten auf die senkrechte Linie in der Mitte fällt.

2. Inwiefern beziehen sich Kalender und Uhren ebenso wie Zeitleisten und Stammbäume auf die Vergangenheit, Gegenwart und Zukunft? Begründe jeweils.

M4 Schule früher, heute und in Zukunft

Lösungen zu dieser Seite
31100-0136

4. Vergleiche deine Erkenntnisse zu **M3** mit deinen Schulerfahrungen heute (und denen deiner Eltern oder Großeltern). Stelle in einer Tabelle neben Gegenständen auch Verhaltensweisen einander gegenüber. Übertrage deine Tabelle anschließend in Textform. Versuche dann in die Zukunft zu schauen: Wie könnten Schule und Unterricht in der Zukunft sein? Welche Veränderungen schlägst du vor? Beurteile abschließend, in welchem Zusammenhang die Schule der Vergangenheit, deiner Gegenwart und der Zukunft zueinander stehen.

Schule		
früher	heute	in Zukunft

Der Blick aufs Ganze

Was hat Geschichte mit dir zu tun? Bewerte, welche Bedeutung Geschichte in deinem Leben hat.

M3 Besuch eines historischen Klassenzimmers

Hier kann man beim Besuch eines historischen Klassenzimmers mit einer „historischen Lehrerin" erleben, wie der Schulunterricht vor über 100 Jahren in einer Volksschule aussah. Damals wurden Kinder mehrerer Jahrgänge von einer Lehrkraft in allen Fächern zusammen unterrichtet.

3. Stelle dir vor, du besuchst das historische Klassenzimmer. Schreibe einen Bericht darüber, was du dort über Unterricht früher lernen kannst.

Das Foto zeigt die Rekonstruktion einer Hütte aus dem Übergang von der Alt- zur Jungsteinzeit (ca. 6000 bis 5000 v. Chr.). Im **Steinzeitpark Dithmarschen** lebten Forschende sechs Wochen lang so, wie die letzten Jäger und Sammler vor 7000 Jahren in der Region.

Was weißt und kannst du schon?

1. Schaut euch das Foto, die Zeichnung und das Video an. Welche Unterschiede zu eurem Leben heute könnt ihr entdecken?

2. Findet ihr auch Gemeinsamkeiten?

2 Ur- und Frühgeschichte

Video: Zeitreise in die Steinzeit

31100-0137

M1 D Tätigkeiten früher und heute

- Musikinstrumente spielen
- Werkzeuge herstellen und verwenden
- Getreide ernten
- Häuser bauen
- Getreidevorräte anlegen und später verzehren
- Wälder roden
- Felder anlegen
- Kleidung herstellen

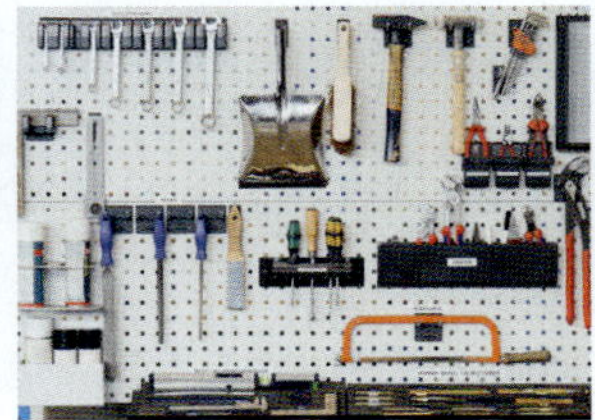

Bilder und Tätigkeiten digital zuordnen

31000-478

VT1 Warum beschäftigen wir uns mit dem Leben in der Ur- und Frühgeschichte?

Viele Tätigkeiten, die wir heute für selbstverständlich halten, haben ihren Ursprung in der Ur- und Frühgeschichte. Jahrtausendelang jagten die Menschen Tiere und sammelten pflanzliche Nahrung. Dabei wechselten sie häufig ihre Wohnorte. Sie lebten unter Felsdächern, in Höhleneingängen, Zelten und Hütten. Später gingen die Menschen dazu über, sesshaft zu werden. Der Übergang zum Leben in festen Häusern und zur Ernährung mit Getreideanbau und Viehhaltung in der Jungsteinzeit markiert aus heutiger Sicht einen der wichtigsten Umbrüche in der Geschichte der Menschheit überhaupt. Der Mensch begann nun, die Natur zu verändern. Durch Rodung von Wäldern für das Anlegen von Feldern griff er erstmals stark in seine Umwelt ein. Die Sesshaftigkeit brachte nicht nur Vorteile, doch ist sie die Grundlage fast der gesamten Menschheit bis heute. Mit der Erfindung der Metallverarbeitung am Ende der Ur- und Frühgeschichte kam mit Metall ein Werkstoff auf, der aus unserem Leben heute nicht mehr wegzudenken ist.

M2 D Orientierung im Raum: Die Entstehung der ersten Kulturpflanzen (Jahresangaben v. Chr.)

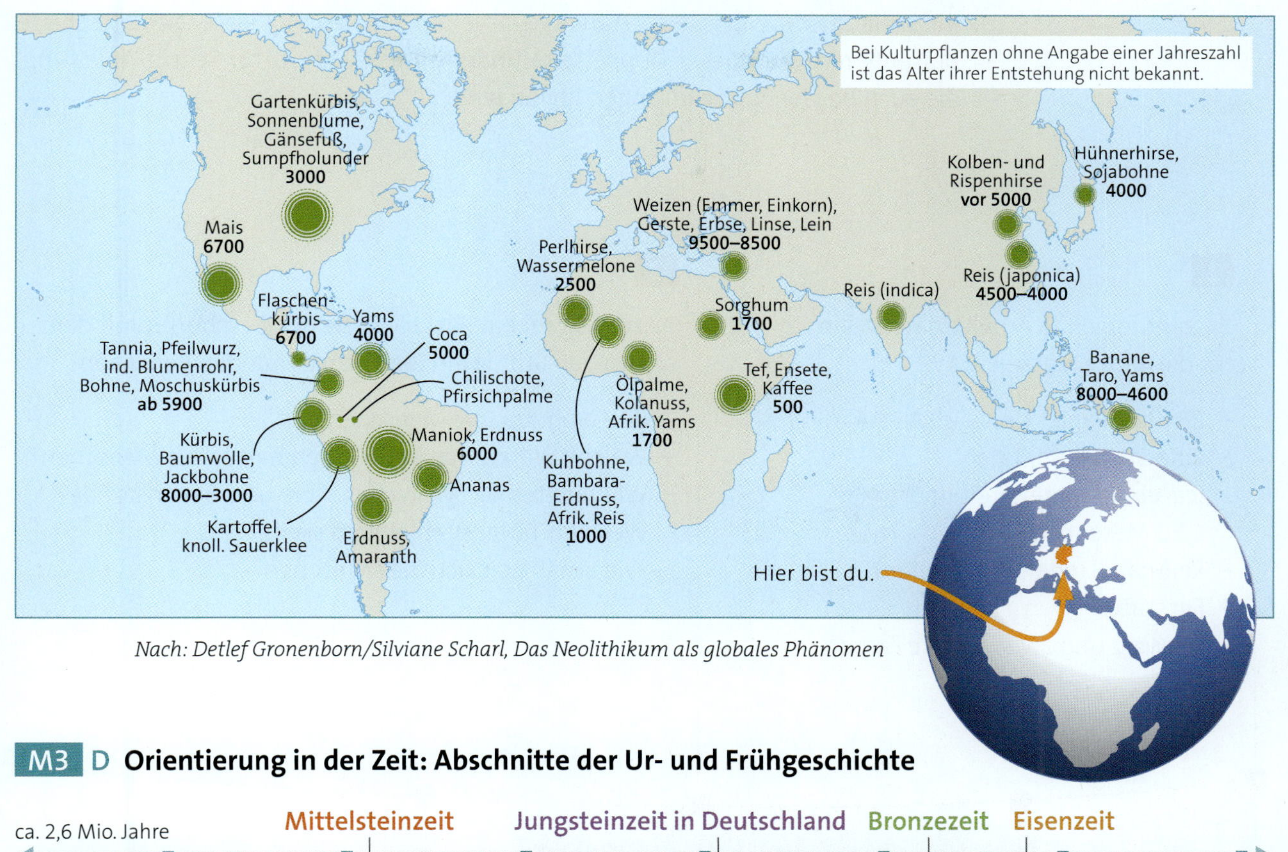

Nach: Detlef Gronenborn/Silviane Scharl, Das Neolithikum als globales Phänomen

M3 D Orientierung in der Zeit: Abschnitte der Ur- und Frühgeschichte

ca. 2,6 Mio. Jahre | Mittelsteinzeit | Jungsteinzeit in Deutschland | Bronzezeit | Eisenzeit

10 000 v. Chr. | 8000 v. Chr. | 6000 v. Chr. | 4000 v. Chr. | 2000 v. Chr. | Chr. Geburt | 2000

Altsteinzeit

Jetzt bist du dran:

1. Ordne den Bildern links die genannten Tätigkeiten zu (**M1**).
2. Erläutere, warum wir uns mit dem Leben in der Ur- und Frühgeschichte beschäftigen (**VT1**).
3. Ordne in einer Tabelle zu: Welche Kulturpflanzen sind in Amerika, in Afrika, in Asien entstanden (**M2**)?
4. Markiere die Kulturpflanzen in der Tabelle, die du schon gegessen hast (**M2**).
   ☆ Wähle eine Kulturpflanze aus, von der du noch nie gehört hast, und informiere dich darüber.
5. Im Vorderen Orient begann die Jungsteinzeit mit dem Anbau von Gerste, Erbse, Linse und Lein. Jahrtausende später erreichte die neue Lebensform Mitteleuropa. Finde mithilfe der Karte (**M2**) und der Zeitleiste (**M3**) heraus, wie lange es dauerte, bis in Deutschland die Jungsteinzeit begann.

Ein Poster-Puzzle erstellen

Ihr wollt das Kapitel selbstständig erarbeiten und eurer Klasse die Ergebnisse präsentieren? Auf dieser Doppelseite findet ihr eine Schritt-für-Schritt-Anleitung, die euch bei den Vorbereitungen helfen wird.

1

Besorgt folgende Arbeitsmaterialien für die ganze Klasse:

- 25 Blatt Papier (jeweils DIN A4)
- eine Stellwand/Tafel (ca. einen Meter breit und 1,20 Meter hoch)
- Reißnägel (oder Klebstreifen)
- Filzstifte: schwarz und zwei weitere Farben

2

Bildet zwei gleich große Gruppen und entscheidet in der Klasse, wer welches Thema bearbeitet. Schaut euch die Buchseiten an, die zu eurem Thema gehören, und bearbeitet die Arbeitsaufträge (Dein Weg durch das Kapitel) schriftlich.

3

Jetzt stellt ihr ein Poster-Puzzle her. Beschriftet mit dem schwarzen Stift je ein Blatt Papier mit den Bereichen:

- Wie wohnten die Menschen?
- Welche Werkzeuge und Waffen hatten die Menschen?
- Wie nutzten die Menschen Tiere und Gegenstände?
- Welchen Tätigkeiten gingen sie nach?
- Wie ernährten sich die Menschen?

4

Hängt die fünf Blätter mit den Bereichen an der Stellwand/Tafel untereinander am linken Rand auf. Benutzt dafür Reißnägel oder Klebstreifen. Beschriftet je ein Blatt mit „Altsteinzeit“ (Farbe 1), „Jungsteinzeit“ (Farbe 2) und hängt diese beiden Blätter am oberen Rand der Stellwand auf.

Mögliche Themen:

- Leben in der Altsteinzeit (S. 34–37)
- Veränderungen in der Jungsteinzeit (S. 38–43)
- Ötzi – der Mann aus dem Eis (S. 44–47)

5

Teilt euch in vier Gruppen: zwei Gruppen, die die Altsteinzeit behandelt haben, und zwei Gruppen, die die Jungsteinzeit behandelt haben. Verteilt die bunten Filzstifte: Altsteinzeit (Farbe 1) und Jungsteinzeit (Farbe 2).

6

Sammelt in den Kleingruppen das, was ihr zu jedem einzelnen der fünf Bereiche schreiben wollt, zunächst auf einem Zettel. Füllt nun fünf Blätter in Reinschrift aus. Ihr könnt dabei auch kleine Zeichnungen einfügen.

7

Nun werden die ausgefüllten Blätter an die richtige Stelle an der Stellwand geheftet. Die beiden Gruppen, die dieselbe Epoche behandelt haben, wechseln sich dabei ab.
Die jeweils andere Gruppe kontrolliert, ob nichts vergessen wurde.

8

Wenn jedes Feld besetzt ist, übertragen alle das Ergebnis in die Arbeitsmaterialien.

2.1 Leben in der Altsteinzeit

Der Denker: Rekonstruktion eines Neandertalers im Landesmuseum für Vorgeschichte, Halle

Die lebensecht wirkende Skulptur eines Neandertalers stammt von Elisabeth Daynès. Die Bildhauerin hat sich auf frühgeschichtliche Rekonstruktionen spezialisiert und stellte diese auch im bekannten Neanderthal Museum in Mettmann in Nordrhein-Westfalen aus. In der Nähe des Museums wurden Überreste des Frühmenschen gefunden.

?

Die Menschen in der Altsteinzeit – ganz anders ...?

1. Beschreibe das Foto. Welche Unterschiede zwischen dem Neandertaler und dem modernen Menschen fallen dir auf?
2. Überprüfe deine Eindrücke aus dem Bild anhand des Textes sowie des Erklärvideos.
3. Ergänze die Leitfrage.

VT1 Neandertaler trifft Jetztmensch

Neandertaler lebten vor etwa 130 000 bis 20 000 Jahren in Europa. Sie sind eine besondere Art früher Menschen. Sie ernährten sich viel von Fleisch und kamen besonders gut mit der Kälte und der Knappheit an nährstoffreichen Pflanzen zurecht. Während in Europa die Neandertaler lebten, entwickelte sich in Afrika eine andere Menschenform: die Jetztmenschen (Homo sapiens). Von Afrika erreichten sie vor vermutlich 45 000 Jahren auch unseren Kontinent. Dort lebten sie lange Zeit gleichzeitig mit den Neandertalern, die vor etwa 20 000 Jahren ausstarben.

M1 D Warum starben die Neandertaler aus?

Wir wissen nicht genau, warum die Neandertaler ausstarben. Das Video zeigt dir einige Vermutungen dazu.

Erklärvideo zu den Neandertalern
31100-0139

Arbeitstechnik: Arbeit mit Erklärvideos
31100-0140

Dein Weg durch das Kapitel

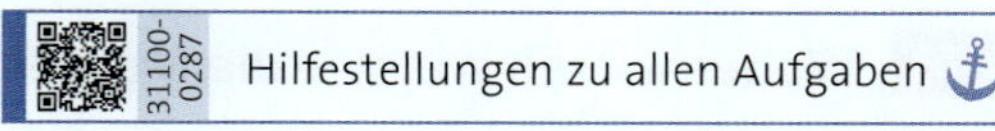

1. Erläutere, was wir mit dem Wort „Altsteinzeit“ bezeichnen (**VT2**).
2. Erkläre, woher wir wissen, wie die Menschen in der Altsteinzeit lebten (**VT3**). → S. 194
3. Arbeite heraus, welche Rohstoffe die Menschen der Altsteinzeit nutzten und was sie daraus herstellten (**VT2–VT4**, **M2**, **M4**). → S. 194
4. Welche verschiedenen Tierarten findest du in der Höhle von Lascaux? Besuche die virtuelle Höhle (**M4**) und erstelle eine Liste.
5. Erläutere, was wir über Höhlenbilder in der Altsteinzeit wissen (**VT4**).
6. Erkläre, welche Informationen in der Geschichte zu **M2** (**Mediencode**)
   a) frei erfunden sind,
   b) auf früheren Vermutungen von Forschenden beruhen,
   c) mit Funden aus der Altsteinzeit zusammenhängen (**M2**, **M3**).
7. **Der Blick aufs Ganze:**
   a) Schreibe eine Erzählung über einen Tag im Leben der Menschen der Altsteinzeit.
   b) Markiere, was an deiner Erzählung auf Forschungen beruht, was Vermutungen sind, die auf diese Forschungen zurückgehen, und was du frei erfunden hast.

VT2 Leben in der Altsteinzeit

Die Altsteinzeit ist der älteste Abschnitt der Menschheitsgeschichte. Er begann vor 2,6 Millionen Jahren und dauerte bis 10 000 Jahre vor heute. In dieser Zeit lebten auf der Erde verschiedene Menschenformen: zuletzt die Neandertaler und dann die Jetztmenschen.

Die Menschen der Altsteinzeit lebten als Jäger und Sammler. Sie erlegten Wildtiere wie Wildpferde, Rentiere oder Schneehasen und sammelten Beeren, Nüsse, Pilze, Wurzeln und Vogeleier. Sie zogen umher und lebten immer dort, wo sie genug Nahrung fanden. Die Menschen schufen Werkzeuge wie den Faustkeil und Waffen für die Jagd, die sie immer weiterentwickelten. Am Ende der Altsteinzeit fertigten die Menschen Speerschleudern, Harpunen und Angelhaken. Dafür nutzten sie Knochen, Geweih, Holz und den zu scharfen Kanten bearbeitbaren Feuerstein. Vermutlich schon seit 300 000 Jahren können sich Menschen sprachlich verständigen. Das war wichtig, um sich etwa bei der Jagd auf große Wildtiere abzusprechen. Seit etwa 40 000 Jahren kennen die Menschen Techniken, selbst Feuer zu erzeugen. Das Feuer war überlebenswichtig. Es bot Schutz vor wilden Tieren und half, Nahrung durch Erhitzen bekömmlicher zu machen. Es sorgte für Licht und schützte vor Kälte. Gegen Kälte half aber auch Kleidung: Mützen, Umhänge, Beinkleider, Schuhe, die die Menschen aus Leder und Fell selbst herstellten.

VT3 Woher wissen wir, wie die Menschen in der Altsteinzeit lebten?

Die frühen Menschen kannten keine Schrift. Unser Wissen über sie stammt daher nicht aus schriftlichen Quellen, sondern aus gegenständlichen Quellen. Die meisten Funde sind Werkzeuge aus Stein, daher der Begriff Steinzeit. Archäologinnen und Archäologen, die die Steinzeiten erforschen, fanden auch Schmuck aus Muscheln und Tierzähnen, Werkzeuge aus Knochen und Geweih, geschnitzte Figuren aus Mammutelfenbein und Höhlenmalereien. Sicher haben die Menschen auch viele Gegenstände aus Holz und Pflanzenfasern hergestellt und Kleidung aus Leder oder Fell. Diese Materialien haben sich aber über die Jahrtausende hinweg nur selten im Boden erhalten. Jeder Fund, der in der Zukunft noch gemacht wird, kann unsere Vorstellungen über die Vergangenheit, über das, was die Menschen früher gemacht haben, vervollständigen oder verändern.

M2 D/Q „Löwenmensch"

Hörtext über „den Löwenmenschen"

31100-0144

Der „Löwenmensch" ist eine Figur aus Mammutelfenbein. Höhe: 31,1 cm, Alter: 35 000–40 000 Jahre. Gefunden wurde die Figur in der Höhle „Hohlenstein" bei Ulm. Forschende sind uneinig, ob hier ein Mann, eine Frau oder ein geschlechtsloses Wesen dargestellt ist.

M3 D Wie sahen unsere Vorfahren aus?

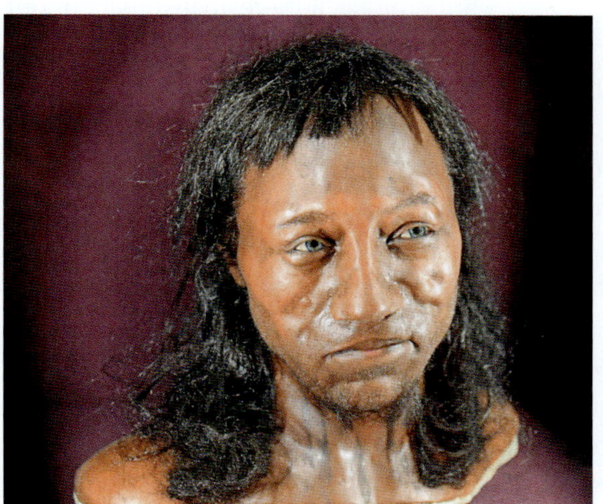

Auch ein früher Hamburger?

2018 rekonstruierten Forschende aus dem Erbgut eines Skeletts den Kopf eines Menschen, der vor 10 000 Jahren in Großbritannien gelebt hatte.

Ganz ähnlich sahen auch die Menschen aus, die vor rund 12 000 Jahren in dicke Felle gehüllt und mit Speer und Bogen bewaffnet Rentiere im sogenannten Tunneltal von Hamburg-Meiendorf bis Ahrensburg jagten.

VT4 Was wissen wir über die Höhlenbilder in der Altsteinzeit?

Vor etwa 35 000 Jahren entstanden die ersten Tierbilder auf Höhlenwänden. Sie wurden eingeritzt oder mit Farbpulver aufgetragen. Die verschiedenen Farben wurden mit Ocker (gelb), Rötel (rot), Mangan und Kohle (schwarz), Kalzit oder Kaolin (weiß) hergestellt. Früher haben Forschende die Höhlenmalereien als Ausdruck eines Jagdkultes gedeutet: Haben Menschen dort vor einer Jagd die Tiergeister beschworen? Aber: Selten sind die Tierarten dargestellt, die die Menschen gejagt haben. Auch gibt es auf Höhlenbildern dieser Zeit keine Jagdszenen und nur wenige Menschen. Höhlenmalereien finden sich oft an schwer zugänglichen Stellen tief in den Höhlen. Archäologinnen und Archäologen konnten anhand von Funden feststellen, dass diese Orte immer nur kurz aufgesucht wurden. Gewohnt haben die Menschen dort nicht. Waren Frauen, Männer oder Kinder die Künstler? Ganz genau werden wir das wohl nie wissen. Eines aber ist sicher: Die Höhlenbilder verraten uns, dass die Menschen die Tiere im Jahreslauf genau beobachteten und sie mit vielen Einzelheiten in lebendig wirkenden Bildern wiedergeben konnten. Die Mühe, die sich die Menschen machten, zeigt, dass die Kunstwerke für sie von großer Bedeutung waren.

M4 Q Menschen erschaffen Höhlenbilder

Höhle von Lascaux, Frankreich, Alter: ca. 17 000 Jahre

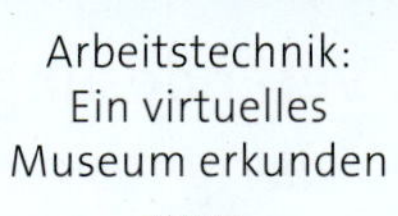

31100-0143

2.2 Veränderungen in der Jungsteinzeit

Szene aus dem Dokumentarfilm „Steinzeit – Das Experiment – Leben wie vor 5000 Jahren“, 2007

Ausschnitte aus der Doku „Steinzeit – Das Experiment“

31100-0146

13 Personen haben einen Sommer lang versucht, wie in der Jungsteinzeit zu leben. Sie wohnten in einem nachgebauten Dorf am Bodenseeufer und machten vieles, was zum Leben notwendig war, selbst. Daraus entstand die Dokumentation „Steinzeit – Das Experiment – Leben wie vor 5000 Jahren“.

?

Veränderungen in der Jungsteinzeit – ...?

1. Beschreibe das Foto aus der Doku und die Rekonstruktionszeichnung. Finde Tätigkeiten und Gegenstände, die es erst in der Jungsteinzeit (und noch nicht in der Altsteinzeit) gab.
2. Überlege: Welche Folgen könnten diese Erfindungen gehabt haben?

M1 D Leben in einem Dorf um 5500 v. Chr.

Rekonstruktionsgemälde aus den 1940er-Jahren. Die Archäologie hat inzwischen herausgefunden, dass es in der Arbeitsteilung zwischen Mann und Frau Übergänge gab. Der Filmausschnitt oben zeigt korrekt, dass beide Geschlechter verschiedene Rollen in der Gesellschaft einnehmen konnten. Das hat der Zeichner dieses Bildes noch nicht berücksichtigen können.

Dein Weg durch das Kapitel

31100-0288 Hilfestellungen zu allen Aufgaben 

1. Untersuche die Rekonstruktionszeichnung **M1** mithilfe der Methodenkarte.
2. Beschreibe das Leben in der Jungsteinzeit (**M1–M6**, **VT1**).
3. Vergleiche das Leben in der Jungsteinzeit mit dem Leben in der Altsteinzeit. 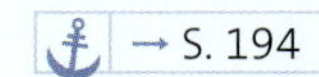 → S. 194
4. Begründe: War das Leben in der Jungsteinzeit im Vergleich zur Altsteinzeit ein Fortschritt oder ein Rückschritt?
   Untersuche die Frage unter zwei verschiedenen Aspekten:
   a) Ernährung/Überleben und Umwelt (**VT2**, **M7**, **M8**)
   b) Zusammenleben und Arbeiten (**M9**, **M10**)
5. Der Blick aufs Ganze: Überprüft mit euren Ergebnissen, ob die Rekonstruktionszeichnung M1 oder die Ausschnitte aus der Doku „Steinzeit – Das Experiment" die Lebensweise in der Jungsteinzeit korrekt und vollständig darstellen. → S. 194

METHODE Rekonstruktionszeichnungen erschließen

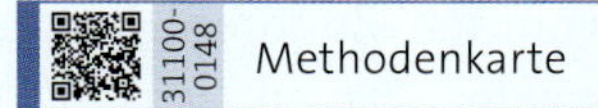
31100-0148 Methodenkarte

› 1. Schritt: Betrachten und Beschreiben

Betrachte das Bild und beschreibe, was du siehst.

› 2. Schritt: Untersuchen

1. Benenne Einzelheiten: Personen, Lebewesen, Gegenstände.
2. Schildere, welche Tätigkeiten dargestellt sind.
3. Werte die Bildunterschrift aus: Welchen Titel trägt die Rekonstruktionszeichnung? Wann, wo, von wem und für wen ist sie geschaffen worden?
4. Erläutere die Art der Darstellung: Welche Merkmale (Farben, Perspektive) kennzeichnen das Bild? Welche Stimmung wird erzeugt?

› 3. Schritt: Deuten

1. Erkläre den Zweck der Rekonstruktionszeichnung.
2. Fasse zusammen, welche historischen Erkenntnisse die Rekonstruktionszeichnung vermitteln möchte.
3. Überprüfe – wenn möglich –, ob diese Erkenntnisse auf Vermutungen beruhen oder gesichert sind. An welchen Merkmalen lässt sich das erkennen?

VT1 Eine neue Lebensweise entsteht

Ab 10 000 v. Chr. wurde es in Europa wärmer. Es wuchs Wald. Kälte liebende Tiere zogen fort. Die Menschen reagierten, indem sie an Waldrändern, Flüssen und Seen Lagerplätze errichteten. Von dieser Umstellung zeugen Erfindungen wie Pfeil und Bogen und Boote aus ausgehöhlten Baumstämmen. Der Fachbegriff für diesen Abschnitt der Steinzeit lautet Mittelsteinzeit. Gleichzeitig begannen Menschen östlich des Mittelmeeres, Getreide anzubauen und Tiere zu halten, um Fleisch und Milch zu gewinnen. Sie bauten Dörfer, in denen sie dauerhaft wohnten. Zu ihren Haustieren zählten Schafe, Ziegen, später Rinder und Schweine. Im Laufe vieler Jahrhunderte verbreitete sich die sesshafte Lebensweise über ganz Europa und auch in anderen Teilen der Welt. Mit ihr begann die Jungsteinzeit (Fachbegriff: das Neolithikum). Nun griffen Menschen erstmals stark in ihre Umwelt ein: Sie wählten Tiere und Pflanzen zur Weitervermehrung aus und rodeten Wälder für den Feld- und Hausbau. Weil Ackerbau, Viehhaltung, Arbeitsteilung und das Wohnen in festen Häusern das Leben der Menschen auf der ganzen Welt nachhaltig verändert haben, sprechen manche von der „Neolithischen Revolution". Weil der Prozess sich aber über viele Jahrhunderte und Jahrtausende hinzog, bezeichnet man ihn heute auch als Neolithisierung.

M2 D Ausbreitung der bäuerlichen Lebensweise

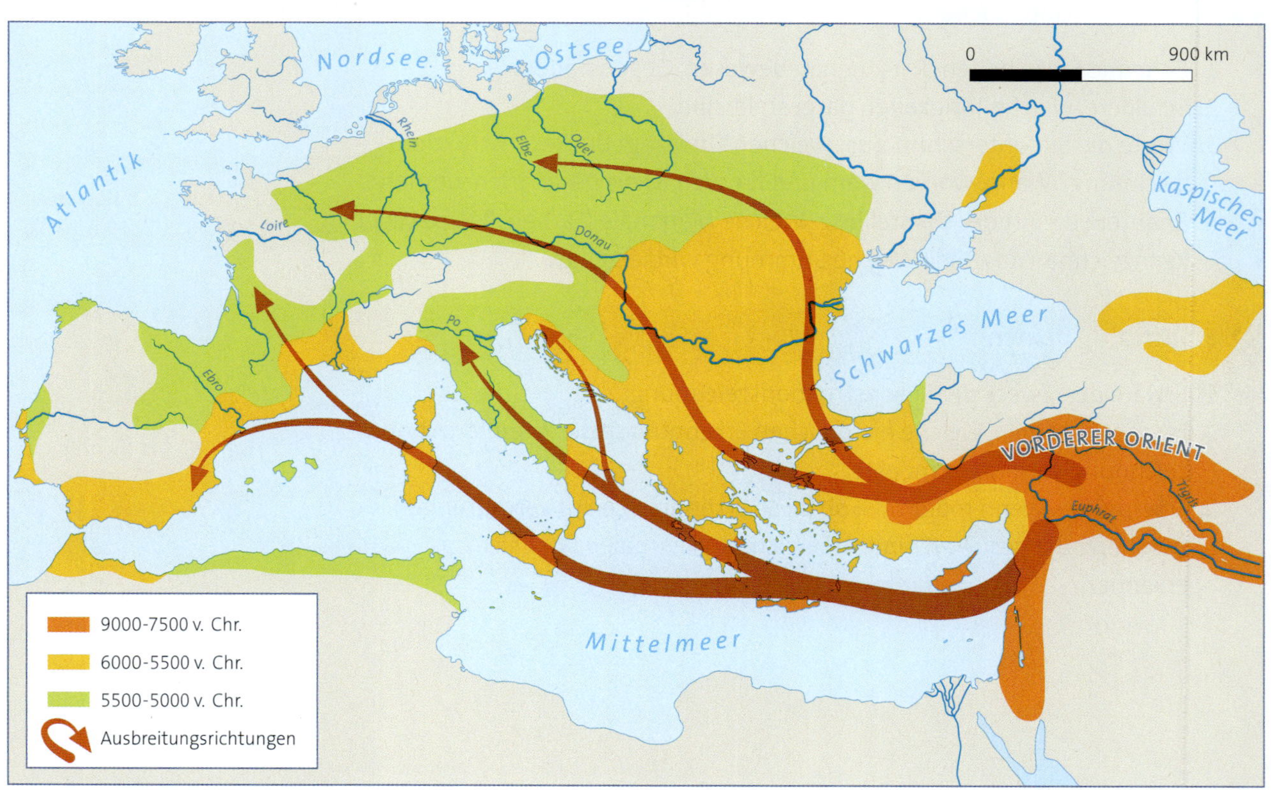

M3 D Jungsteinzeitlicher Backofen

Rekonstruktionszeichnung nach einem Fund aus dem Moordorf Taubried (Federsee)

M4 Q Jungsteinzeitliches Geschirr und Essensreste

Foto aus dem Historischen Museum Bern
1 Mahlsteine 2 verkohltes Brot
3 verkohlte Getreidekörner
4 kleine Äpfel 5 Kochtopf aus Ton mit Holzlöffel 6 Trinkgefäße aus Hirschgeweih 7 Trinkgefäße aus Holz

M5 Q Tongefäß aus Hamburg

Tongefäß aus der Jungsteinzeit (ca. 4000–2800 v. Chr.), gefunden in Hamburg-Winterhude

M6 D Sichel für Getreideernte

Mit Sicheln ernteten die Menschen das Getreide auf dem Feld.
Scharfkantige Feuersteine wurden mit Kleber aus Birkenrinde im Stiel befestigt.

OPERATOR Vergleichen

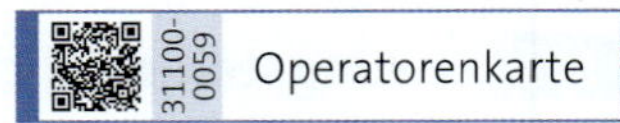

❯ 1. Schritt: Informationen suchen

1. Lies dir den Arbeitsauftrag durch: Welche historischen Inhalte oder Kriterien soll dein Text vergleichen?
2. Sieh dir das gegebene Material genau an und notiere die Informationen, die dir beim Vergleichen helfen. Es bietet sich an, eine Tabelle anzulegen, um Gemeinsamkeiten, Unterschiede und Ähnlichkeiten zu sortieren.

❯ 2. Schritt: Text formulieren

1. Nenne zuerst die Inhalte, die du mithilfe deines Textes vergleichen möchtest.
2. Gib deine Tabelle nun in Textform wieder und erkläre der Reihe nach die Gemeinsamkeiten, Ähnlichkeiten und Unterschiede der zu vergleichenden Inhalte oder Kriterien. Dazu kannst du Beispiele aus dem gegebenen Material oder deinem historischen Wissen verwenden.
3. Formuliere abschließend ein Fazit zu deinem Vergleich.

VT2 Neue Lebensweise, neue Ernährung

Mit der neuen Lebensweise veränderte sich auch die Ernährung. Sie bestand mit Brot und Getreidebrei nun überwiegend aus Kohlenhydraten. Forschende streiten darüber, ob das Leben in der Jungsteinzeit für die Menschen tatsächlich einen Fortschritt bedeutete. Fest steht: In der Jungsteinzeit wuchs die Bevölkerung. Es konnten also mehr Menschen ernährt werden. Trotzdem wurden an Skeletten immer wieder Zeichen für Mangelernährung festgestellt, vor allem bei Kindern. Auch Karies war z. B. eine Folge der kohlenhydratreichen Ernährung. Das Risiko von Missernten war groß. In den Dörfern konnten sich ansteckende Krankheiten schneller ausbreiten, und ein Feuer konnte schnell eine ganze Siedlung zerstören. War die Ernte hingegen gut, konnten Vorräte für den Winter angelegt werden.

M7 D Wagen mit Scheibenrädern aus Holz

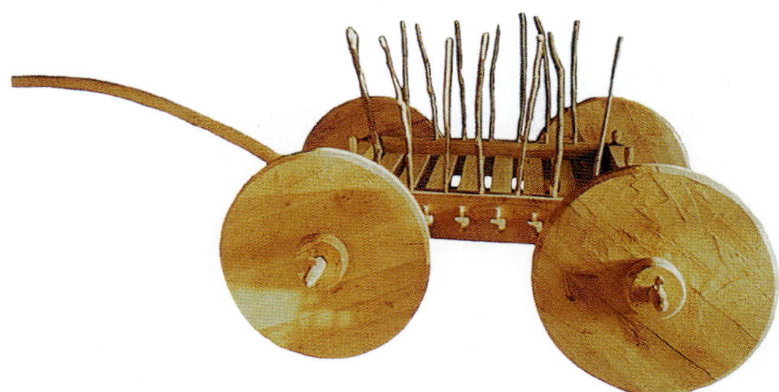

Nachbau nach Moorfunden der Zeit um 3000 v. Chr. aus Niedersachsen, Original im Landesmuseum Oldenburg
Länge mit Deichsel: 4 m, Breite: 1,50 m, Durchmesser der Räder: 90 cm

M8 D Nachgebauter jungsteinzeitlicher Holzpflug

Foto von 2017 aus Kleinklein (Steiermark)
Zwei Archäologen bestellen hier ein Feld wie vor etwa 7000 Jahren. Der Pflug musste von ein bis zwei Personen gezogen und von einer weiteren Person gesteuert werden.

M9 D Leichteres Leben?

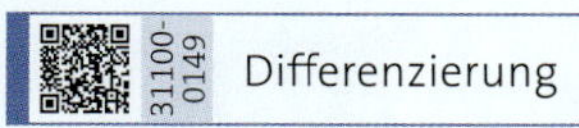

Der Wissenschaftler Hansjürgen Müller-Beck schätzt 2008 das Arbeitsleben so ein:

Feldbau und Tierhaltung verursachen zwar Arbeit, [... sind aber] besser zu planen und biete[n] größere Sicherheit. Damit werden vor allem die Frauen von ihrer Sammeltätigkeit entlastet, die mit zunehmender Entfernung vom Lager immer gefährlicher wurde und auch enorme Tragleistungen erzwang. Dabei ist zu beachten, dass die Mütter ihre kleineren Kinder wegen des Stillens mit sich tragen müssen. [...] Die Entwicklung zur Jungsteinzeit macht vor allem zunächst den Frauen das Leben leichter. Sie können sich jetzt stärker den Kindern widmen.

Nach: Hansjürgen Müller-Beck, Die Steinzeit. Der Weg der Menschen in die Geschichte

M10 D Härteres Leben

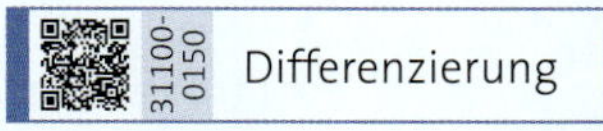

Die Wissenschaftlerin Brigitte Röder schreibt 1998 zur Arbeitsbelastung:

Die verbreitete Vorstellung, dass Jäger und Sammler stets am Rande des Existenzminimums leben und die Übernahme der Landwirtschaft für sie ein Gewinn wäre, ist falsch. Im Gegenteil – sie haben im Grunde alles, was sie brauchen, und benötigen für ihre Existenzsicherung nur einen Bruchteil der Zeit, die Bauern dafür aufwenden. Um eine bäuerliche Gesellschaft in eine Krise zu stürzen, genügen zwei nasse, kalte Jahre. Frauen starben in der Jungsteinzeit im Schnitt ein Jahrzehnt früher als Männer. Als wichtiger Grund [...] wird die Belastung durch die sehr früh und dann in kurzen Abständen aufeinanderfolgenden Schwangerschaften vermutet. Untersuchungen der Muskelansätze an den Knochen zeigen zweifelsfrei, dass jungsteinzeitliche Frauen extremen körperlichen Belastungen ausgesetzt waren, die mit denen der Männer nicht zu vergleichen waren. Insofern ist es durchaus möglich, dass sie im Arbeitsleben in der Jungsteinzeit eine zentrale Rolle spielten – eine Position, die ihnen offenbar weniger Ansehen, Macht und Einfluss als vielmehr Arbeit und eine niedrigere Lebenserwartung einbrachte.

Nach: Brigitte Röder, Jungsteinzeit: Frauenzeit? Frauen in den frühen bäuerlichen Gesellschaften Mitteleuropas

2.3 Ötzi – der Mann aus dem Eis

Nachbildung von Ötzi im Museum Herxheim, 2013

Stelle dir vor, du wanderst in den Bergen und findest im Eis eine Leiche. Genau das ist 1991 Wanderern aus Nürnberg passiert: in 3200 m Höhe in den Ötztaler Alpen. Der Fund wurde untersucht und in der Nähe des Leichnams wurden Gegenstände gefunden, die zu ihm gehören mussten. Man stellte fest, dass es sich um einen Mann handelte, der irgendwann zwischen 3350 und 3120 v. Chr. gelebt hatte. Er wurde als „Ötzi" weltberühmt.

?

Ötzi – ein typischer Vertreter ...?

1. Betrachte die beiden Nachbildungen und beschreibe, was daran „typisch steinzeitlich" ist.
2. Ergänze die Leitfrage.

M1 D So könnte Ötzi auch ausgesehen haben

Wissenschaftliche Untersuchungen lieferten Hinweise zu folgenden Fragen:
War er auf einen längeren Aufenthalt in den Bergen eingestellt?
Welche Kleidung trug er, welche Gegenstände hatte er dabei?
Was aß er vor seinem Tod?
Wie alt wurde er und wie gesund war er?

Nachbildung für das Südtiroler Archäologiemuseum Bozen, 2007

Dein Weg durch das Kapitel

31100-0151 Hilfestellungen zu allen Aufgaben

1. Untersuche, wozu Ötzi seine Ausrüstung jeweils wahrscheinlich diente (**M2**). Finde einen Gegenstand in **M2**, der nicht zum „Steinzeitmenschen" Ötzi passt. Erläutere, warum du den Gegenstand ausgewählt hast.

→ S. 195

2. Einige Forschende schließen, dass Ötzi für einen längeren Aufenthalt im Hochgebirge ausgestattet war.
Überprüfe diese Behauptung mithilfe von **M2**.
3. Du gibst ein Interview für eine Zeitung. Folgende Fragen werden dir gestellt: Wie sah Ötzi aus? – Wo lebte er? – War er gesund? – Warum ging er in die Berge? – Wurde Ötzi ermordet? – Woher weiß man das alles?
Finde und begründe deine Antworten mit **M3**.
4. Erläutere den Begriff „Metallzeiten" (**VT1**, **VT2**). → S. 195
5. Erkläre, welche Bedeutung die Jagd für Menschen in der Jungsteinzeit hatte (**M2**, **M3**, **VT3**, **M4**).
6. **Der Blick aufs Ganze:** Beurteile, ob Ötzi als typischer Vertreter der Steinzeiten betrachtet werden kann.

M2 Q Teile von Ötzis Kleidung und Ausrüstung

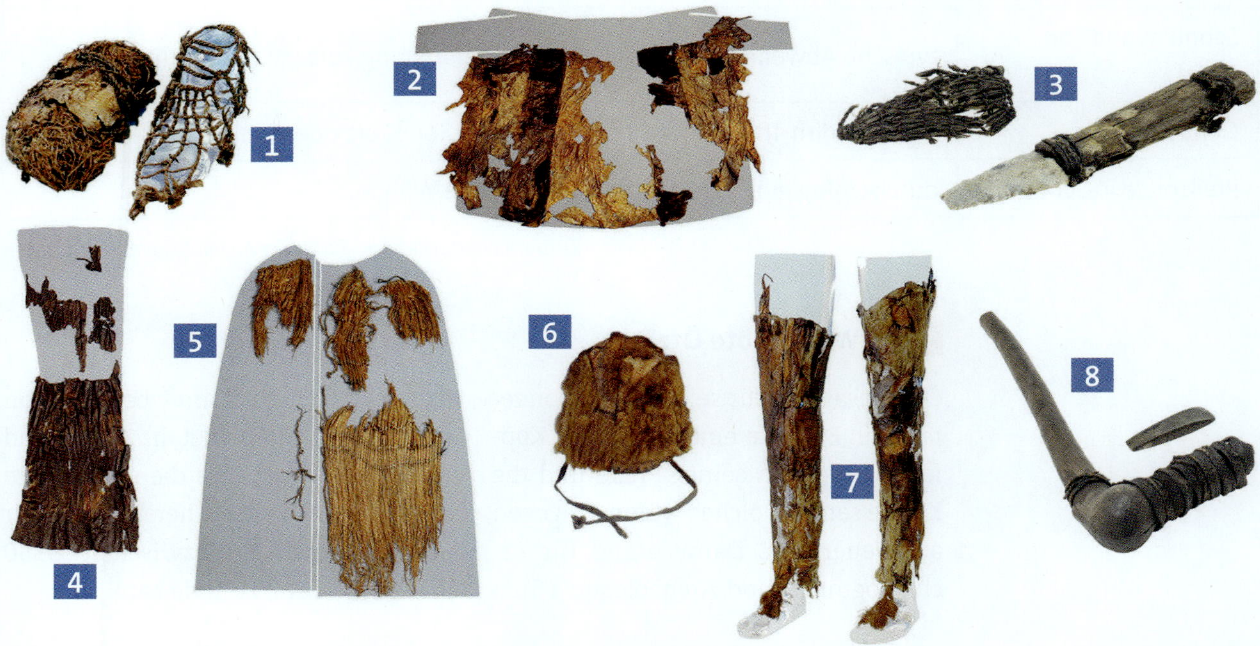

1 Schuhe aus Fell, Innenschuh aus Gras und Heu 2 möglicherweise ärmelloses Obergewand aus Fell 3 Dolch mit Feuersteinklinge und Scheide aus Bast 4 Lendenschurz aus Ziegenleder 5 Regenschutz (?) aus Sumpfgras 6 Fellmütze 7 Beinlinge (Leggings) aus Fell, Laschen in Schuhen 8 Beil mit Kupferklinge

M3 D Was fand die Wissenschaft über Ötzi heraus?

Ergebnisse unterschiedlicher Untersuchungsmethoden		
untersucht	**gefunden**	**Schlussfolgerung**
Oberschenkel	Länge des Knochens	Gesamtkörpergröße 1,60 cm
Oberschenkel	Knochenmerkmale	starb mit etwa 45 Jahren
Haare	hohe Kupferkonzentration	zeitweilig mit Orten, an denen Kupfer gegossen wurde in Kontakt
siebte und achte Rippe	gebrochen und wieder verheilt	überlebte eine Verletzung
Fingernägel	tiefe Furchen	körperlicher Stress durch Krankheiten
Knochenzellen	Borrelien (eine Bakterienart)	Folge eines Zeckenbisses
Zähne	Karies	hat viel Getreide gegessen
Lunge	schwarz durch Rauchpartikel	war viel am offenen Feuer
Mageninhalt	Pflanzenpollen	kam am letzten Lebenstag von Süden
Mageninhalt	Speisereste, Holzkohlestaub	kurz vor dem Tod: Mahl aus Getreide, Steinbockfleisch, Apfel; auf Feuer gekocht
Schnittwunde an Hand	typische Abwehrverletzung	Kampfhandlung kurz vor dem Tod?
Gehirn	Schädel-Hirn-Trauma	vor dem Tod Sturz oder Schlag auf den Kopf
Pfeilspitze in Schulter	durchschlug eine Arterie	blutende Wunde

Zusammengestellt nach: Südtiroler Archäologiemuseum, Bozen

VT1 Wann lebte Ötzi?

Ötzi besaß ein für seine Zeit besonderes Beil: Es hatte eine Klinge aus Kupfer. Die Spitzen seiner Pfeile und die Klinge seines Dolches waren hingegen aus Feuerstein. Damit stand für Archäologinnen und Archäologen schon früh fest: Ötzi lebte am Übergang von den Stein- zu den Metallzeiten. Rund um die Alpen ist dies die sogenannte Kupferzeit. Man fand heraus, dass der Mann irgendwann zwischen 3350 und 3100 v. Chr. zu Tode kam.

VT2 Eine kurze Geschichte des Metalls

Forschende gehen davon aus, dass die wichtigen Erfindungen im Metallhandwerk im Vorderen Orient gemacht wurden: Ab dem 7. Jahrtausend v. Chr. stellten Menschen dort Gegenstände aus Gold und Kupfer her. 3000 Jahre später mischten sie Kupfer mit Zinn. Dadurch entstand Bronze. Sie kann in Formen gegossen werden und ist härter als Kupfer oder Gold. Die meisten Metalle werden aus Erz gewonnen. Das sind Steine, in denen das Metall in gebundener Form enthalten ist. Wieder 1000 Jahre später gelang es Menschen, Eisen aus Eisenerz zu gewinnen. Es wird bis heute geschmiedet, also glühend gemacht und mit dem Hammer geformt. Die neuen Werkstoffe Kupfer, Bronze und Eisen und die dazu nötigen Handwerkstechniken gelangten zeitversetzt nach West-, Mittel- und Nordeuropa.

VT3 Ötzis Welt

Ötzi kam aus einer Siedlung, in der die Menschen von Ackerbau und Viehhaltung lebten. Sie bauten Getreide an (Einkorn, Emmer, Nacktweizen, Gerste) und hielten Haustiere (Schaf, Ziege, Schwein, Rind, Hund). Jagen und Sammeln ergänzten den Speiseplan. Die Menschen bauten Kupfererz in den Alpen ab und verarbeiteten es in den Siedlungen zu Gegenständen. Forschende haben herausgefunden, dass Ötzis Heimat in einem Tal südlich des Alpenhauptkammes lag. Warum er in die Berge ging und wie er dort starb, ist bis heute ein Rätsel.

M4 D Fleischkonsum in der Siedlung Hornstaad-Hörnle (Bodensee)

Bei einem Brand der Siedlung wurden die Getreidevorräte zerstört. Anhand von Knochenfunden lässt sich der Fleischkonsum der Menschen in der Siedlung vor und nach dem Brand rekonstruieren:

Bearbeitergrafik

Ur- und Frühgeschichte

Die Zeit, aus der uns noch **keine schriftlichen Quellen** überliefert sind, nennen wir Ur- und Frühgeschichte.

VT1 Leben in der Altsteinzeit

Die direkten Vorfahren der modernen Menschen, die Jetztmenschen (Homo sapiens), haben sich vor 200 000 Jahren in Südostafrika entwickelt. Von dort breiteten sie sich vor 40 000 Jahren in Europa aus und begegneten einem anderen Menschentypen, dem Neandertaler, der aus bislang unbekannten Gründen ausstarb. In der Altsteinzeit lebten die Menschen in kleinen Gruppen und jagten und sammelten ihre Nahrung (Jäger und Sammler). Sie wechselten häufig ihre Wohnplätze unter Felsdächern, in Höhleneingängen, in Zelten und Hütten. Aus Knochen, Geweih, Holz und Feuerstein fertigten sie Werkzeuge wie etwa den Faustkeil. Höhlenmalereien, Figuren und Musikinstrumente lassen uns erahnen, was den Menschen in ihrem Leben wichtig war. Da diese Kunstwerke aus unserer heutigen Sicht keinen direkten Nutzen für das Überleben hatten, liegt die Vermutung nahe, dass sie zu rituellen Zwecken angefertigt wurden.

Die **Archäologie** ist eine Wissenschaft, die die kulturelle Entwicklung der Menschheit erforscht. Sie befasst sich mit materiellen Hinterlassenschaften des Menschen, wie etwa Gebäuden, Werkzeugen und Kunstwerken.

VT2 Veränderungen in der Jungsteinzeit

Mit dem Übergang zur Jungsteinzeit verbreitete sich die Sesshaftigkeit aus dem Vorderen Orient nach Mitteleuropa. Diese umfassende Veränderung der Lebensweise um 5500 v. Chr. wird als Neolithische Revolution bezeichnet. Weil der Prozess nicht plötzlich stattfand, sondern sich über viele Jahrhunderte hinzog, spricht man auch von Neolithisierung. Die Menschen bauten Häuser und Dörfer und betrieben Landwirtschaft mit Viehhaltung. Sie rodeten Wald für Äcker und Siedlungen. Dadurch griffen sie in die Natur ein. Je schwieriger und zeitaufwendiger einzelne Tätigkeiten wurden, desto mehr Menschen gab es, die spezialisierte Tätigkeiten ausübten (Arbeitsteilung).

VT3 Ötzi – der Mann aus dem Eis

1991 wurden in den Ötztaler Alpen die Leiche eines Mannes und Gegenstände, die ihm gehören mussten, gefunden. Durch naturwissenschaftliche Untersuchungen konnte festgestellt werden, dass Ötzi (so wurde er dann genannt) irgendwann zwischen 3350 und 3120 v. Chr. gelebt hatte. Zudem konnte herausgefunden werden, welche Kleidung er trug, was er vor seinem Tod gegessen hatte und in welchem Zustand sein Körper vor seinem Tod war. Da sein Beil eine Klinge aus Kupfer hatte, die Spitzen seiner Pfeile und die Klinge seines Dolches allerdings aus Feuerstein waren, lebte Ötzi am Übergang von den Stein- zu den Metallzeiten.

	Altsteinzeit	Jungsteinzeit
Lebensform		
Behausung		
Ernährung		
Gebrauchsgegenstände und Waffen		

› WORTSPEICHER

Sesshaftigkeit – Höhleneingänge – Sicheln – Harpunen – Ackerbau – Häuser – Umherziehen – Sammeln (2 ×) – Speere – Viehhaltung – Jagd (2 ×) – Tongefäße – Zelte

Jetzt bist du dran: 31000-480 Digitales Schaubild

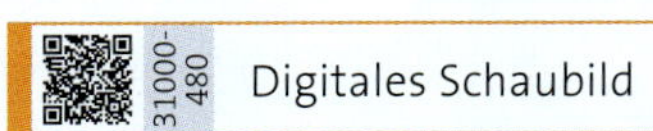

1. Vervollständige das Schaubild digital oder im Heft.
2. Erläutere in einem zusammenhängenden Text die Unterschiede zwischen Altsteinzeit und Jungsteinzeit.

Hilfestellungen zu allen Aufgaben

31100-0153

M1 Funde

1. Nach einem Museumseinbruch kann die Polizei gestohlene Ausstellungsstücke wieder sicherstellen. Bringe sie in die richtigen Räume zurück und erläutere den Beamten die Zuordnung.

Raum **Alt-steinzeit**	Raum **Jung-steinzeit**

M2 Leben in Zeiten der Klimaerwärmung

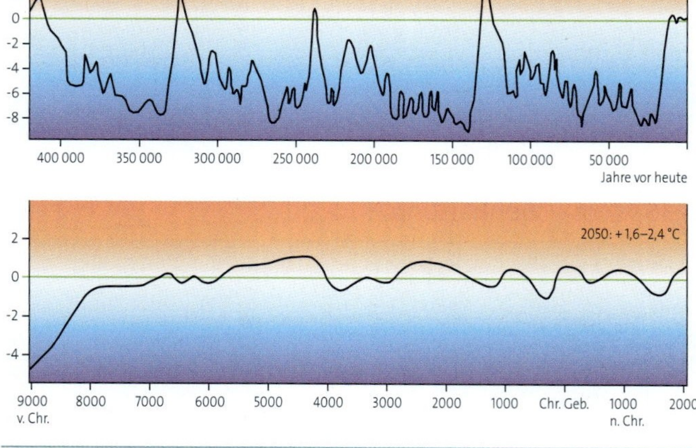

Bearbeitergrafik; Das Diagramm zeigt die durchschnittlichen Abweichungen (schwarze Kurve) vom heutigen Mittelwert (grüne Linie) in °Celsius.

2. Ordne im Diagramm zu: Altsteinzeit, Mittelsteinzeit, Jungsteinzeit. Erläutere die Klimaentwicklung mit je einem Satz pro Zeitabschnitt.

3. Auch wir leben heute in einer Phase der Klimaerwärmung. Anders als in der Mittelsteinzeit ist die heutige Erwärmung aber vom Menschen gemacht. Diskutiert, ob es möglich ist, zu einem Leben wie in der Jungsteinzeit zurückzukehren. Welche Vorteile hätte das? Worauf müssten wir aber verzichten?

M4 Abenteuer Steinzeit

5. 13 Personen haben einen Sommer lang versucht, wie in der Jungsteinzeit zu leben. Sie wohnten in einem nachgebauten Dorf am Bodenseeufer und machten vieles, was zum Leben notwendig war, selbst. Entwirf ein Interview mit drei bis fünf Fragen an die Teilnehmenden des „Steinzeitexperiments“. Was willst du über deren Erfahrungen im täglichen Leben des Steinzeitdorfes wissen?

Bild aus dem Dokumentarfilm „Steinzeit – Das Experiment – Leben wie vor 5000 Jahren“ von 2007

Lösungen zu dieser Seite

31100-0154

Der Blick aufs Ganze

Was hat die Ur- und Frühgeschichte mit dir zu tun? Bewerte, welche Bedeutung das Gelernte für dich im alltäglichen Leben hat.

M3 Leben in einem Dorf um 5500 v. Chr.

Rekonstruktionszeichnung von Oliver Wetterauer, 2021, angefertigt für die Verwendung in Schulbüchern

4. Analysiere die Rekonstruktionszeichnung.

Die **Pyramiden von Gizeh** sind mehr als 4500 Jahre alt und damit das älteste Weltwunder.

Was weißt und kannst du schon?

1. Erstellt eine Wortwolke zum Thema Ägypten.
2. Schaut euch das Video an und lauft „ägyptisch“ nach dem Muster des Videos durch den Klassenraum.

3 Die Hochkultur Ägypten

Der Link zum Film

31100-0001

M1 D Urlaubsfotos

Hey, schaut mal! Jonas hat ein Foto von den Pyramiden geschickt! Der reist aber weit, um die zu sehen!

Krass, dass die nach 5000 Jahren noch stehen, oder?

Nicht nur Pyramiden haben sich erhalten, sondern auch Mumien.

Hui, Tote! Ob die damals wollten, dass man sie heute noch anguckt?

Das hat er in einer Grabkammer gesehen! Ob man heute noch so tanzt?

Ja, klar! Ich habe das neulich in einem Video gesehen. Sieht cool aus.

M2 D Orientierung im Raum: Das alte Ägypten

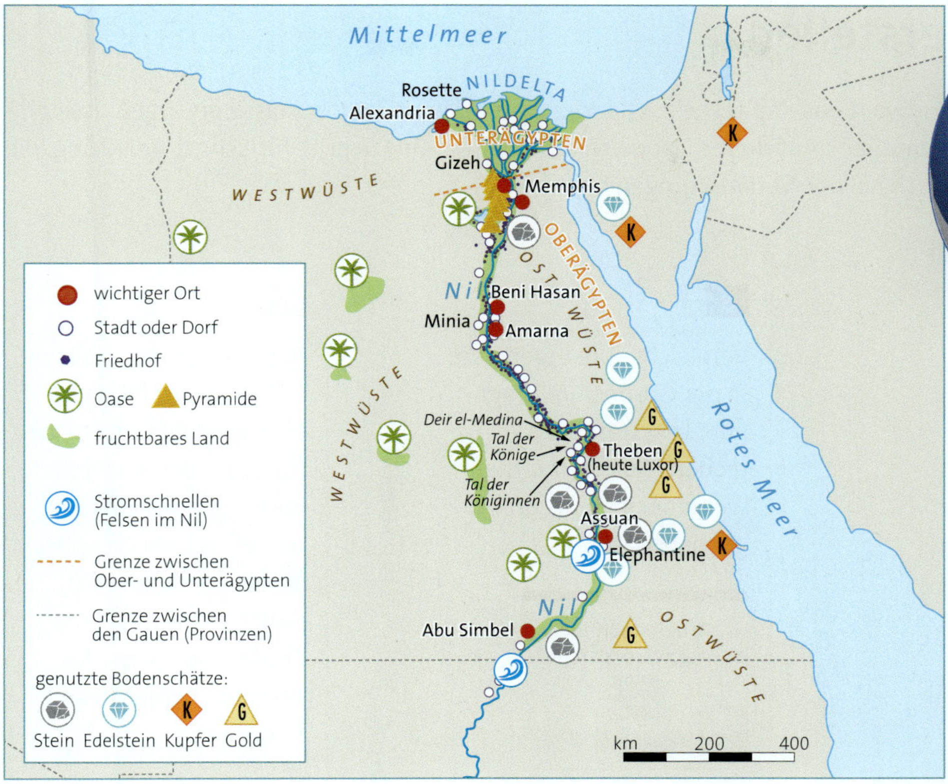

Mittelmeer
NILDELTA
Rosette
Alexandria
UNTERÄGYPTEN
Gizeh
Memphis
WESTWÜSTE
OBERÄGYPTEN
OSTWÜSTE
Nil
Beni Hasan
Minia
Amarna
Deir el-Medina
Tal der Könige
Tal der Königinnen
Theben (heute Luxor)
Assuan
Elephantine
Abu Simbel
Rotes Meer

wichtiger Ort
Stadt oder Dorf
Friedhof
Oase
Pyramide
fruchtbares Land
Stromschnellen (Felsen im Nil)
Grenze zwischen Ober- und Unterägypten
Grenze zwischen den Gauen (Provinzen)
genutzte Bodenschätze:
Stein Edelstein Kupfer Gold

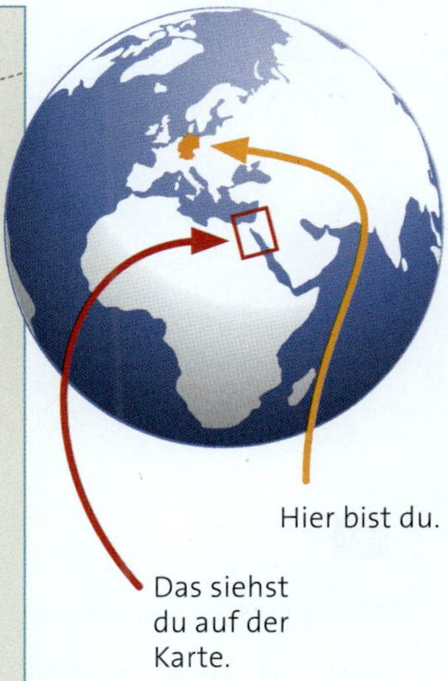

km 200 400

Hier bist du.
Das siehst du auf der Karte.

M3 D Orientierung in der Zeit: Die Zeit der ägyptischen Hochkultur

Jetzt bist du dran:

1. Beschreibe die Karte und erkläre, warum die Menschen sich an den eingezeichneten Orten ansiedelten (**M1**).
2. Nenne Beispiele dafür, wie die Menschen in Mitteleuropa zur Zeit der ägyptischen Hochkultur lebten (**M2**).
3. Nenne die Themen, die auf der Seite „Geschichte & Du“ angesprochen werden, und entwickle eigene Fragestellungen zum Thema Ägypten.

Eine Präsentation zum alten Ägypten erstellen

Ihr wollt das Kapitel selbstständig erarbeiten und eurer Klasse die Ergebnisse präsentieren? Auf dieser Doppelseite findet ihr eine Schritt-für-Schritt-Anleitung, die euch bei den Vorbereitungen helfen wird.

1 Bildet Dreier- oder Vierergruppen und entscheidet in der Klasse, welche Gruppe welches Thema bearbeitet.

2 Schaut euch die Buchseiten an, die zu eurem Thema gehören, und bearbeitet die Arbeitsaufträge (Dein Weg durch das Kapitel) schriftlich.

3 Vergleicht eure Ergebnisse in der Gruppe und fragt eure Lehrkraft oder recherchiert im Internet, wenn noch etwas unklar geblieben ist.

Arbeitstechnik: Internetrecherche

31100-0002

4 Beantwortet zusammen die Themenfrage und notiert euch, welche Informationen ihr dafür gebraucht habt.

5 Bereitet nun eure Präsentation vor. Wählt dazu einen geeigneten Einstieg. Ihr könnt den im Kapitel vorgegebenen Einstieg nutzen oder euch selbst etwas überlegen. Der Einstieg sollte für eure Zuhörer spannend sein und zur Themenfrage hinführen.

Mögliche Themen:

- Leben am Nil (S. 58–61)
- Gesetze regeln das Zusammenleben (S. 62–65)
- Die Herrschaft des Pharaos (S. 66–69)
- Frauen im alten Ägypten (S. 70–73)
- Die Erfindung der Schrift (S. 74–77)
- Religion: Mumien, Götter und Tempel (S. 78–81)
- Die Pyramiden von Gizeh (S. 82–85)
- Mohenjo-Daro (S. 86–89)

6

Ihr habt die Themenfrage bei euren Vorarbeiten bereits beantwortet und euch die notwendigen Informationen notiert. Geht diese Informationen nun durch und überlegt, wie ihr sie euren Zuhörern möglichst verständlich erklären könnt.

7

Bringt eure Erklärungen in eine sinnvolle Reihenfolge.

8

Erstellt jetzt eure Präsentation. Plant eine Folie für Einstieg und Themenfrage und zwei bis drei Folien für die Erklärungen ein. Am Ende braucht ihr noch eine Folie, um die Themenfrage zu beantworten.

Arbeitstechnik: Präsentation erstellen

31100-0003

9

Bilder machen eure Präsentation interessanter. Ihr könnt die Bilder aus dem Buch verwenden oder selbst nach passenden Bildern suchen. Gebt immer an, woher ihr das Bild habt.

10

Übt in der Gruppe, wie ihr euer Thema vortragen wollt. Sprecht dazu ab, wer welche Folie erklärt, und übt euren Text.

3.1 Leben am Nil

Das heutige Niltal von oben

Schaut man vom Flugzeug aus auf Ägypten, so sieht man ein grünes Band, das sich von Süd nach Nord durch die Wüste zieht. Viele der großen Städte Ägyptens liegen an diesem grünen Band, am Nil. Schon ab 3000 v. Chr. entstand an seinen Ufern ein blühendes Land mit oft gut gefüllten Nahrungsmittelspeichern. Wie schafften es die Ägypterinnen und Ägypter damals, in der Wüste zu leben und diese auch fruchtbar zu machen?

?

Leben am Nil – inwieweit ...?

1. Beschreibe die damaligen Lebensverhältnisse der Menschen in der Umgebung Ägyptens und deren Ursache. Ergänze die Leitfrage.

VT1 Leben in schwierigem Klima

Das Leben mit der Natur im Nordosten Afrikas war äußerst schwierig. Der Nil, ein Fluss mit bedrohlichen Hochwassern, zog sich durch die Landschaft. An seine Ufer grenzten Steppen, in denen Jäger, Sammler und Viehzüchter zu leben versuchten, und riesige unfruchtbare Wüsten. Dennoch entstand in diesem Gebiet ab 3000 v. Chr. ein blühendes Land: das alte Ägypten. Das Land war wie ein Magnet, wenn der Regen in der Umgebung ausblieb.

M1 Q Einwanderung nach Ägypten

Im Alten Testament der Bibel ist überliefert:

Sie nahmen ihr Vieh und ihre Habe, die sie [...] erworben hatten, und gelangten nach Ägypten, Jakob und mit ihm alle seine Nachkommen. [...] Der Pharao [ägyptischer König] fragte seine Brüder: „Was ist eure Arbeit?" „[...] Schafhirten sind deine Knechte; wir wie auch schon unsere Väter." Und sie sagten zum Pharao: „Wir sind gekommen, um uns als Fremde im Land aufzuhalten. Es gibt ja keine Weide für die Schafe und Ziegen deiner Knechte, denn schwer lastet die Hungernot auf dem Land Kanaan. Nun möchten sich deine Knechte im Land Goschen [Gebiet im Nildelta] niederlassen.

1. Buch Mose 46,6; 47,3–4

Dein Weg durch das Kapitel

31100-0004 Hilfestellungen zu allen Aufgaben 

1. **Erkläre** die „Jahreszeiten“ (**M2**). Welchen Nutzen hatten die Ägypter von diesem Kalender?
2. Arbeite mithilfe von **M2** heraus, welche Jahreszeit in **M3** dargestellt ist.
3. Beschreibe das Bewässerungssystem am Nil und die Arbeit der Feldarbeiterinnen und Feldarbeiter (**M3**, **M5**). 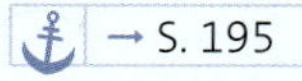 → S. 195
4. **Erkläre**, warum die Ägypterinnen und Ägypter den Nil wie eine Gottheit verehrten (**M4**). → S. 195
5. Seit dem Bau des Assuan-Staudammes bleibt die Nilflut in Ägypten aus. Recherchiere im Internet die Vor- und Nachteile (**M6**).
6. Bewerte, inwieweit wir Menschen der Natur ausgeliefert sind.
7. **Der Blick aufs Ganze:** Lege eine Tabelle an und liste Vor- und Nachteile des Lebens am Nil auf. Beurteile, inwieweit der Nil allein als Lebensquelle dient. Berücksichtige dabei auch die Tätigkeit der Menschen.

OPERATOR Erklären

31100-0208 Operatorenkarte

› 1. Schritt: Informationen suchen

1. Lies dir den Arbeitsauftrag durch: Welche Frage(n) soll dein Text beantworten?
2. Sieh dir das gegebene Material genau an und notiere die Informationen, die deine Frage(n) beantworten. Stichpunkte reichen aus. Einen Text liest du dafür mehrmals durch, ein Video schaust du mehrmals an.

› 2. Schritt: Den Text formulieren

1. Nenne zuerst die Frage(n), die dein Text beantworten soll.
2. Bringe die notierten Informationen jetzt in eine sinnvolle Reihenfolge, sodass sie die gestellte Frage beantworten. Achte darauf, die einzelnen Punkte nicht nur aufzuzählen, sondern sie miteinander zu verknüpfen: Warum ist das so? Welche Folgen hat das?
3. Fasse deine Antwort am Ende deines Textes in einem Satz zusammen.

M2 D Die Jahreszeiten im alten Ägypten

Die Ägypterinnen und Ägypter bemerkten schnell, dass der Wasserstand des Nils sich immer nach demselben Muster veränderte und die Nilschwemme nach etwa 365 Tagen wiederkehrte. Sie entwickelten einen Kalender mit drei Jahreszeiten. Im Video erfährst du mehr darüber.

M3 D Zwischen Wasser und Wüste

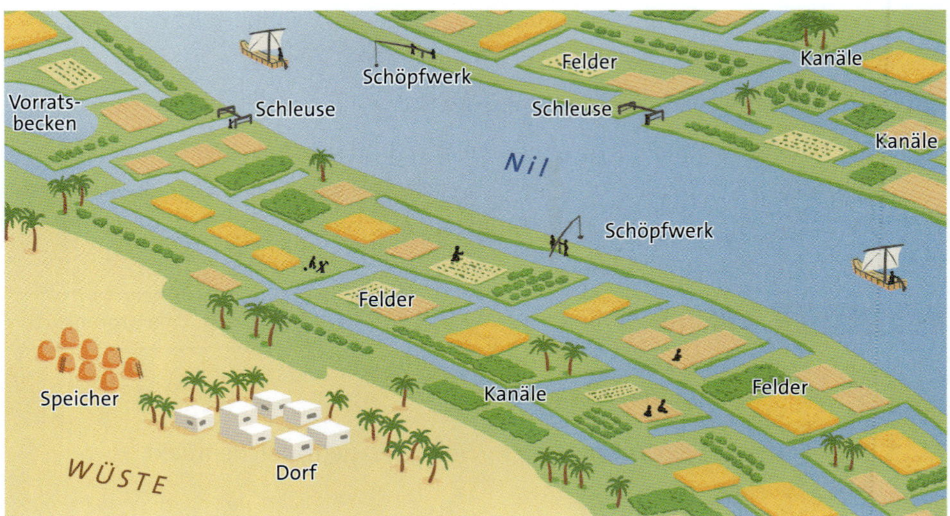

Schaubild zur künstlichen Bewässerung im alten Ägypten

M4 Q Über den Nil

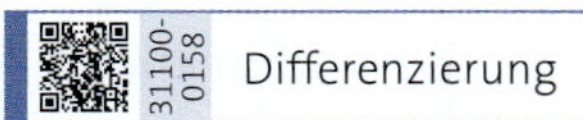

Die alten Ägypter nennen den Nil „Hapi" und verehren ihn als Gottheit. Folgendes Loblied widmen sie ihm um 1300 v. Chr.

Sei gegrüßt, o Hapi, der aus der Erde hervorgegangen ist, gekommen, um Ägypten wiederzubeleben. O Hapi, Herr der Fische, der die Zugvögel nach Süden führt, der die Gerste erschafft und Emmerweizen entstehen lässt, um die Tempel festlich auszustatten. Wenn es einen Ausfall der Überschwemmung gibt, dann verarmt jedermann. Wenn Hapi den Räuber spielt, leidet das ganze Land. Erscheint er jedoch, ist das Land in Jubel, dann ist jeder Bauch erfreut. [...] O Hapi, der Holz und alles, was benötigt wird, wachsen lässt, sodass es keinen Mangel gibt. O Hapi, der die Menschen bekleidet mit Flachs, den er geschaffen hat. Fließe, o Hapi, damit man dir opfert! Komm nach Ägypten, o Hapi, der seinen Frieden entstehen und die beiden Ufer gedeihen lässt.

Nach: Peter Dils, Thesaurus Linguae Aegyptiae

M5 Q Wasserschöpfanlage

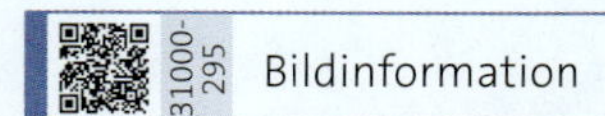

Grabmalerei, 2. Jahrtausend v. Chr.

Das Schöpfgerät gab es seit etwa 1500 v. Chr. Die Bauern versorgten damit vor allem die Gärten.

M6 Q Nilüberschwemmung

Kolosse von Memnon

Foto, 1965

Das Foto zeigt die Kolosse von Memnon in Theben (Ägypten) aus dem 14. Jh. v. Chr. während einer Nilschwemme. Seit der Fertigstellung des Assuan-Staudamms im Jahr 1970 gab es keine jährlichen Hochwasser mehr.

3.2 Gesetze regeln das Zusammenleben

Ein Pharao verkündet ein Gesetz im Bundestag?

Heute beschließen gewählte Abgeordnete im Deutschen Bundestag die Gesetze. Aber wie war das im alten Ägypten? Der Pharao herrschte alleine, musste aber ebenfalls das Zusammenleben regeln. Dazu waren Gesetze und Verträge notwendig. Aber wie wurden diese erfunden und durchgesetzt?

?

Gesetze – ...?

1. Nennt Gründe, weshalb eure Nachbarin oder euer Nachbar nicht mit euren Plänen einverstanden ist.

2. Begründet, weshalb es Regeln und Gesetze gibt.

VT1 Jeder tut, was er will?

Stelle dir vor, dass du alles machen kannst, was du willst – wirklich alles. Du darfst tun, nehmen, sagen, was du willst. Es gibt keine Grenzen oder Einschränkungen. Schreibe auf, wie du dich verhalten würdest, und lies es deiner Nachbarin oder deinem Nachbarn vor. Womit ist er oder sie einverstanden? Womit nicht? Und warum nicht?

Dein Weg durch das Kapitel

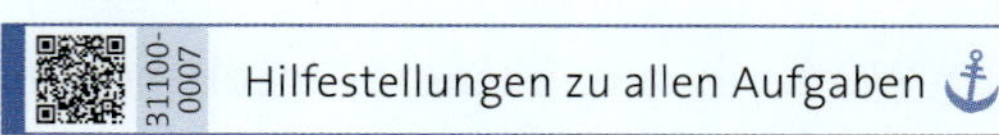

1. Lies die Gesetze (**M1**) und fasse in einem Satz zusammen, nach welchem Prinzip Hammurapi urteilte. → S. 195
☆ Finde heraus, nach welchem Prinzip heute geurteilt wird (**M4**).

2. Setzt euch zu viert zusammen: Einer ist Richter, einer Angeklagter, einer Geschädigter und einer Zeuge des Geschehens. Denkt euch ein Geschehen aus und spielt eine Gerichtsverhandlung mit passendem Urteil. Fasst zusammen, wie ihr zu einem Urteil kommt.
Beispiel: Ein Mensch hat einem anderen etwas gestohlen.

3. Erkläre, was wir aus den Gesetzen Hammurapis über die damaligen Menschen lernen können (**M1**).

4. Beurteile: Findest du diese Gesetze aus damaliger Sicht gerecht? Und aus heutiger? Unterscheiden sich beide Beurteilungen? → S. 195

5. Vergleiche Hammurapis Gesetze
a) mit den ägyptischen Regelungen (**M2**, **M3**),
b) mit den heutigen Bestimmungen (**M4**). Begründe anhand von **M5**, warum sich unsere heutigen Bestimmungen von den Gesetzen Hammurapis unterscheiden.

6. **Der Blick aufs Ganze:** Führt eine Pro-Kontra-Debatte durch, in der ihr bewertet, inwieweit es für das Zusammenleben von Menschen notwendig ist, dass Gesetze und Verträge die Freiheit einschränken.

M1 Q Eine der ersten überlieferten Gesetzessammlungen

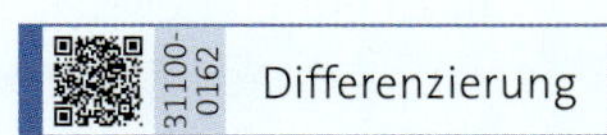

Die ersten Gesetze sind nicht aus Ägypten, sondern schon etwas früher aus Mesopotamien (siehe Karte S. 89) überliefert. Dort regierte von 1728 bis 1686 v. Chr. ein König namens Hammurapi und erließ Bestimmungen, die auf einem Stein eingemeißelt und so überliefert wurden. Eine Auswahl der Gesetze findest du hier:

(2) Der Käufer, der Gerät von Kindern einer Witwe kauft, geht seines Geldes verlustig; der Besitz kehrt zu seinen Eigentümern zurück.

(3) Wenn ein Bürger einen anderen Bürger des Mordes bezichtigt, es ihm aber nicht beweist, so wird der, der ihn bezichtigt hat, getötet.

(4) Wenn ein Bürger eine Bürgerstochter geschlagen hat und wenn diese Frau stirbt, so tötet man seine Tochter.

(5) Wenn er die Tochter eines Untergebenen geschlagen hat und diese Frau stirbt, so zahlt er ½ Mine Silber.

(7) Gesetzt, ein Kind hat seinen Vater geschlagen, so wird man ihm die Hände abschneiden.

(8) Wenn ein Bürger ein Auge eines anderen Bürgers zerstört, so soll man ihm ein Auge zerstören.

(9) Gesetzt, er hat einem anderen einen Knochen zerbrochen, so wird man seinen Knochen zerbrechen.

(10) Wenn ein Bürger einem ihm ebenbürtigen Bürger einen Zahn ausschlägt, dann soll man ihm einen Zahn ausschlagen.

(12) Wenn ein Baumeister einem Bürger ein Haus baut, aber seine Arbeit nicht solide ausführt, sodass das Haus einstürzt und er den Tod des Eigentümers herbeiführt, so wird dieser Baumeister getötet.

Nach: Gerhard Köbler, Codex Hammurapi

M2 Q Ein ägyptischer Ehevertrag

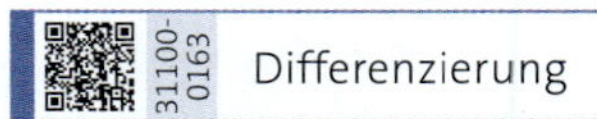

M2 als Hörtext

31100-0009

Der folgende Papyrustext stammt aus dem Jahr 219 v. Chr. Der Ägypter Heremheb bescheinigt darin seiner Frau Tais ihre Rechte in der Ehe:

Ich habe dich zur Ehefrau gemacht. Als deine Frauengabe habe ich dir zwei Silberlinge gegeben. Entlasse ich dich als Ehefrau, [...] so gebe ich dir zwei Silberlinge außer den zwei Silberlingen, die oben genannt sind und die ich dir als deine Frauengabe gegeben habe, also zusammen vier Silberlinge. Und ich gebe dir ein Drittel von allem und jedem, was wir von jetzt an gemeinsam besitzen. Die Kinder, die du mir geboren hast und die du mir noch gebären wirst, sind die Herren von allem und jedem, was mir gehört und was ich noch erwerben werde. Die Wertsumme deiner Sachen, die du mit dir in mein Haus gebracht hast, beträgt drei Silberlinge. [...] Deine Sachen, du hast sie mit dir in mein Haus gebracht, ich habe sie vollständig aus deiner Hand empfangen, ohne einen Rest. Mein Herz ist zufrieden mit ihnen. Wenn ich dich als Ehefrau entlassen werde oder wenn du zu gehen beliebst, so gebe ich dir die Sachen, die du mit dir in mein Haus gebracht hast, oder ihren Wert in Silber zurück. Mein ist ihre Verwahrung.

Nach: Steffen Wenig, Die Frauen im Alten Ägypten

Mann und Frau
Kalksteinstatue, um 1300 v. Chr.

M3 Q Was Scherben erzählen

In der Arbeitersiedlung Deir-el-Medina im altägyptischen Theben halten Schreiber Mitte des 12. Jh. v. Chr. auf Tonscherben Verträge, Urteile und Ereignisse fest. So erfahren wir, was die Menschen in der Siedlung bewegt. Zwei Beispiele:

a) Aussage des Schreibers Nefer-Hetep vor dem Gerichtshof: „Bei Amun und dem Herrscher! Wenn ich den Esel des Heri, Sohn des Hui-Nefer, nicht bezahle, sei es in Vieh, sei es in Gegenwert, bis zum [unleserlich], erhalte ich 100 Hiebe, und er wird gegen mich doppelt berechnet."

b) Meine Tochter sagte: „Mein eigener Mann, der Arbeiter [unleserlich], er schlug und schlug mich ununterbrochen!" Da ließ ich seine Mutter holen. Der [Vorsteher] fand ihn im Unrecht. Man ließ ihn vor die Beamten holen. Ich sagte zu ihm: „Wenn du sie nicht mehr schlagen wirst, so schwöre vor den Beamten!"

Nach: Wolfgang Helck, Die datierten und datierbaren Ostraka, Papyri und Graffiti von Deir el-Medineh

M4 Q Und unsere Gesetze heute?

Im Strafgesetzbuch ist aufgeführt, welche Strafen man für bestimmte Vergehen erhält:

Üble Nachrede Jemand verbreitet Lügen über eine andere Person.	Geldstrafe oder bis zu einem Jahr Gefängnis
Körperverletzung Jemand verletzt eine andere Person.	Geldstrafe oder bis zu fünf Jahre Gefängnis
Diebstahl Jemand nimmt einer anderen Person etwas weg.	Geldstrafe oder bis zu fünf Jahre Gefängnis

M5 Q Die Grundlage unserer Gesetze

Im Grundgesetz, unserer Verfassung, steht:

Art. 1.1	**Der Artikel in einfachen Worten:**
Die Würde des Menschen ist unantastbar.	Jeder Mensch ist wertvoll, weil er ein Mensch ist. So soll er auch behandelt werden.
Sie zu achten und zu schützen ist Verpflichtung aller staatlichen Gewalt.	Auch der Staat muss alle Menschen so behandeln, egal, wer sie sind.

3.3 Die Herrschaft des Pharaos

Sarkophag des ägyptischen Herrschers Tutanchamun (14. Jahrhundert v. Chr.)

In Ägypten herrschte ein einzelner Mensch, der Pharao. Er galt als Vertreter der Götter auf der Erde, konnte alles entscheiden und jede Person war ihm untergeordnet. Niemand durfte ihm widersprechen, denn er hatte eine direkte Beziehung zu den Göttern.

?

Der Pharao – ... zum Wohle aller?

1. Beschreibe die Maske und nenne Merkmale, die den Pharao von einem gewöhnlichen Menschen unterscheiden.

2. Der Pharao erließ Gesetze, überwachte deren Einhaltung und kümmerte sich um die Verwaltung des Landes. Überlege, welche Vor- und Nachteile das hatte, und ergänze die Leitfrage.

VT1 Herrschaftszeichen

Der Sarkophag des Pharaos Tutanchamun ist im Ägyptischen Museum in Kairo ausgestellt. Er ist mit verschiedenen Symbolen geschmückt, die ihn als Alleinherrscher und obersten Richter darstellen. Dazu gehören der geflochtene künstliche Kinnbart (Königsbart) als Zeichen für die Göttlichkeit des Pharaos, ein Krumm- oder Hirtenstab und der Wedel (Peitsche) als Zeichen der Königswürde und der richterlichen Gewalt. Offensichtlich konnte der Pharao im alten Ägypten also alles alleine bestimmen.

Bildinformation

Pharaonin Hatschepsut

Figur aus Granit, um 1500 v. Chr.

Hatschepsut war die erste und nur eine von wenigen Frauen auf Ägyptens Thron. Sie übernahm nach dem Tod ihres Mannes die Herrschaft. Auch an dieser Figur finden sich einige Herrschaftszeichen, wie die Uräusschlange und der geflochtene Kinnbart.

Dein Weg durch das Kapitel

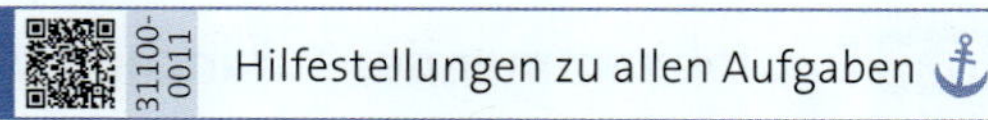

1. Fasse die Aufgaben eines Pharaos zusammen (**VT2**).
2. Überprüfe und ergänze dein Ergebnis anhand des Hörtextes (**M1**).
3. Beschreibe den Aufbau des Grabes von Tutanchamun und erkläre, warum es vermutlich so ausgestattet worden ist (**M2**, **Mediencode**). → S. 196
   ☆ Recherchiere zum Leben des Tutanchamun.
4. Untersuche **M3** mithilfe der Methodenkarte und erkläre den Aufbau der ägyptischen Gesellschaft (**VT3**).
5. Beurteile aus der Sicht eines im alten Ägypten lebenden Menschen, inwieweit der Pharao das Wohl aller Ägypterinnen und Ägypter garantieren konnte. → S. 196
6. **Der Blick aufs Ganze:** Inwieweit ist es nützlich oder gefährlich, wenn ein einzelner Mensch so viel Macht erhält? Verfasse eine Stellungnahme aus heutiger Sicht.

VT2 Welche Aufgaben hatte der Pharao?

Der Pharao herrschte über alle Ägypterinnen und Ägypter. Er war dafür verantwortlich, dass es ihnen gut ging, und sie mussten ihm gehorchen. Er erließ Gesetze und war der oberste Richter.

Gleichzeitig kümmerte er sich um die Verwaltung des Staates: Er kontrollierte die Abgaben der Bauern und setzte Beamte ein, die für verschiedene Bereiche zuständig waren. So gab es zum Beispiel Beamte, die Vorräte in den Silos des Pharaos einlagerten, um sie in Notzeiten an die Bevölkerung zu verteilen. Auch für die Händler, die mit benachbarten Reichen Waren austauschten, war der Pharao verantwortlich. Mit seinem Heer führte er Kriege, um Ägypten zu verteidigen oder Land zu erobern. Außerdem ließ er Bauwerke wie Pyramiden oder Tempel errichten.

Besonders wichtig war seine enge Verbindung zu den Göttern. Nur er konnte mit den Göttern in direkten Kontakt treten und Priester einsetzen. Nach der Vorstellung der Ägypterinnen und Ägypter sicherte das nicht nur die jährlichen Überschwemmungen des Nils, sondern auch die Ordnung in der Welt. Der Pharao war damit nicht nur für Ägypten, sondern für die ganze Welt und auch das Jenseits zuständig.

M1 Q Wie soll ein Pharao handeln?

Um 2075 v. Chr. wird Prinz Merikare von seinem Vater belehrt, wie ein Pharao regieren sollte. Unter dem QR-Code findest du die Quelle als Hörtext.

Video: Grab Tutanchamuns

31100-0039

M2 D Grabkammer des Tutanchamun

Rekonstruktionszeichnung von 1997

An den Hängen des Wüstengebirges liegt der Friedhof der Pharaonen, das „Tal der Könige". Die Gräber bestehen aus mehreren großen Kammern und langen Gängen.

Das Grab Tutanchamuns ist dagegen vergleichsweise klein, denn der junge Pharao ist ganz unerwartet verstorben. Sein Grab besteht nur aus vier kleinen Kammern:

1 Vorkammer **2** Nebenkammer **3** Sarkophag-Raum **4** Schatzkammer

Es war regelrecht vollgestopft mit Tausenden kostbarer Beigaben.

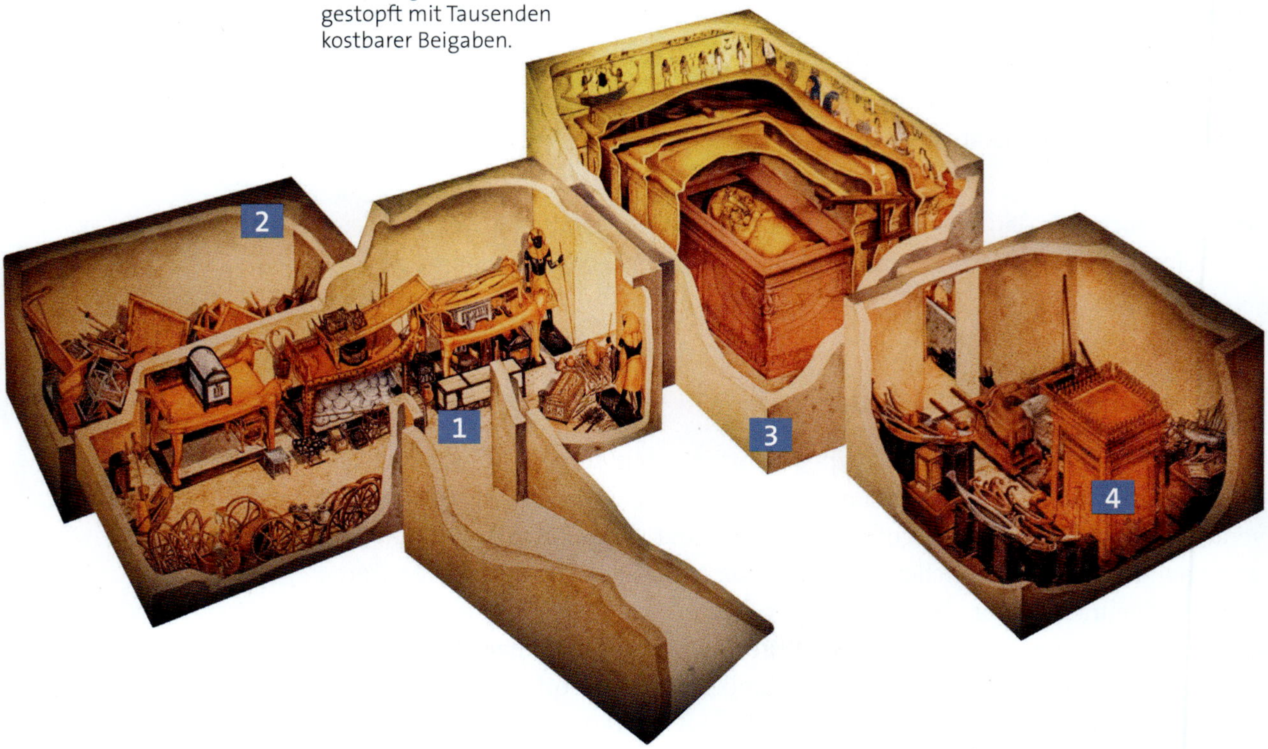

VT3 Die ägyptische Gesellschaft

Die meisten Ägypterinnen und Ägypter sprachen die gleiche Sprache, verehrten gemeinsame Götter und lebten ähnlich. Sie unterschieden zwischen sich und anderen Völkern. Alle Frauen, Männer und Kinder, die in einem bestimmten Gebiet, Land oder Staat ihr Zusammenleben organisieren und sich selbst als zusammengehörig betrachten, nennt man eine Gesellschaft. In der ägyptischen Gesellschaft gab es unterschiedliche Gruppen mit ähnlichen Merkmalen, sogenannte soziale Schichten.

Es gab eine von oben nach unten gegliederte Rangordnung (Hierarchie). In ihr hatte jeder seine Rechte und Aufgaben. An der Spitze standen der Pharao und seine Familie. Sie konnte groß sein, denn der Pharao hatte im Gegensatz zu fast allen Ägyptern mehrere Frauen. Aus seiner Familie stammten oft die Wesire, die höchsten Beamten, und die Hohepriester der Tempel. Sie herrschten über die Mehrheit des Volkes, das vor allem aus Bauern bestand.

Die unterste Schicht bildeten neben Dienerinnen und Dienern die Unfreien. Meist waren sie Kriegsgefangene, Menschen konnten ihre Freiheit aber auch als Bestrafung verlieren. Unfreie besaßen aber trotzdem Rechte und Eigentum.

M3 D Aufbau der ägyptischen Gesellschaft

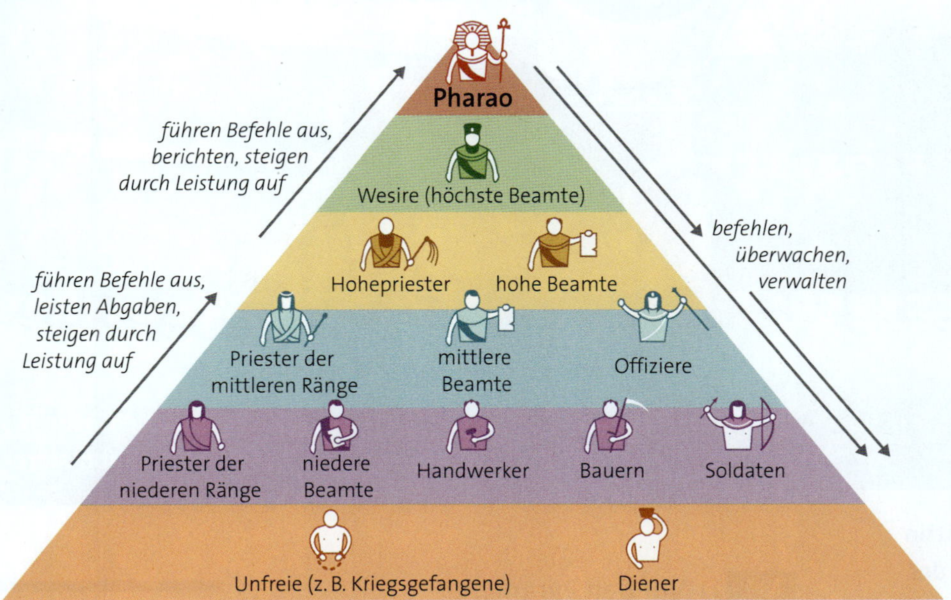

Die ägyptische Gesellschaft war klar gegliedert. Allerdings waren die Grenzen zwischen den Schichten fließend. Zum einen konnte man durch Leistung aufsteigen, zum anderen übten die meisten Ägypter gleichzeitig mehrere Ämter oder Tätigkeiten aus.

METHODE Schaubilder untersuchen

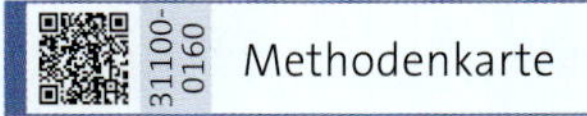

❯ 1. Schritt: Beschreiben

Nenne das Thema des Schaubildes und ordne das Schaubild einer Zeit und einem Ort zu. Tipp: Die Überschrift hilft dir hier weiter.

❯ 2. Schritt: Untersuchen

1. Betrachte die Bestandteile des Schaubildes und achte dabei auch auf Pfeile, Zeichen und Kästen. Kläre unklare Begriffe.
2. Prüfe nach, wofür die Pfeile links und rechts der Pyramide stehen, und erkläre, weshalb auf der linken Seite zwei, auf der rechten aber nur ein Pfeil steht.
3. Erkläre, weshalb das Schaubild die ägyptische Gesellschaft als Pyramide darstellt.

❯ 3. Schritt: Deuten

Fasse zusammen, welche Informationen über die ägyptische Gesellschaft du dem Schaubild entnehmen kannst und welche nicht.

3.4 Frauen im alten Ägypten

Die ägyptische Göttin Isis mit Flügeln, Grabmalerei

Isis ist die altägyptische Göttin der Geburt, der Magie und des Lebens, die in Gräbern oft auch mit großen Flügeln dargestellt wurde. Mit ihren Flügeln schützte sie beispielsweise den Leichnam ihres Ehemanns Osiris.

?

Frauen in Ägypten – mehr ...?

1. Fasse zusammen, wie Mia und Charlie die Bedeutung von Frauen im alten Ägypten einschätzen.
2. Wie lautet deine Einschätzung? Ergänze dann die Leitfrage.

M1 D **Vor den Pyramiden**

Mia und Charlie sind mit ihren Eltern nach Ägypten gereist. Nun besuchen sie die berühmten Pyramiden von Gizeh und laufen ihrem Guide durch die Touristenmassen hinterher.

Hörtext: Gespräch zwischen Mia und Charlie

31100-0014

Dein Weg durch das Kapitel

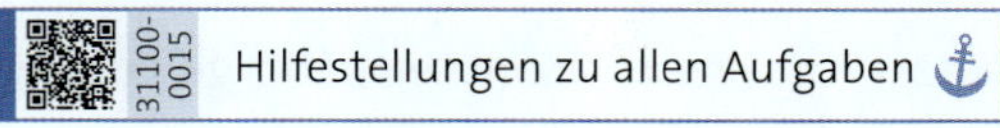

1. Arbeite heraus, welche Aufgaben und Besonderheiten Isis hatte (**M2**).
2. Beschreibe das Gemälde der Isis (Einstiegsbild) und erläutere die Dinge, die du aus dem Mythos wiedererkennst (**M2**). → S. 196
3. Fasse zusammen, welche Aufgaben und Pflichten die Frau eines Pharaos hatte (**M3**).
4. Begründe, warum die „Flügel" der Tänzerin Isis Wings heißen (**M4**).
5. Arbeite die Aufgaben ägyptischer Ehefrauen und die der Isis heraus (**M3**).
   ☆ Ordne die Aufgaben (**M3**) einzelnen Passagen im Mythos (**M2**) zu.
6. Erschließe dir das Verhältnis von Männern und Frauen (**M5–M7**).
7. Beurteile, inwieweit Radziwiłłs Aussagen durch die anderen Materialien auf diesen Seiten belegt werden können (**M7**). → S. 196
8. Überprüfe deine Vermutung von der Einstiegsseite: Waren Männer und Frauen im alten Ägypten gleichberechtigt?
9. **Der Blick aufs Ganze:** Beantworte die Leitfrage in einem Fotobeitrag. Dieser kann wie ein Instagram-Post oder eine Seite im Fotoalbum gestaltet sein. Beginne mit deiner ersten Einschätzung und erkläre dann, wie sie sich geändert hat. Ergänze auch, wie du dein neues Wissen bewertest, und suche nach einem aussagekräftigen Foto.

M2 D Der Mythos von Isis und Osiris ...

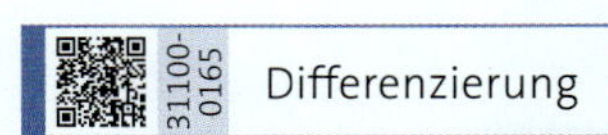

Für die Menschen in Ägypten war die Religion als Vorbild und Beispiel für ihr Zusammenleben wichtig – das gilt auch für das Zusammenleben der Geschlechter. Spannend für unser Thema ist der altägyptische Mythos[1] von Isis und Osiris, zwei ägyptischen Göttern:

Nachdem der eifersüchtige Gott Seth[2] seinen Bruder Osiris[3] ermordet hatte, schloss er den Leichnam in einen versiegelten Bleisarg ein und warf ihn in den Nil. Seth hatte gehofft, dass die Menschen Osiris schnell vergessen würden und er anstelle seines Bruders Ägypten regieren könnte, doch er hatte nicht mit dem Mut und der Entschlossenheit der Schwester und Gemahlin von Osiris, Königin Isis[4], gerechnet. Isis barg den Sarg mit Osiris' Leichnam und brachte ihn nach Ägypten, um ihn dort zu begraben. Also zerteilte Seth seinen toten Bruder in viele Stücke, doch Isis verwandelte sich in einen riesigen Vogel und suchte nach den Überresten ihres Gatten. Mit ihrer Zauberkraft konnte Isis Osiris in einen lebensähnlichen Zustand ver-

[1] Was ein Mythos ist, erfährst du im Glossar.
[2] **Seth**: Gott des Chaos und der Gewalt
[3] **Osiris**: Gott des Jenseits, der Wiedergeburt und des Nils
[4] **Isis**: Göttin der Geburt und der Magie

setzen und neun Monate später gebar sie seinen Sohn Horus[5]. Als sich Osiris zurückzog, um das Totenreich zu regieren, beschützte Isis ihren Sohn, bis dieser alt genug war, seinen rechtmäßigen Anspruch auf den Thron geltend zu machen.

Nach: Joyce Tyldesley,
Die Königinnen des Alten Ägypten

[5] **Horus**: Gott des Himmels und des Lichts

M3 D … und was er uns über Frauen in Ägypten verrät

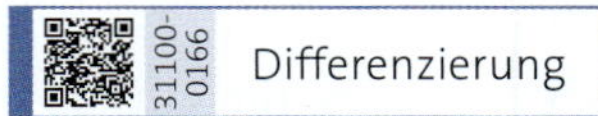

Die Ägyptologin Joyce Tyldesley untersucht den Mythos von Isis und Osiris für ihr Buch über ägyptische Königinnen. Sie stellt darin einige Behauptungen auf:

Die alte Sage von Isis und Osiris ist ein wichtiger und informativer Mythos. [...] Nirgendwo sonst findet sich eine so deutliche Darlegung der Rolle der königlichen Gemahlin. Die ideale Gefährtin des Pharao schenkt einem Sohn das Leben, der einmal den Platz seines Vaters einnehmen kann. In guten Zeiten bleibt die Königin im Hintergrund, unterstützt ihren Gatten und nimmt ihre häuslichen Pflichten ohne großes Aufheben wahr. Doch in Zeiten der Gefahr tritt sie selbstständig in Aktion und setzt alles daran, um ihrem Gatten zu helfen und ihren Sohn zu beschützen. Dies sind in der Tat die Rechte und Pflichten jeder ägyptischen Ehefrau [...].

Nach: Joyce Tyldesley,
Die Königinnen des Alten Ägypten

M4 Q Orientalische Tänzerin mit Isis Wings

Foto von 2023

M5 Q Beziehungstipps

Dieses Gedicht stammt aus dem alten Reich (ca. 2400 v. Chr.) und wird dem Gelehrten Ptahhotep zugeschrieben. Es rät Ehemännern:

Wenn du wohlhabend bist, einen Hausstand gegründet hast /
und deine Frau recht liebst, /
dann fülle ihren Leib und kleide ihren Rücken – /
Salböl ist das Heilmittel für ihre Glieder. /
Erfreue ihr Herz, solange du lebst, [...]. /
Streite nicht mit ihr vor Gericht, /
und halte sie fern davon, Macht zu haben.

Nach: Erik Hornung, Altägyptische Dichtung

M6 Q Ein ägyptisches Paar

Darstellung einer ägyptischen Familie

Kalksteinstatue, um 2500 v. Chr.

Die Eltern sind als große, Sohn und Tochter als kleine Figuren abgebildet. Neben der Haltung der großen Figuren zueinander ist auch die unterschiedliche Farbgebung für uns interessant. Sie verweist auf den hauptsächlichen Aufenthaltsort der Figuren.

M7 D Das Leben der Ägypterinnen

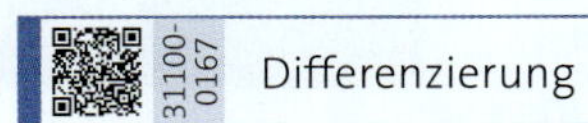

Katarzyna Radziwiłł hat im Jahr 2021 ein Buch über das Leben von Frauen in der Geschichte geschrieben. Sie sagt über die Ägypterinnen:

Die meisten Ägypterinnen waren Hausfrauen. Die Reicheren unter ihnen hatten Bedienstete, die Ärmeren erledigten die Hausarbeit selbst. Nur manchmal stellten sie jemanden zum Helfen ein. Die reichsten Frauen verwalteten riesige Landgüter und wachten über die Arbeiter. Sie taten dies entweder allein oder zusammen mit ihren Ehemännern. Ärztinnen kümmerten sich vor allem um Frauen während der Schwangerschaft und Geburt. [...] Niemand wunderte sich auch über Beamtinnen, die über ganze Städte und Provinzen herrschten. Manche übten gar das Amt eines Wesirs aus, ein Amt ähnlich dem einer Regierungschefin. Auf ägyptischen Darstellungen sind auch Frauen zu sehen, die als Kapitäninnen mit Schiffen auf dem Nil fahren. [...] Ägypterinnen mussten nicht unbedingt einen Ehemann haben. Sie konnten selbst über ihr Leben bestimmen. In den allermeisten Fällen aber heirateten sie, noch bevor sie 15 Jahre alt waren. [...] Die Ehefrau behielt ihren Namen, ihr Vermögen und das Recht, über sich zu entscheiden. [...] Ehepaare hatten in der Regel zwei Kinder, selten mehr. Vater und Mutter waren gleich wichtig. Wenn sie keine Bediensteten hatten, kümmerten sich beide um den Haushalt und die Kinder. Sie erzogen ziemlich streng.

Nach: Katarzyna Radziwiłł, Frauenleben im Lauf der Zeit

3.5 Die Erfindung der Schrift

Bunt bemalte Hieroglyphen im Grab von Ramses IX.

Puh!!! Lesen und schreiben lernen, schwierig! Warum muss die Kenntnis und Beherrschung der Schrift überhaupt gelernt werden? Um diese Frage geht es in diesem Kapitel, denn die Ägypter haben früh eine Schrift entwickelt und können uns vielleicht darauf eine Antwort geben. Sie nannten ihre Schöpfung „heilige Zeichen“ – heute als Hieroglyphen bezeichnet. Ihre Schrift sah anders aus als unsere heutige.

?

Schrift – Überwindung ...?

1. Erläutere die Probleme der Boten beim mündlichen Übermitteln von Nachrichten.

2. Ergänze die Leitfrage.

VT1 Ein Experiment: „Stille Post“ im alten Ägypten

Bildet Gruppen von fünf bis sieben Schülerinnen und Schülern und spielt „stille Post“. Ihr seid Dorfbewohner im alten Ägypten. Eine außergewöhnliche Überschwemmung hat einen Teil eurer Vorräte zerstört und ihr meldet diese Schäden dem Pharao. Dazu beschreibt ihr einem Boten mündlich die Zerstörungen. Da dieser nicht schreiben kann, muss er sich alles merken. Der Weg ist lang und so übermittelt er die Botschaft an einen anderen Kurier, der sie wiederum an andere weitergibt: „Aus dem dörflichen Speicher wurden also 822 Deben (= Gewichteinheit, 50 gr.) Gerste und Weizen und 37 Heqat (= Angabe für Volumen, 5 L.) Datteln überflutet und waren damit ungenießbar. Außerdem starben 14 Hühner und 9 Ziegen. 11 Granatapfelbäume waren mit Schlamm bedeckt und sind möglicherweise abgestorben.“
Der/die Erste aus eurer Gruppe darf die obengenannten Angaben ablesen und sie leise ins Ohr seines Nachbarn flüstern. Der/die Letzte schreibt die genauen Schäden für sich auf. Vergleicht Anfangs- und Endinformation: Was stellt ihr fest?

Dein Weg durch das Kapitel

31100-0021 Hilfestellungen zu allen Aufgaben 

1. Beschreibe die Figur des Schreibers (**M1**). Achte auf seine Haltung und seinen Gesichtsausdruck.
2. Überprüfe die Aussage, Schreiber sei ein „Traumberuf“ gewesen (**M1**). Schreibe die Vorteile des Berufs „Schreiber“ und die Nachteile der anderen Berufe auf. Was verstehst du unter einem „Traumberuf“? Trifft das auf den Beruf des Schreibers zu?
3. Notiere in Stichpunkten, wie Papyrus hergestellt wird. Stelle Vermutungen an, warum Papyrus ein wertvolles Material war (**M2**). → S. 196
4. Schreibe deinen Namen in Hieroglyphen und erkläre den Unterschied zur heutigen Schrift (**VT2**, **M3**, **M4**).
5. Fasse zusammen, wie die Hieroglyphen entschlüsselt wurden (**M3**, **Mediencode**).
6. Beurteile, inwieweit die Erfindung der Schrift Vorteile, aber vielleicht auch Nachteile für die Bevölkerung hatte. → S. 196
7. Bewerte: Schrift – Überwindung von Zeit und Raum?
8. **Der Blick aufs Ganze:** Erstelle eine Mindmap, in der du deine Ergebnisse aus Aufgabe 6 übersichtlich darstellst.

M1 Q Ein Schreiber erzählt

31100-0169 Differenzierung

M1 als Hörtext
31100-0289

Textquellen aus dem 16. bis 13. Jh. v. Chr. überliefern eine alte Weisheitslehre für Schüler, die dem Schreiber Cheti zugeschrieben wird. Er gibt darin seinem Sohn folgenden Rat:

Der Steinmetz graviert mit dem Meißel in allerlei harten Steinen. Hat er die Arbeit vollendet, so versagen ihm seine Arme, und er ist müde. Wenn er sich des Abends niedersetzt, sind seine Knie und sein Rücken gebrochen. Der Töpfer steckt in seinem Lehm. Der beschmiert ihn mehr als ein Schwein, bis er seine Töpfe gebrannt hat. Seine Kleidung ist steif vor Lehm. Der Gärtner trägt das Joch, seine Schultern tragen die Wasserkrüge, eine große Last liegt auf seinem Nacken. Morgens gießt er Gemüse, am Abend andere Pflanzen. Er macht Feierabend erst, nachdem sein Leib angegriffen ist. Todmüde setzt er sich nieder. Siehe, es gibt keinen Beruf, in dem einem nicht befohlen wird, außer dem des Beamten. Da ist er es, der befiehlt. Wenn du schreiben kannst, wird dir das mehr Nutzen bringen als alle die Berufe, die ich dir dargelegt habe. Nützlich ist dir schon ein Tag in der Schule, und eine Ewigkeit hält die in ihr geleistete Arbeit vor, wie Berge.

Aus: Friedrich Wilhelm Freiherr von Bissing, Altägyptische Lebensweisheit

Berufsschreiber
Bemalter Kalkstein aus Sakkara, um 2600 v. Chr.

M2 D Wie wird Papyrus hergestellt?

Papyrus war in Ägypten ein wertvolles Material. Im Video siehst du, wie es hergestellt wurde.

Video: Herstellung von Papyrus

31100-0023

VT2 Über die Hieroglyphen

Zuerst benutzten Schreiber für jedes Wort, ob Person, Gegenstand oder Tätigkeit, ein eigenes Bildzeichen. Diese Zeichen nennen wir heute Hieroglyphen. Wer schreiben wollte, musste sehr viele Zeichen und ihre Bedeutung lernen. Aber es gab auch Namen, Tätigkeiten und Gefühle, die man nicht mit einem Bildzeichen darstellen konnte. Da kamen Schreiber auf die Idee, einzelne Zeichen für bestimmte Laute zu benutzen. So ließen sich aus wenigen Hieroglyphen immer wieder neue Wörter zusammensetzen.

M3 Q Die „Schlüssel" zur Entzifferung der Hieroglyphenschrift

M4 D Die Bedeutung der Hieroglyphen

Zeichen	Bedeutung	Laut	Zeichen	Bedeutung	Laut	Zeichen	Bedeutung	Laut
	Greifvogel	a		Schilfblätter	i (j)		Mund	r
	Bein	b		Korb mit Henkel	k		gefalteter Stoff	s
	Brunnen-schacht	ch		Löwe	l		Teich	sch
	Hand	d		Eule	m		Brotlaib	t
	Schilfblatt	e		Wasser	n		Wachtel-küken	u, v, w
	Hornviper	f		Schlinge	o		Türriegel	z
	Krugständer	g		Hocker oder Matte	p		Seil	tsch
	Hof	h		Abhang	q		Schlange	dsch

3.6 Religion: Mumien, Götter und Tempel

Mumie Ramses II.

Eine Mumie benötigte etwa 375 Quadratmeter Stoff. Zum Vergleich: Dein Klassenraum hat etwa 30 Quadratmeter. Die Herstellung einer Mumie dauert bis zu einem halben Jahr und nur die wichtigsten Leute wurden mumifiziert.

?

Religion – Leitfaden ...?

1. Beschreibe, wie der Körper des Pharaos bestattet wurde, und überlege, warum man sich damit so viel Mühe gegeben hat.
2. Überlege, warum die Religion den Alltag der Menschen bestimmte.
3. Ergänze die Leitfrage.

VT1 Mumien als Vorbereitung auf das Jenseits

Im alten Ägypten lebten die Menschen nicht nur einfach, sondern bereiteten sich ihr Leben lang auf das Leben im Jenseits vor. Religion war für sie sehr wichtig. Das ist auch an den Mumien erkennbar. Dieses aufwändige Ritual sollte sicherstellen, dass der Körper dem Toten im Jenseits weiterhin zur Verfügung stehen konnte.

Ob Religion in früheren Kulturen schon so wichtig war, wissen wir nicht, aber für Ägypten können Historikerinnen und Historiker erstmals nachweisen, dass Religion auch den Alltag der Menschen bestimmte.

Mumie einer älteren Frau, 13. oder 12. Jh. v. Chr.

Dein Weg durch das Kapitel

31100-0025 Hilfestellungen zu allen Aufgaben 

1. Erkläre, warum die Ägypterinnen und Ägypter so viele verschiedene Göttinnen und Götter anbeteten (**M1**, **VT2**).
2. Stelle die Mumifizierung eines Toten als Comic dar (mindestens fünf Bilder; **VT3** und zugehörige Mediencodes).
3. Beschreibe den Ablauf des Totengerichts (**M2**) und fasse zusammen, welches Verhalten notwendig war, um die Prüfung zu bestehen (**M3**). → S. 196
4. Fasse zusammen, wie sich die Ägypterinnen und Ägypter das Leben im Jenseits vorstellten (**M4**, **M5**).
5. Beurteile, inwieweit die Religion das gesamte Leben der Ägypterinnen und Ägypter bestimmte.
6. Beurteile, inwieweit Religion und Jenseitsglauben für ein geordnetes Zusammenleben der alten Ägypterinnen und Ägypter sorgen konnte. → S. 197
7. **Der Blick aufs Ganze:** Führt eine Pro-Kontra-Diskussion: Bestimmen religiöse Vorstellungen auch heute noch, wie Menschen oder Staaten handeln?

M1 Q Einige ägyptische Götter

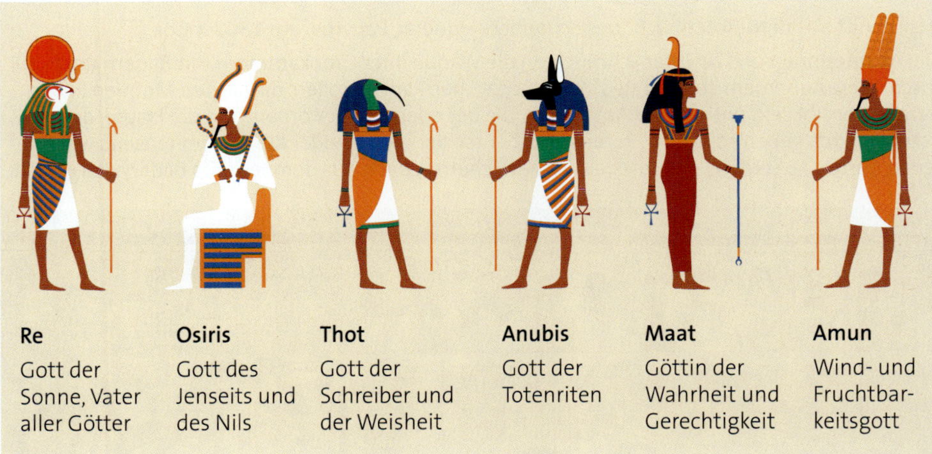

VT2 Die ägyptischen Götter

Die Ägypterinnen und Ägypter glaubten, dass in Pflanzen, Luft, Wasser, Sonne und vor allem Tieren göttliche Kräfte wohnten. Sie verehrten viele Götter, die sie sich in Menschen- oder Tiergestalt oder als Mischwesen mit menschlichem Körper und Tierkopf vorstellten. Eine solche Verehrung vieler Götter nennt man Polytheismus (von griech. poly: viele und theos: Gott). Ihren Göttern bauten die Ägypterinnen und Ägypter Tempel. Sie galten als Wohnhäuser der Götter auf Erden. Die Bevölkerung durfte die Tempel nicht betreten. Von der richtigen Anbetung und Verehrung der Götter (Götterkulte) hing nach ägyptischer Vorstellung der Wohlstand des gesamten Landes ab. Die Tempel wurden deshalb von Pharaonen und reichen Ägypterinnen und Ägyptern beschenkt.

VT3 Wie wurden Tote mumifiziert?

Mumie in 3D
31100-0026

Video: Entstehung von Mumien
31100-0027

Damit ein Toter im Jenseits weiterleben konnte, musste sein Körper erhalten bleiben.

Die Vorbereitungen dauerten bis zu 70 Tage. Zuerst wurde dem Verstorbenen das Gehirn entfernt, indem man es mit langen Eisenhaken durch die Nase nach außen zog. Dann wurden alle Organe mit Ausnahme des Herzens aus dem Körper genommen und in besonderen Gefäßen einzeln einbalsamiert. Das Innere des Körpers wurde mit Natron behandelt, um dem Körper alles Wasser zu entziehen. In einem weiteren Arbeitsgang wurde der Körper mit duftendem Harz gefüllt. Nach 40 Tagen war der Körper komplett ausgetrocknet. Nun wurde Füllmaterial in den Körper gestopft und dieser zugenäht, damit der Tote wieder die natürliche Form erhielt. Auf dem Gesicht lag eine Totenmaske. Zum Schluss wurde der Leichnam mit langen Leinenstreifen eingewickelt.

M2 Q Das Totengericht

Ausschnitt aus dem „Totenbuch" des Schreibers Hunefer, Papyrus, um 1300 v. Chr.

Die Ägypterinnen und Ägypter schmückten die Wände ihrer Grabkammern mit Bildern und Inschriften. Außerdem stellten sie „Totenbücher" her, Papyrusrollen, die sie den Mumien in den Sarg legten. Ihr Text enthielt die Antworten, die der oder die Verstorbene auf die Fragen des Totengerichts geben sollte. Das Totengericht entschied, ob der oder die Tote im Jenseits weiterleben durfte. Außerdem sind in vielen Totenbüchern Szenen aus dem Jenseits bildlich dargestellt.

M3 Q Rechtfertigung im Totengericht

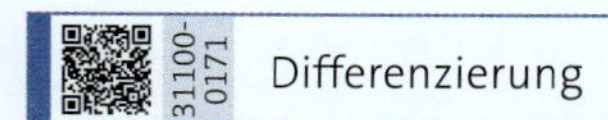

Aus einem um 1500 v. Chr. entstandenen „Totenbuch":

Ich habe kein Unrecht gegen Menschen begangen, und ich habe keine Tiere misshandelt. Ich habe keinen Gott beleidigt. Ich habe kein Waisenkind an seinem Eigentum geschädigt. Ich habe nichts getan, was die Götter verabscheuen. Ich habe keinen Diener bei seinem Vorgesetzten verleumdet.
Ich habe nicht Schmerz zugefügt und niemanden hungern lassen, ich habe keine Tränen verursacht. Ich habe nicht getötet, und ich habe auch nicht zu töten befohlen; niemandem habe ich ein Leid angetan. Ich habe am Hohlmaß nichts hinzugefügt und nichts vermindert, ich habe das Flächenmaß nicht geschmälert und am Ackerland nichts verändert. Ich bin rein, ich bin rein, ich bin rein, ich bin rein!

Nach: Erik Hornung, Altägyptische Dichtung

M4 Q Steig auf, O Teti, du wirst nicht sterben!

Pharao Teti II. regierte um 2300 v. Chr. In seiner Pyramide in Sakkara (Theben) findet sich im Vorraum der Grabkammer folgende Inschrift:

Oho! Oho! Steig auf, O Teti! Nimm deinen Kopf, heb' deine Knochen [auf], sammle deine Glieder, schüttle die Erde von deinem Leib! Nimm dein Brot, dass es nicht verschimmelt, dein Bier, dass es nicht trüb wird. Stelle dich vor die Tore, die das einfache Volk zurückhält! Der Torwächter kommt zu dir heraus. Er greift deine Hand, nimmt dich mit in den Himmel, zu deinem Vater Geb [= Gott der Erde]. Er freut sich über dein Kommen, gibt dir seine Hände, küsst dich, streichelt dich, stellt dich vor die Geister, die unvergänglichen Sterne. Die Verborgenen verehren dich, die Großen umgeben dich, die Zuschauer warten auf dich. [Gerste] wird für dich gedroschen, Emmer [= Weizenart] wird für dich geerntet. Deine Festessen zum Monatsbeginn [und] deine Festessen zur Monatsmitte werden damit gemacht, wie für dich bestellt von Geb, deinem Vater. Steig auf, O Teti, du wirst nicht sterben!

Nach: Miriam Lichtheim, Ancient Egyptian Literature

M5 Q Arbeiten im Totenreich

Uschebtis sind kleine Tonfiguren, die in die Gräber gelegt wurden, um den Toten im Jenseits zu dienen:

O ihr Uschebti, wenn ich verpflichtet werde, irgendeine Arbeit zu leisten, die dort im Totenreich geleistet wird; wenn nämlich ein Mann dort zu seiner Arbeitsleistung verurteilt wird, dann verpflichtest du dich zu dem, was dort getan wird, um die Felder zu bestellen und die Ufer zu bewässern, um den Sand (Dünger) des Ostens und des Westens überzufahren. „Ich will es tun, hier bin ich", sollst du sagen.

Nach: Erik Hornung, Das Totenbuch der Ägypter

Uschebti
Kalkstein, bemalt, um 1200 v. Chr.

3.7 Die Pyramiden von Gizeh

Die Cheopspyramide

Wenn du heute nach Ägypten reist, sind die Bauwerke, die du vor der Rückfahrt unbedingt gesehen haben willst, vermutlich die drei Pyramiden bei Gizeh. Das war praktisch schon immer so: Schon vor über 2000 Jahren wurden in einem Reiseführer „sieben Weltwunder“ aufgezeichnet, von denen die Pyramiden eines waren, und sie sind das einzige der antiken sieben Weltwunder, das heute noch steht.

?

Bau der Pyramiden – ...?

1. Beschreibe die Pyramiden und ihre Wirkung auf dich und spekuliere, wie sie gebaut werden konnten.
2. Ergänze die Leitfrage.

VT1 Die Pyramiden von Gizeh

Was fasziniert die Menschen so an den Pyramiden? Vermutlich unter anderem ihre schiere Größe. Und es scheint unvorstellbar, wie Menschen ohne die heutige Technik in der Lage gewesen sein sollen, vor mehreren tausend Jahren solche Bauwerke zu errichten, welche die Zeiten fast unbeschadet überdauern würden. Schon ein antiker Reisender vermutete, dass der Bau solcher riesigen Konstruktionen nur über Zwangs- und Sklavenarbeit geschehen konnte.

Fakten zur Cheops-Pyramide

- Die Cheops-Pyramide wurde um 2600 v. Chr. erbaut und ist die älteste der Gizeh-Pyramiden.
- Sie ist etwa 239 Meter breit und (heute) 139 Meter hoch, also größer als sieben Fußballfelder.
- Sie besteht aus etwas mehr als 2,65 Millionen Steinblöcken.
- Jeder Stein wiegt etwa 2,5 Tonnen, also 2500 Kilogramm – etwa so viel wie zwei Autos.

Dein Weg durch das Kapitel

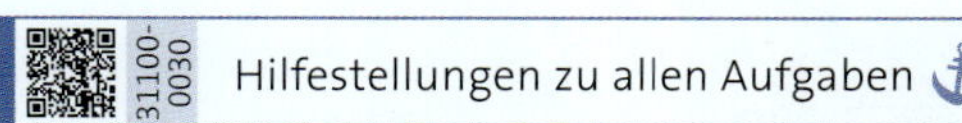

1. Beschreibe, mit welcher Technik die Menschen im alten Ägypten die Pyramiden wohl gebaut haben (**M1**, **M2**).
2. Fasse zusammen, wie viele Menschen unter welchen Bedingungen laut Herodot die Cheops-Pyramide gebaut haben (**M3**). → S. 197
3. Vergleiche dies mit der Darstellung des Historikers (**M4**).
4. Begründe, welchen der beiden Texte du glaubwürdiger findest (**M3**, **VT2**). → S. 197
5. Vergleiche die ägyptischen Pyramiden mit der Pyramide aus Mexiko (**M4**). Nenne Aussagen, die ähnlich, und solche, die unterschiedlich sind. Gehe beispielsweise auf Material, Form, Größe und Funktion ein.
   ☆ Recherchiere nach weiteren Pyramiden weltweit und vergleiche sie mit den ägyptischen.
6. **Der Blick aufs Ganze:** Verfasse einen Comic (mindestens fünf Bilder), wie und warum die Pyramiden gebaut worden sind.

M1 D Bau der Pyramiden

Es ist noch immer nicht geklärt, wie die Ägypterinnen und Ägypter die Pyramiden bauten. Deshalb haben Wissenschaftlerinnen und Wissenschaftler verschiedene Theorien entwickelt. Das Video informiert euch darüber.

M2 D Theorien zum Pyramidenbau

Die meisten Archäologinnen und Archäologen vermuten, dass die Arbeiter die Steinblöcke mit Holzschlitten auf Holzrollen über schräge Rampen nach oben zogen.

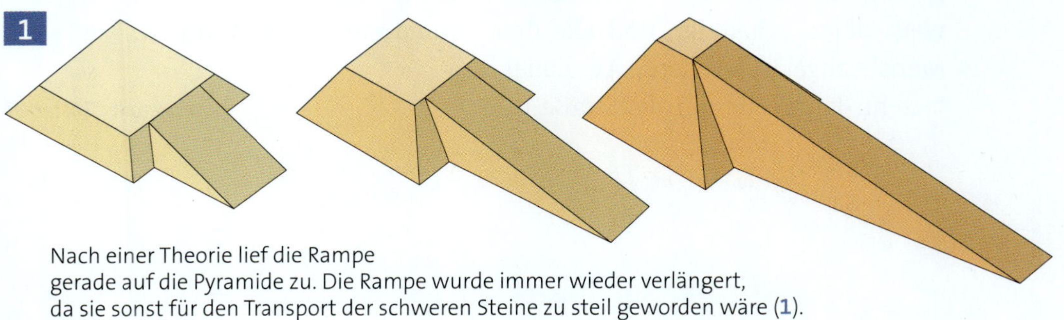

Nach einer Theorie lief die Rampe gerade auf die Pyramide zu. Die Rampe wurde immer wieder verlängert, da sie sonst für den Transport der schweren Steine zu steil geworden wäre (1).

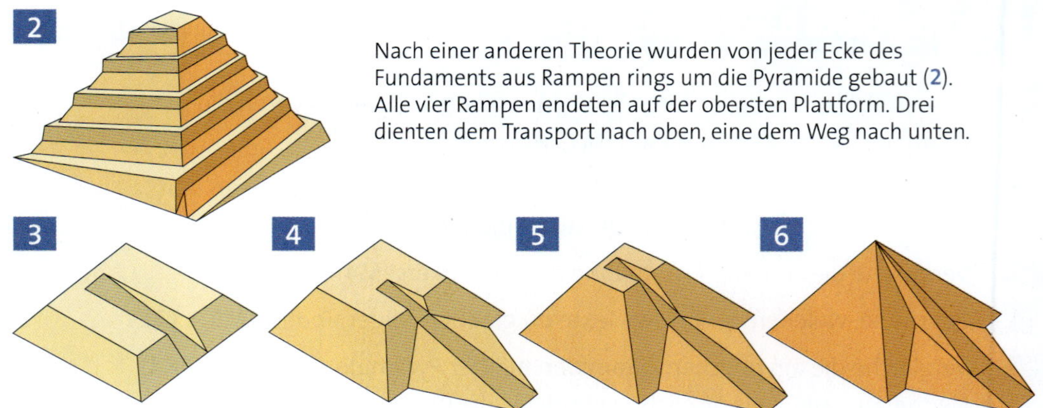

Nach einer anderen Theorie wurden von jeder Ecke des Fundaments aus Rampen rings um die Pyramide gebaut (2). Alle vier Rampen endeten auf der obersten Plattform. Drei dienten dem Transport nach oben, eine dem Weg nach unten.

Neuerdings meint ein Architekt, die Rampe sei im Inneren der Pyramide verlaufen (3 bis 6).

M3 Q Herodot über den Pyramidenbau

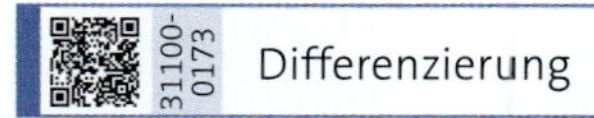

Der griechische Geschichtsschreiber Herodot berichtet im 5. Jahrhundert vor Christus nach einem Besuch in Ägypten vom Bau der Cheops-Pyramide:

Während vorher in Ägypten eine gute und gerechte Ordnung herrschte, stürzte Cheops das Land ins tiefste Unglück. Zunächst hat er alle Tempel geschlossen und das Opfern verhindert. Weiter hat er alle Ägypter gezwungen, für ihn zu arbeiten. Die einen mussten aus den Steinbrüchen im weit entfernten Gebirge Steinblöcke bis an den Nil schleifen. Andere mussten die Steine auf Schiffe setzen und dann die Steinblöcke weiterschleifen. [...] 100 000 Menschen waren es, die jeweils daran arbeiteten und alle drei Monate abgelöst wurden. [...] Es dauerte zehn Jahre, ehe nur die Straße gebaut war, auf der die Steine dahergeschleift wurden, ein Werk, das mir fast ebenso gewaltig erscheint wie der Bau der Pyramide selbst. [...] Zehn Jahre vergingen also, bis diese Straße und die unterirdischen Kammern auf jener Höhe, auf der die Pyramiden stehen, gebaut waren. [...] An der Pyramide selbst wurde 20 Jahre gearbeitet. Sie ist quadratisch, jede Seite 250 Meter breit und ebenso hoch. Sie besteht aus geglätteten, aufs genaueste ineinander gefügten Steinen, von denen jeder mindestens 30 Fuß lang ist.

Aus: Herodot, Historien

VT2 Was sagt die Forschung zum Bericht Herodots?

Ein Historiker fasst 2023 den Forschungsstand über den Bau der Pyramiden so zusammen:

Lange berechneten Forschende anhand der Angaben von Herodot, wie viele Menschen am Bau der Cheops-Pyramide beteiligt waren. Heute gehen Historikerinnen und Historiker aber davon aus, dass höchstens 20 000 Menschen gleichzeitig an der Pyramide bauten. Direkt an der Pyramide arbeiteten vermutlich höchstens 5000 Menschen. Mehr Arbeiter hätten sich eher gegenseitig behindert. Liest man die Darstellung des Herodot, so könnte man denken, dass die Menschen zum Bau der Pyramide gezwungen worden waren. Manchmal wurde sogar von Sklaven gesprochen, die die Pyramide errichtet hätten. Heute nehmen die meisten Forschenden an, dass bezahlte Arbeiter die Pyramiden bauten. Eine Pyramide war ein komplexes Gebäude, das nur von sehr gut ausgebildeten Facharbeitern geschaffen werden konnte. Bisher hat man auch keine Hinweise darauf gefunden, dass es in Ägypten überhaupt Sklaven gab, als die Cheops-Pyramide gebaut wurde. Außerdem haben Archäologinnen und Archäologen in der Nähe der Pyramide große Friedhöfe für die Arbeiter gefunden. Deren sorgfältig gestaltete Gräber zeigen, dass die Arbeiter hoch geachtet wurden. Vermutlich war eine Pyramide für die Menschen nicht nur die Grabstelle eines Pharaos, sondern gleichzeitig ein religiöses Großprojekt. Sie wollten mit deren Bau wohl auch sicherstellen, dass die Götter weiterhin freundlich zu allen Ägypterinnen und Ägyptern sein würden.

M4 D Eine Pyramide ganz woanders

Auch in anderen Teilen der Welt wurden Pyramiden gebaut. Forschende gehen davon aus, dass sie unabhängig voneinander entstanden und es keine Verbindungen zwischen den Kulturen gab. Hier siehst du die Pyramide von Kukulcán in Chichén Itzá, Mexiko. Chichén Itzá ist ein bedeutender Komplex der Maya-Kultur, der spätestens seit dem ersten nachchristlichen Jahrhundert bestand.

3.8 Mohenjo-Daro

Filmszene aus „Mohenjo-Daro – Das Geheimnis der verschollenen Stadt" von 2016

Die Stadt aus dem Film hat es tatsächlich gegeben: Sie lag mit anderen Siedlungen an einem mächtigen Fluss und inmitten einer ausgedehnten und wirtschaftlich blühenden Kulturlandschaft, weit entfernt von Europa und Afrika. Bis ins 20. Jh. galten diese Orte als verschollen, befanden sich unter Sand und Lehm und wurden dann erst wiederentdeckt.

?

Ägypten – einzigartig ...?

1. Schaue dir das Bild an und stelle dir vor, wie die Stadt ausgesehen haben könnte, in der der Film spielt.
2. Nenne mithilfe des Trailers Gemeinsamkeiten von Mohenjo-Daro und dem alten Ägypten. Ergänze dann die Leitfrage.

Trailer zum Film „Mohenjo-Daro"

31100-0034

VT1 Mohenjo-Daro – der Film

Der Film spielt 2016 v. Chr. in einer großen Stadt, heute „Mohenjo-Daro" genannt. Du kannst dir den Trailer unter dem QR-Code anschauen. Es geht in diesem Film um einen armen Bauern, der sich in eine Stadtbewohnerin verliebt. Er erfährt von einer unheilvollen Bedrohung der Stadt und muss viele Abenteuer – auch gegen machtbesessene Gegner – in und um Mohenjo-Daro bestehen. Die Filmemacher versuchen dabei mit viel Fantasie, das rege Leben vor 4000 Jahren zu zeigen.

- Die Stadt hatte wahrscheinlich 100 000 Einwohner.
- Mohenjo-Daro heißt übersetzt etwa „Hügel der Toten".
- Alle Gebäude waren aus Lehmziegelsteinen gefertigt.
- Zentraler Bau war ein Bad.
- Es gab in den Häusern Badezimmer und Toiletten mit Wasserzugang.

Dein Weg durch das Kapitel

31100-0035 Hilfestellungen zu allen Aufgaben 

1. Stelle dir die Stadt nach den Aussagen von Bild und Text kurz vor, sodass du diesen Eindruck gleich mit Informationen aus den Ausgrabungen von Archäologinnen und Archäologen vergleichen kannst (**Einstiegsbild**, **VT1**).
2. Beschreibe die ausgegrabenen Errungenschaften und ordne sie nach Herrschaft, Kultur, Siedlungsweise und Arbeitstechnik ein (**VT2**, **M1**). Lege dazu eine Tabelle an.
3. Lege auch für das alte Ägypten eine solche Tabelle an und vergleiche sie mit der Tabelle zu Mohenjo-Daro. 
→ S. 197
4. Die in deiner Tabelle aufgelisteten Merkmale sind Kennzeichen einer Hochkultur. Beurteile, inwieweit es sich auch bei Mohenjo-Daro und Umgebung um eine Hochkultur handelte.
5. Nenne frühe Hochkulturen und ordne deren geografische Lage in heute bestehende Staaten ein (**M2**).
6. Viele Europäer sind von den Kulturleistungen im antiken Ägypten fasziniert und verbinden daher den Begriff frühe Hochkultur mit diesem Land. Überlege, warum das so ist, und nimm Stellung zu solchen Gedankenverknüpfungen und vor allem deren Hintergründen.
→ S. 197
7. **Der Blick aufs Ganze:** Berichte einem Eltern- oder Großelternteil über frühe Hochkulturen auf der Welt.

VT2 Informationen zu Mohenjo-Daro

Wie Ägypten war Mohenjo-Daro eine Hochkultur. In Mohenjo-Daro lebten um 2500 v. Chr. wahrscheinlich ca. 80 000 Einwohner. Der Ort liegt am Fluss Indus. Dessen Tal war hier 100 Kilometer breit und der Fluss überschwemmte das Land jedes Jahr mehrere Monate lang mit fruchtbarem Schlamm. Große Reservoirs versorgten die Bevölkerung in der Trockenzeit mit Wasser. Die meisten Häuser verfügten daher über Badezimmer mit Wasserzugang und waren aus Ziegeln gebaut. Das anfallende Abwasser gelangte über Tonröhren in eine Kanalisation. Nach ca. 1500 v. Chr. wurde die Stadt verlassen, vergessen und erst Anfang des 20. Jahrhunderts wiederentdeckt. Archäologische Forschungen legten zudem in einer anderen Stadt, Lothal (Lage siehe Karte **M3**), ein riesiges künstliches Hafenbecken für Schiffe frei.

M1 Q Ausgrabungen in der Stadt Mohenjo-Daro

Ausgrabungsstätte in Mohenjo-Daro heute

Transportfahrzeug als Kunstwerk, Bronzeguss, 2000 v. Chr. (Nationalmuseum Neu-Delhi)
Auch Gold und Silber wurden zu derartigen Darstellungen verarbeitet.

Tontafel mit Zeichen (oben), 2500 v. Chr., (National Museum of India New Delhi)
Die Zeichen auf den zahlreich gefundenen Tafeln konnten bis heute nur teilweise entziffert werden. Die längste bisher gefundene Reihung betrug 26 Zeichen.

Steinfigur eines Mannes, von Archäologinnen und Archäologen als „Priesterkönig" gedeutet

Es wurden jedoch bisher weder große Tempel, besonders auffällige Prunkbauten noch aufwändig ausgestattete Gräber mit kostbaren Beigaben gefunden. Männer und Frauen wurden auf die gleiche Weise beerdigt.

M2 D Die Welt um 1800 v. Chr.

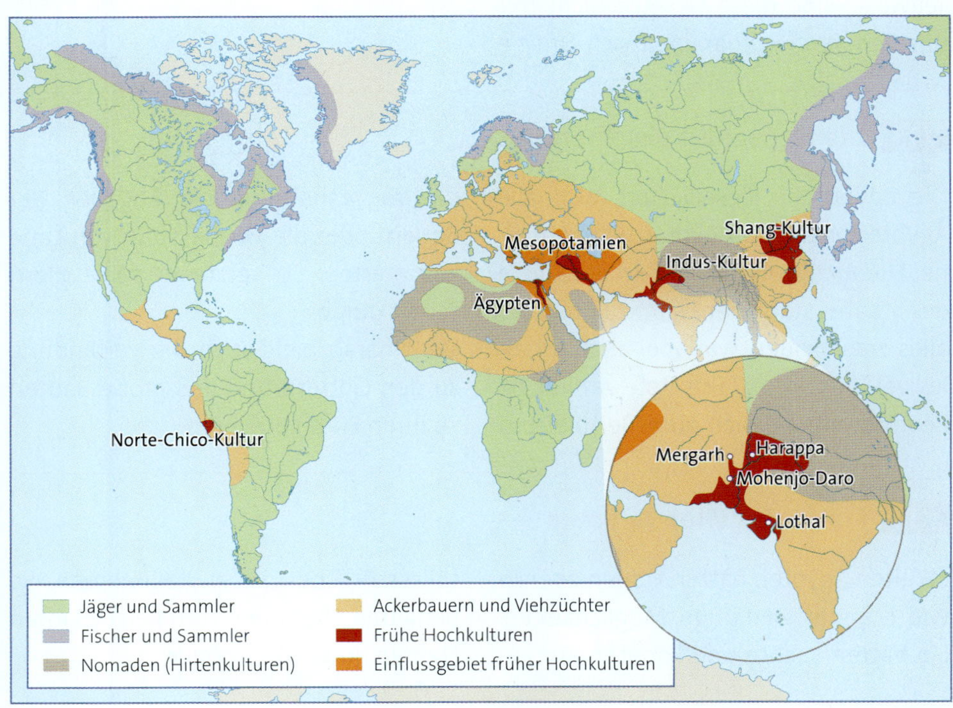

Die Indus-Kultur (Lage siehe Kartenausschnitt), die von 2800–1800 v. Chr. bestand, umfasste 1 250 000 km² und damit eine größere Landfläche als das frühe Ägypten und Mesopotamien zusammen. Die Kultur erhielt ihren Namen durch den Fluss Indus, der im Himalaya-Gebirge im Norden entspringt. Im Süden grenzt die Region an den Indischen Ozean.

Interaktive Übungen
31100-0019

Vor rund **7000 Jahren** werden Nomaden am Nil sesshaft.

Die Hochkultur Ägypten

VT1 Leben am Nil

Der größte Teil Ägyptens ist eine trockene und heiße Wüste. Leben ist fast ausschließlich entlang des Nils möglich. Doch damit sich dort Menschen ansiedeln konnten, mussten sie lernen, mit der Natur zu leben:

Einmal im Jahr trat der Nil über die Ufer und hinterließ fruchtbaren Schlamm, auf dem Pflanzen angebaut werden konnten. Um diese Nilschwemme vorherzusagen, entwickelten die Ägypterinnen und Ägypter einen Kalender. Außerdem entwickelten sie technische Erfindungen, die ihnen zum Beispiel halfen, die Felder zu bewässern. Am Nil entstand ein gut organisierter Staat, eine Hochkultur.

VT2 Gesetze regeln das Zusammenleben

Um gemeinsam und miteinander leben zu können, waren klare Regeln notwendig. Es entstanden nun Gesetze und Verträge. Sie gaben vor, wie in welcher Situation zu handeln war.

Teilweise sind diese Gesetze nicht mit unseren vergleichbar, weil sich unsere Vorstellung von Gerechtigkeit in Laufe der Zeit verändert hat. Die Grundidee, dass Gesetze gerecht, verbindlich und nachvollziehbar sein müssen, existiert aber immer noch.

VT3 Die Herrschaft des Pharaos

Die ägyptische Gesellschaft, also alle Ägypterinnen und Ägypter, waren in einer Hierarchie organisiert. An der Spitze des Staates stand der Pharao. Er musste alles entscheiden, war aber auch für alles verantwortlich. Er setzte zahlreiche Beamte ein, die sich zum Beispiel um die Vorratshaltung, die Abgaben der Bauern oder die Vermessung von Land kümmerten. So setzte er seine Herrschaft durch.

Der Pharao hielt auch die Verbindung zu den Göttern und ließ große Bauten zu ihren Ehren errichten.

VT4 Frauen im alten Ägypten

Im alten Ägypten hatten Frauen ebenso wie Männer vielfältige Möglichkeiten. Sie hatten Rechte und konnten am gesellschaftlichen Leben teilnehmen. So behielten Ehefrauen zum Beispiel ihren Namen und ihr Vermögen.

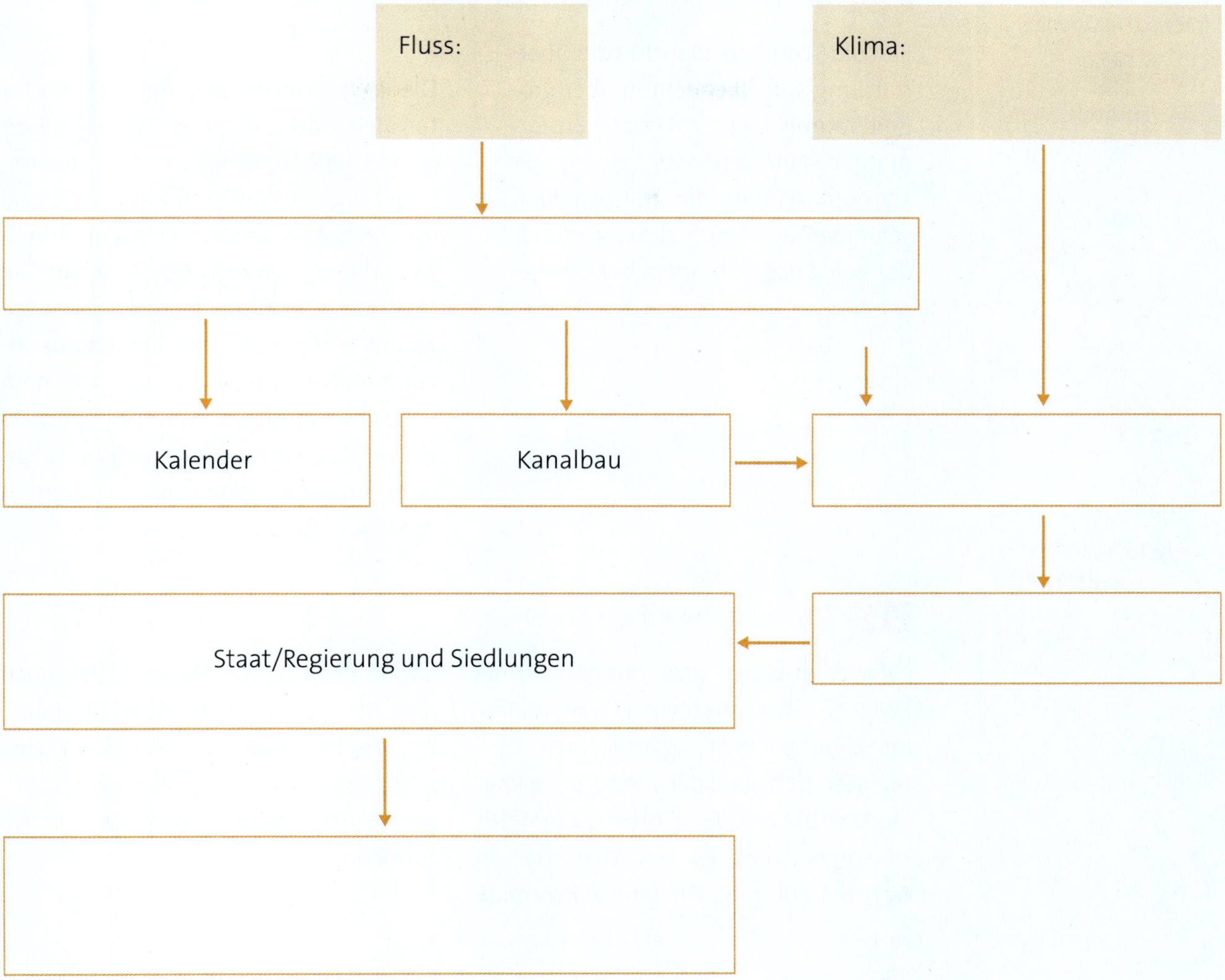

Fluss:

Klima:

Kalender

Kanalbau

Staat/Regierung und Siedlungen

› WORTSPEICHER

Nil – komplexe Gesellschaft – reiche Ernten – warm und zu trocken – Vorratshaltung – Überschwemmungen

Jetzt bist du dran:

1. Vervollständige das Schaubild digital oder im Heft.
2. Schreibe einen kurzen Text darüber, wie am Nil ein Staat entstand.

Ab der Zeit des Alten Reiches, ca. **2707 – 2216** v. Chr., einer Epoche in der Geschichte des alten Ägypten, spricht man auch von der **ägyptischen Hochkultur**.

VT5 Die Erfindung der Schrift

Erst die Schrift ermöglichte die Übermittlung von Nachrichten über größere räumliche und zeitliche Entfernungen. Nur sehr wenige Ägypter konnten damals die Hieroglyphen schreiben und lesen, deswegen war der Beruf des Schreibers hoch angesehen.

VT6 Religion: Mumien, Götter und Tempel

Die Ägypterinnen und Ägypter verehrten viele Götter in Menschen- oder Tiergestalt (Polytheismus). In ihrer Vorstellung hing der Wohlstand Ägyptens und ihr Überleben von der richtigen Verehrung dieser Götter (Götterkulte) ab. Die Menschen im alten Ägypten glaubten an ein Leben nach dem Tod. Voraussetzung dafür war allerdings, vor dem göttlichen Totengericht zu bestehen. Da für ein Leben im Jenseits auch der Leichnam erhalten bleiben musste, wurden Tote mumifiziert.

VT7 Die Pyramiden von Gizeh

Pyramiden waren „Wohnungen für die Ewigkeit" für verstorbene Pharaonen. Im Glauben der Ägypterinnen und Ägypter hielt auch der verstorbene Pharao Kontakt mit den Göttern, um dafür zu sorgen, dass es den Menschen in Ägypten gut ging. Die größte Pyramide ist die des Cheops. Sie ist 139 m hoch und der Bau dauerte über 20 Jahre. Ägyptische Bauern und Arbeiter transportierten dafür zwei Millionen Steinblöcke mit einem Gewicht von je 2,5 Tonnen.

VT8 Mohenjo-Daro

Frühe Hochkulturen gab es nicht nur in Nordafrika oder im Orient. Ab dem dritten Jahrtausend v. Chr. entstanden sie auch in anderen Teilen der Welt. Kennzeichen einer Hochkultur sind beispielsweise die Entstehung eines Staates, die Entwicklung einer Schrift und einer Religion, Arbeitsteilung, die zu unterschiedlichen Berufen führt, sowie der Bau von Städten und großen Gebäuden. Alle frühen Hochkulturen entstanden an Flüssen und nutzten die fruchtbaren Böden an ihren Ufern für den Ackerbau. Das gilt auch für die Indus-Kultur im heutigen Pakistan bzw. Indien.

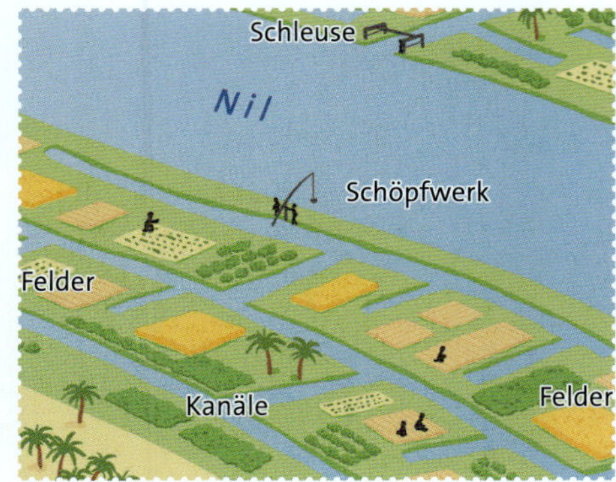

planende Landwirtschaft

Städte

Staat (Regierung, Gesetze)

Schrift

Arbeitsteilung (Handwerk)

Großbauten

Jetzt bist du dran:

3. Setze das Schaubild digital oder im Heft zusammen.

4. Beschreibe Merkmale und Entwicklung der ägyptischen Hochkultur.

Teste deine erworbenen **KOMPETENZEN**

Hilfestellungen zu allen Aufgaben

31100-0176

M1 Karte des alten Ägypten

Die Karte zeigt Siedlungen in Ägypten zum in diesem Kapitel behandelten Zeitraum.

1. Erläutere anhand der Karte die Bedeutung des Nils für die Menschen im alten Ägypten. Nimm Stellung, inwieweit er entscheidend, wichtig oder weniger bedeutsam für das Leben in der Region gewesen ist.

M2 Ein archäologischer Fund: Grabbeigaben aus dem alten Ägypten

2. Begründe, warum die Ägypterinnen und Ägypter wichtige Tote mit so vielen Grabbeigaben beerdigten. Beurteile, was wir aus diesen Grabbeigaben über das Leben und den Glauben im alten Ägypten lernen können.

M4 Eine Aussage aus dem Internet

Auf einer Internetseite zum alten Ägypten ist Folgendes zu lesen:

„Die Gesellschaft im Alten Ägypten war männlich geprägt. Bis auf wenige Ausnahmen waren auch die Pharaonen Männer."

4. Beurteile auf Grundlage deiner bisherigen Kenntnisse, inwieweit diese Aussage korrekt ist. Nimm Stellung, inwieweit man heutzutage solche Aussagen überhaupt treffen und was man dazu wissen kann.

Der Blick aufs Ganze

Was hat Ägypten mit dir zu tun? Bewerte, ob es sinnvoll ist, sich mit dem alten Ägypten zu beschäftigen.

M3 Alltag im alten Ägypten

Im Grab des Beamten Nacht und seiner Frau Taui in Theben befindet sich das folgende Wandbild (Ausschnitt) aus der Zeit um 1400 v. Chr.

3. Beschreibe Tätigkeiten, die hier zu sehen sind, und begründe, warum sie für das Leben im alten Ägypten wichtig waren. Bewerte, inwieweit die hier dargestellte Arbeitsteilung entscheidend für das Entstehen der ägyptischen Hochkultur gewesen ist.

Die Athener errichteten den **Parthenon-Tempel** vor rund zweieinhalb Jahrtausenden zu Ehren ihrer Stadtgöttin auf der Akropolis.

Was weißt und kannst du schon?

1. Stellt fest, wer von euch Griechenland kennt und was man dort an Landschaften und alten Bauwerken entdecken kann.
2. Findet heraus, was die Eule auf der Münze mit den Griechen zu tun hat.
3. Seht euch die Bildergalerie „Die Erfindungen der alten Griechen“ an. Welche dieser Erfindungen haltet ihr für die wichtigsten?

Das antike Griechenland

31100-0044 Video: Die Erfindungen der alten Griechen

Rückseite einer griechischen Ein-Euro-Münze

M1 D Überall Spuren des antiken Griechenlands

Gestern haben wir im Klassenrat darüber gesprochen, wohin wir unseren Klassenausflug machen. Die Abstimmung war ganz schön knapp.

Kian sagt, dass die alten Griechen das Abstimmen erfunden haben, ob das wohl stimmt?

Marie hat an den Olympischen Jugendspielen teilgenommen. Da waren Jugendliche aus der ganzen Welt dabei!

Wie die Olympischen Spiele wohl damals im antiken Griechenland abliefen?

Ich habe gerade voll das spannende Buch gelesen. Die griechischen Götter sind ja wie Superhelden.

Erzähl mal! Worum geht es denn in den Geschichten?

M2 D Orientierung im Raum: Wo die Griechen um 750 v. Chr. lebten

M3 D Orientierung in der Zeit: Die Zeit des antiken Griechenland

Jetzt bist du dran:

1. Benenne, in welchen Situationen dir die Ideen der alten Griechen bereits begegnet sind (**M1**). Du kannst auch noch weitere ergänzen.
2. Vielleicht hast du schon einmal Urlaubsfotos aus Griechenland gesehen oder warst selbst dort im Urlaub. Beschreibe wie die Menschen heute in Griechenland leben und stelle Vermutungen an, wie sie wohl in der Antike (**M3**) gelebt haben. Benutze dazu auch die Karte (**M2**).
3. Entwickle aus deinen Ergebnissen Fragen, was dich an der Geschichte des antiken Griechenland besonders interessiert.

Eine Zeitreise in das antike Griechenland unternehmen

Ihr möchtet eine selbst geplante Zeitreise in die griechische Antike unternehmen und eure Erlebnisse in einem Reisetagebuch festhalten? Auf dieser Doppelseite findet ihr eine Schritt-für-Schritt-Anleitung, die euch helfen wird, die Reise vorzubereiten und durchzuführen.

1

Die Reise kann natürlich allein unternommen werden, aber schöner ist es sicher zu zweit. Bildet daher am besten Zweierteams.

2

Beratet, zu welchen Themenorten ihr „reisen" wollt und schreibt euren Reiseplan auf. Es gibt dabei nur zwei Vorgaben: Die Zeitreise sollte beim Thema „Die griechischen Stadtstaaten" (S. 102–105) beginnen und die Themen zu Athen (S. 118–125) sollten nacheinander besucht werden.

3

Besucht nun eure Themenorte. Jeder von euch untersucht dazu die jeweiligen Kapitel (Texte, Abbildungen, Internetangebote) und notiert,
- welche Orte und Gebäude ihr besuchen,
- welche Menschen ihr treffen und
- welche Ereignisse ihr dort erleben könntet.

4

Besprecht eure Ergebnisse und klärt, ob ihr alle Informationen zu den Orten, Menschen und Ereignissen verstanden habt.

Mögliche Themen:

- Die griechischen Stadtstaaten (S. 102–105)
- Die griechische Götterwelt (S. 106–109)
- Die Olympischen Spiele der Antike (S. 110–113)
- Griechenland und die „anderen" (S. 114–117)
- Alltag in Athen (S. 118–121)
- Demokratie in Athen (S. 122–125)
- Sparta (S. 126–129)
- Kunst und Kultur der alten Griechen (S. 130–133)
- Alexander „der Große" (S. 134–137)

6

Schreibt nun euren Tagebucheintrag. Am Ende sollt ihr folgende Fragen beantworten: Was von meinen Erlebnissen im antiken Griechenland ...
- hätte auch heute noch so geschehen können?
- war ganz anders als heute?
- wird mir in Erinnerung bleiben?

Erklärt, warum sich die Menschen damals wohl so verhalten haben.

7

Gebt euren Tagebucheintrag am Ende der Stunde eurer Lehrkraft. Sie wird euch etwas dazu schreiben und ggf. Tipps geben, wenn etwas noch nicht ganz klargeworden ist.

8

Bearbeitet die Rückmeldung der Lehrkraft und ergänzt euren Eintrag wenn nötig entsprechend. Besucht dann euren nächsten Themenort, indem ihr wieder bei Schritt 3 beginnt.

5

Entscheidet gemeinsam, welche Art von Reisetagebucheintrag ihr verfassen wollt. Wählt dazu eine der unten genannten Möglichkeiten aus. Achtet darauf, dass eure Erlebnisse auch tatsächlich so im antiken Griechenland passiert sein könnten. Orientiert euch dabei an den Informationen, die ihr auf den Buchseiten erhalten habt.

9

Sobald eure Reise und das Tagebuch vollendet ist, wählt ihr einen Eintrag aus und lest ihn der Klasse vor. Erläutert am Ende, warum ihr euch für diesen Eintrag entschieden habt.

Mögliche Einträge ins Reisetagebuch:

- Ihr besucht einen Ort oder ein Gebäude. Beschreibt zunächst, was es zu sehen gibt. Später berichtet ihr von Ereignissen, die dort passiert sein könnten. Erläutert auch, welche Personen dabei vorkommen und was sie tun.
- Ihr interviewt eine Person, die an eurem Themenort lebt. Befragt sie so, dass man einen möglichst echten Eindruck von ihrem Leben erhält (z. B. was tut die Person, wo wohnt und arbeitet sie, was gefällt ihr an ihrem Leben und was nicht).
- Ihr berichtet von einem Ereignis, dass ihr an eurem Themenort erlebt habt. Benennt zunächst, wo es sich abgespielt hat und wer beteiligt war. Schildert auch, aus welchen Gründen das Ereignis stattfand und welche Auswirkungen es hatte.

4.1 Die griechischen Stadtstaaten

Blick auf die griechische Küstenstadt Elounda auf Kreta

Sonne, Strand und eindrucksvolle Berge locken heute viele Touristen in den Mittelmeerstaat. Für die Menschen vor 3000 Jahren waren Klima und Landschaft feindlich, das Leben dort hart. Doch sie entwickelten eine erfolgreiche Überlebensstrategie.

?

Die Lebensweise von Menschen – inwieweit Überleben durch ...?

1. Beschreibe die Besonderheiten der Landschaft und des Klimas Griechenlands.
2. Benenne, was daran für das Leben der Menschen in der Antike mühevoll gewesen sein könnte.
3. Stelle Vermutungen an, wie die Menschen damals versuchten, ihren Lebensunterhalt zu sichern.

VT1 Die Landschaft Attikas

Viele Menschen, die vor 3000 Jahren im griechischen Raum lebten, waren Bauern. Das Land war aber meist steinig und zu trocken für den Ackerbau. Die Pflanzenwelt bestand weitgehend aus Sträuchern. Wälder gab es nur in wenigen Regionen. Die schroffen Gebirgszüge zerteilten das Land in viele kleine Täler. Dort und in einigen Buchten am Meer gab es fruchtbaren Boden.

Dein Weg durch das Kapitel

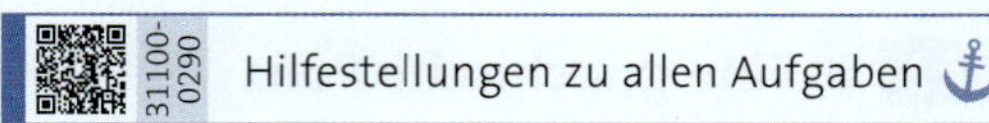

1. Erkläre, warum sich in Griechenland viele Stadtstaaten bildeten (**VT2**, **M1**). → S. 197
2. Ordne in **M2** die Begriffe (a bis f) der Illustration richtig zu. Benenne anschließend mithilfe der Illustration und des Textes, welchem Zweck die einzelnen Einrichtungen einer Polis jeweils dienten (z. B. Handel, Religion, Verteidigung, Politik, Unterhaltung, Versorgung).
3. Gib wieder, wie die griechischen Bauern sich nach der Natur oder anderen Ereignissen richteten (**M3**, **M4**).
4. Aristoteles schreibt in **M1**, das Ziel der Menschen jeder Polis sei Unabhängigkeit. Diskutiert, was er meint und beurteilt, inwiefern dies möglich ist.
5. Bewerte: Die Lebensweise von Menschen – inwieweit Überleben durch Anpassung an Klima und Landschaft? → S. 198
6. Beschreibe anhand der Karte die Besiedlung des Mittelmeerraumes durch die Griechen (**M5**, **Methodenkarte**).
7. **Der Blick aufs Ganze:** Auf einer Zeitreise treffen sich ein Mensch aus dem heutigen und einer aus dem antiken Griechenland. Beide sprechen darüber, wie sie in ihrer Zeit mit den Besonderheiten der griechischen Landschaft umgehen. Spielt ein mögliches Gespräch zwischen beiden nach.

VT2 Die griechischen Poleis

Die Menschen in den griechischen Gebieten gründeten an den schmalen Küstenstreifen, in den Ebenen und auf den Inseln Siedlungen. Dort lebten sie als Bauern, Fischer, Handwerker und Händler. Da der Weg von Siedlung zu Siedlung über das bergige Land sehr mühsam war, blieben die Bewohnerinnen und Bewohner meist unter sich. So entstanden nach 800 v. Chr. viele kleine selbstständige Stadtstaaten, die „Poleis". Es gab über tausend davon, aber jede Polis hatte nur wenige hundert Einwohnerinnen und Einwohner. Die großen Stadtstaaten Athen und Sparta waren Ausnahmen.

M1 Q Leben in der Polis – eine Überlebensstrategie?

Der Athener Gelehrte Aristoteles erklärt die Gründung dieser Poleis folgendermaßen:

Zunächst müssen sich diejenigen, die allein nicht überleben können, paarweise verbinden. Aus diesen beiden Gemeinschaften entsteht zuerst eine Hausgemeinschaft. Sie besteht für den Alltag. Die erste auf Dauer gegründete Gemeinschaft mehrerer Häuser ist das Dorf. Eine Gemeinschaft aus mehreren Dörfern bildet nun die städtische Bürgerschaft (Polis). Ihr Ziel ist die vollständige Unabhängigkeit der Menschen von anderen.

Nach: Aristoteles, Politik, 1252b (vereinfacht)

Interaktive Übung:
Griechische Polis

31100-0046

M2 D Eine griechische Polis

Diese Illustration zeigt eine typische griechische Polis, ca. 5. Jh. v. Chr.

In einer digitalen Übung kannst du der Illustration folgende Begriffe zuordnen: a) Burg- bzw. Oberstadt (Akropolis), b) Tempel, c) Versammlungsplatz (Agora), d) Stadtmauer, e) Anbaugebiet und f) Hafen.

Illustration von Fernando Vergara Pina, 2013

M3 Q Bauernkalender

Der Dichter Hesiod lebt um 700 v. Chr. als Bauer. In seinen Gedichten gibt er auch Ratschläge für die Feldarbeit:

Beginne mit dem Ernten, wenn die Sterne der Plejaden aufsteigen, beginne zu säen, wenn sie wieder sinken. Pass auf, wenn du den Kranich rufen hörst. Er gibt das Signal für das Pflügen und Säen und kündigt den winterlichen Regen an.

Nach: Hesiod, Erga, 383–466

M4 Q Olivenernte

Vase aus dem späten 6. Jh. v. Chr.

Die Oliven wurden mit Stöcken vom Baum geschlagen und dann aufgesammelt. Der Olivenbaum kann auch in trockenen Gegenden gut gedeihen.

M5 D **Griechische Niederlassungen im 8. bis 6. Jh. v. Chr.**

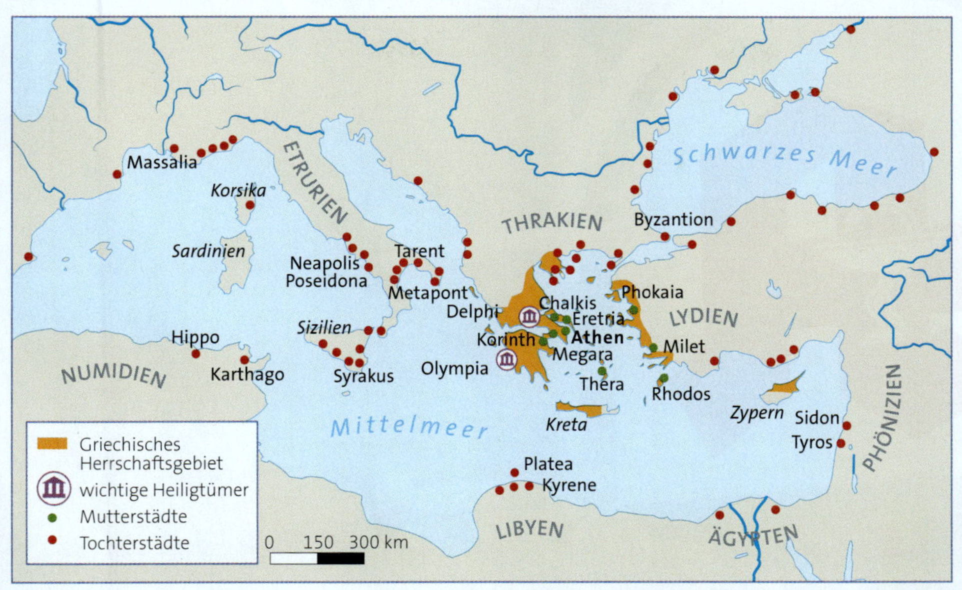

Die Griechen der dargestellten Zeit nannten sich selbst aufgrund gemeinsamer Kultur, Schrift und Sprache „Hellenen".

METHODE Geschichtskarten untersuchen

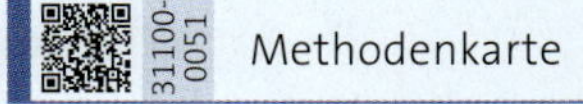

› 1. Schritt: Beschreiben

1. Benenne das Thema der Karte. Tipp: Beachte die Überschrift.
2. Beschreibe, welche heutigen Länder in der Karte (**M4**) dargestellt werden und über welche Zeit die Karte Auskunft gibt.

› 2. Schritt: Untersuchen

1. Erläutere die einzelnen Elemente der Legende und arbeite damit die Informationen heraus, die du der Karte entnehmen kannst.
2. Platea und Kyrene sind Tochterstädte von Thera. Ermittle mithilfe des Maßstabs ungefähr, wie viele Kilometer sie von ihrer Mutterstadt entfernt sind.
3. Bestimme mithilfe eines Atlasses, in welchen heutigen Staaten die Tochterstädte der griechischen Mutterstädte liegen.

› 3. Schritt: Deuten

Fasse kurz zusammen, welche geschichtlichen Erkenntnisse dir die Karte liefert und welche nicht.

4.2 Die griechische Götterwelt

Das Apotheken-Schild zeigt einen Arzneikelch und eine Schlange, die als Zeichen für Äskulap, den antiken Gott der Heilkunst, steht.

Warum blitzt und donnert es? Wie entstehen Stürme auf dem Meer mit meterhohen Wellen? Warum gibt es Glück und Schmerz? Solche Fragen stellten sich die alten Griechen. Ihre Antwort: Für alles sind Götter verantwortlich.

?

Die Götter – ein Abbild ... ?

1. Fasse zusammen, wie Hermes zum Götterboten wurde.
2. Arbeite heraus, was seine Aufgaben als Gott waren.

M1 D/Q Der Götterbote Hermes

31000-350 Bildinformation

Der Dichter Homer hat auch über den griechischen Gott Hermes geschrieben. Wie er ihn beschreibt, kannst du dir anhören.

Hörtext: Über den Götterboten Hermes

31100-0052

Dein Weg durch das Kapitel

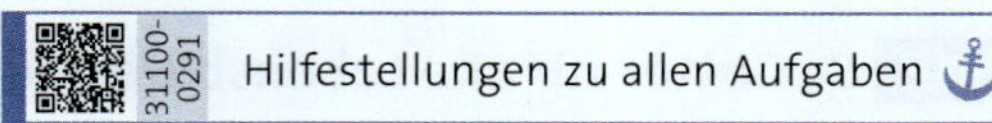

1. Erläutere, was die Götter mit den Menschen verbindet und was sie unterscheidet (**VT1**). → S. 198
2. Erkläre, warum die Götter für die alten Griechen so wichtig waren (**VT1**).
3. Ordne den Göttern mithilfe der Gegenstände ihren Namen richtig zu (**M2**).
   ☆ Gestalte eine eigene Göttergestalt mit Aufgabenbereich, Attributen und Mythos.
4. Arbeite heraus, wie die alten Griechen Kontakt zu ihren Göttern suchten (**VT2**).
5. Erkläre, welchen Fehler König Kroisos machte, als er die Orakelsprüche deutete (**M3**). → S. 198
6. Beurteile, warum es im Glauben der Griechinnen und Griechen für jeden ihnen wichtigen Lebensbereich eine eigene Gottheit gab.
7. Bewerte, was heutzutage an die Stelle der Götter getreten ist.
8. **Der Blick aufs Ganze:** Heute sind antike Götter und Helden beliebte Figuren in der Werbung. Suche dazu Beispiele und stelle eine kleine Ausstellung zum Thema „Antike Götter und Helden in der modernen Werbung“ zusammen.

VT1 Von Göttern und sagenhaften Helden

Die griechischen Götter waren den Menschen in vielem sehr ähnlich. Sie verliebten sich, sie stritten sich, waren eitel und launisch. Im Unterschied zu den Menschen aber waren sie ewig jung und unsterblich. Nach der Vorstellung der alten Griechen lebten die Götter auf dem höchsten Berg Griechenlands, dem Olymp. Sie beobachteten das Geschehen in der Welt und verließen gelegentlich den Olymp, um in das Leben der Menschen einzugreifen.

Unter den Göttern standen die Heroen. Diese Helden hatten göttliche und menschliche Vorfahren. Sie besaßen übermenschliche Kräfte. Die alten Griechen erzählten sich viele Geschichten von Göttern und Heroen. Eine solche Erzählung nennen wir Sage oder Mythos, alle Erzählungen und Sagen zusammen Mythologie.

An die Götter wandten sich die alten Griechen mit Gebeten und Gesängen vor jeder wichtigen Handlung, sei es eine Hochzeit, eine Handelsreise oder ein Kriegszug. Ihnen zu Ehren wurden Tempel gebaut, Feste gefeiert und Opfer dargebracht.

M2 D Götter für alle Lebensbereiche?

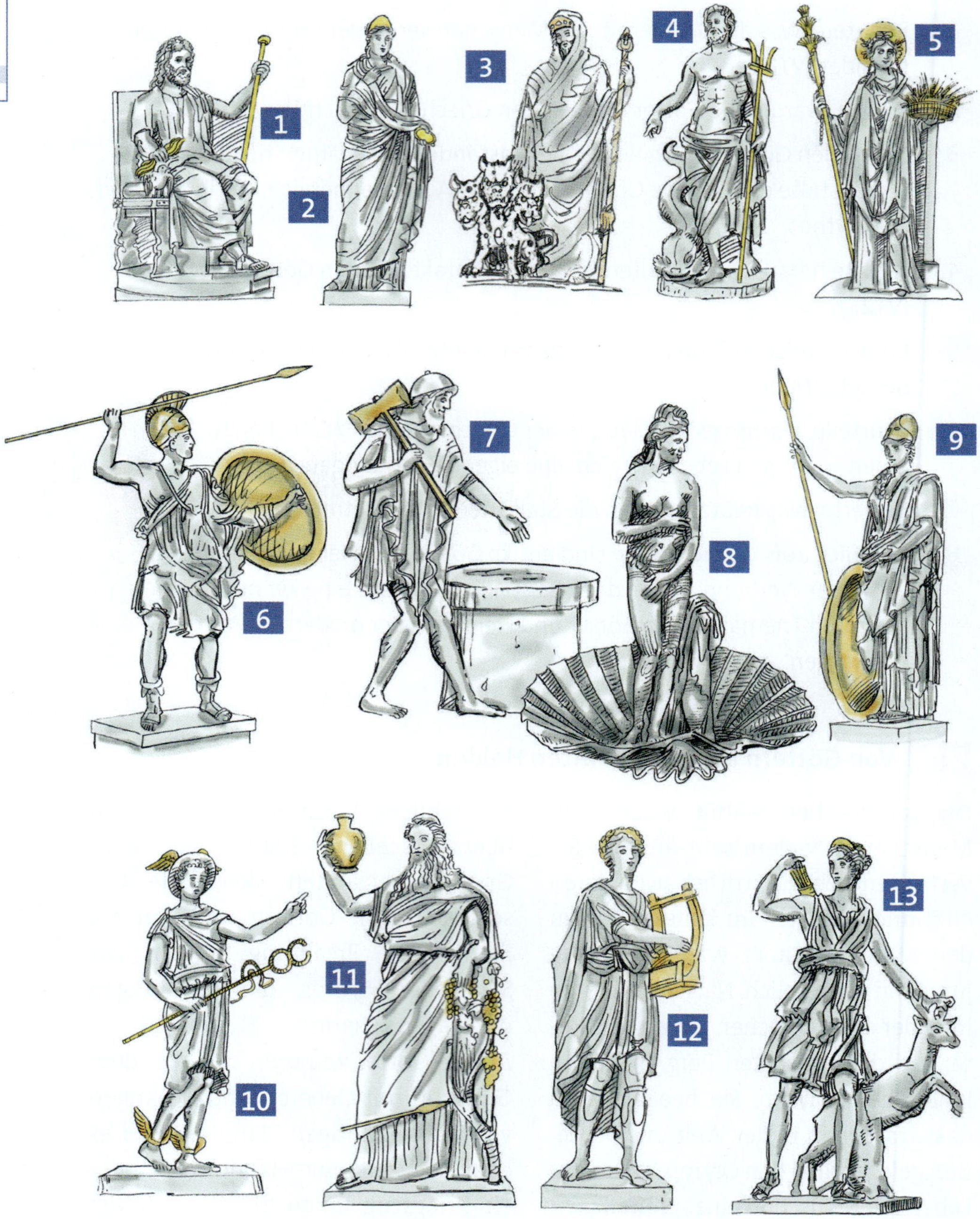

Aphrodite: Göttin der Liebe und der Schönheit, **Apollon:** Gott des Lichts, der Musik und der Dichtkunst, **Ares:** Gott des Krieges, **Artemis:** Göttin der Jagd, **Athene:** Göttin der Weisheit, der Kunst und des Krieges, **Demeter:** Göttin des Ackerbaus, **Dionysos:** Gott des Weines, **Hades:** Gott der Unterwelt, **Hephaistos:** Gott der Handwerker und des Schmiedefeuers, **Hera:** Königin der Götter, Göttin der Ehe und Geburt, **Hermes:** Bote der Götter, Beschützer der Kaufleute, **Poseidon:** Gott des Meeres und der Erdbeben, **Zeus:** Göttervater, Himmels- und Donnergott

VT2 Orakel befragen

Um den Willen der Gottheiten zu erkunden, befragten die alten Griechen bei wichtigen privaten und öffentlichen Anlässen auch Orakel. Dort gaben Priesterinnen und Priester den Ratsuchenden im Namen der Götter geheimnisvolle Zeichen für das, was sie tun sollten. Besondere Bedeutung hatte das Orakel von Delphi. Dorthin zogen Griechen aus allen Poleis. Sie trafen sich dort nicht nur, um göttlichen Rat zu suchen, sondern auch um Informationen zu bekommen und um Kontakte zu knüpfen.

Attische Trinkschale, um 430 v. Chr.
In Delphi verehrten die Griechen Apollon, den Gott des Lichts, der Musik, der Dichtung und der Heilkunst. Er konnte in die Zukunft sehen. Dabei half ihm die Priesterin Pythia.

M3 Q Den Orakelspruch richtig gedeutet?

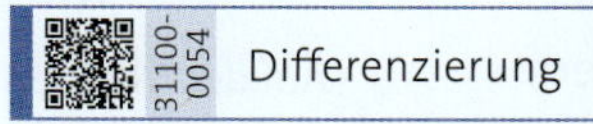

Der Geschichtsschreiber Herodot hat im 5. Jh. v. Chr. aufgeschrieben, wie 100 Jahre zuvor der König der Lyder, Kroisos, das Orakel von Delphi und das Orakel von Theben befragt hat. Die Lyder lebten im Gebiet der heutigen Türkei und fühlten sich von den Persern bedroht, die ein großes Reich im Nahen Osten beherrschten:

Kroisos sandte noch viele Geschenke, silberne Gusswerke von runder Form und ein goldenes Standbild seiner Frau. Auch Halsketten und Gürtel seiner eigenen Frau stiftete Kroisos. Das waren die Geschenke für Delphi. Dem Orakel in Theben stiftete er einen Schild und eine Lanze, die ganz aus Gold waren.

Den Lydern, die die genannten Gaben überbringen sollten, gab Kroisos den Auftrag, die Orakel zu fragen, ob er gegen die Perser zu Felde ziehen sollte. Und als die Boten zu den Tempeln mit den Orakelstätten kamen, brachten sie die Weihgeschenke dar und befragten die Orakel. Beide Orakel erteilten die gleiche Antwort und verkündeten, wenn Kroisos gegen die Perser zu Felde zöge, würde er ein großes Reich zerstören.

[Kroisos unterlag im Krieg gegen die Perser, die das Lyderreich eroberten.]

Herodot, Historien

4.3 Die Olympischen Spiele der Antike

Abschlussfeier der Olympischen Winterspiele 2018

In regelmäßigen Abständen versammelten sich die alten Griechen an Heiligtümern, um Feste zu Ehren ihrer Götter zu feiern. Die berühmtesten Feiern fanden in Olympia statt. Dort stand ein großer Tempel für den Gott Zeus. Was das wohl mit den Olympischen Spielen zu tun hat?

?

Olympische Spiele – ... ?

1. Nimm anhand der Bilder Stellung, inwieweit die Olympischen Spiele ein sportliches oder politisches Ereignis gewesen sind.
2. Ergänze die Leitfrage.

M1 D Eröffnungsfeier der Olympischen Spiele 1980 in Moskau

Auf der Tribüne sind Hammer und Sichel zu sehen, die Zeichen der Sowjetunion als Vorgängerstaat des heutigen Russlands.

Dein Weg durch das Kapitel

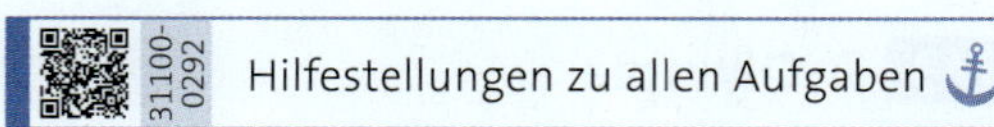

1. Vergleiche heutige Sportarten und Anlagen mit denen der antiken Wettkämpfe (**M2**, **M3**).

2. Ordne die einzelnen Programmpunkte (**M2**) und die Gebäude auf der Zeichnung von Olympia (**M3**) den Bereichen „Gottesdienst“ und „Sportereignis“ zu. → S. 198

3. Beschreibe Ablauf und Bedeutung der antiken Olympischen Spiele (**M2**, **M3**, **VT1**). Nenne Gemeinsamkeiten und Unterschiede zu heute. → S. 199

4. a) Arbeite heraus, warum die Olympischen Spiele die Gemeinschaft der alten Griechen stärkten (**VT1**, **M4 a**).
b) Erkläre die Vorzüge der Olympischen Spiele und überprüfe, ob diese auch bei den modernen Olympischen Spielen eine Rolle spielen (**M4 a, M6**).
c) Arbeite heraus, was an den Olympischen Spielen bemängelt wird und überprüfe, ob die Kritik auch auf die modernen Spiele zutrifft (**M4 b**).
d) Diskutiere nun mit der Person neben dir anhand der bisherigen Ergebnisse, wer von beiden Gelehrten – damals wie heute – mit seiner Meinung eher Recht hat (**VT1**, **M4**).

5. Bereit für ein Quiz? Überprüfe mithilfe von **M5** dein Wissen über die Olympischen Spiele.

6. Nimm Stellung zur Leitfrage dieser Themenseite.

7. **Der Blick aufs Ganze:** Berichtet euren Mitschülerinnen und Mitschülern in der Rolle von Fernsehreportern von den Olympischen Spielen der Antike. Übt dazu einen Wochenbericht in einer Gruppe ein und präsentiert dann eure Sendung vor der Klasse. Beachtet dabei, dass nur Dinge in dem Fernsehbericht auftauchen, die auch wirklich bei den antiken Olympischen Spielen passiert sein könnten.

M2 D Ablauf der Olympischen Spiele im 5./4. Jh. v. Chr.

1. Tag: Prozessionen, Opferdarbietungen und Eid aller Athleten, die Regeln anzuerkennen; Wettkämpfe der Knaben (Zwölf- bis 18-Jährige): Wettlauf, Ringen und Faustkampf
2. Tag: Wagenrennen der Vier- und Zweigespanne, Wettreiten, Fünfkampf [Diskuswerfen, Weitsprung, Speerwerfen, Laufen und Ringen]; Totenopfer
3. Tag: Feierliche Prozession zum großen Altar des Zeus: Höhepunkt des Festes; danach Langlauf (rund 3840 m), Stadionlauf (rund 192 m) und Doppellauf (rund 384 m)
4. Tag: Ringen, Faustkampf und Pankration [eine Art Catchen, bei dem Würgen, Treten und Beißen erlaubt waren] und zum Abschluss der Waffenlauf (rund 384 m mit einem bronzenen Schild am linken Arm)
5. Tag: Siegerehrung, Dankopfer und Festessen

Ludwig Drees, Olympia

M3 D Olympia

Die Zeichnung von Jean-Claude Golvin aus dem Jahr 2003 zeigt das Heiligtum im 4. Jh. v. Chr.

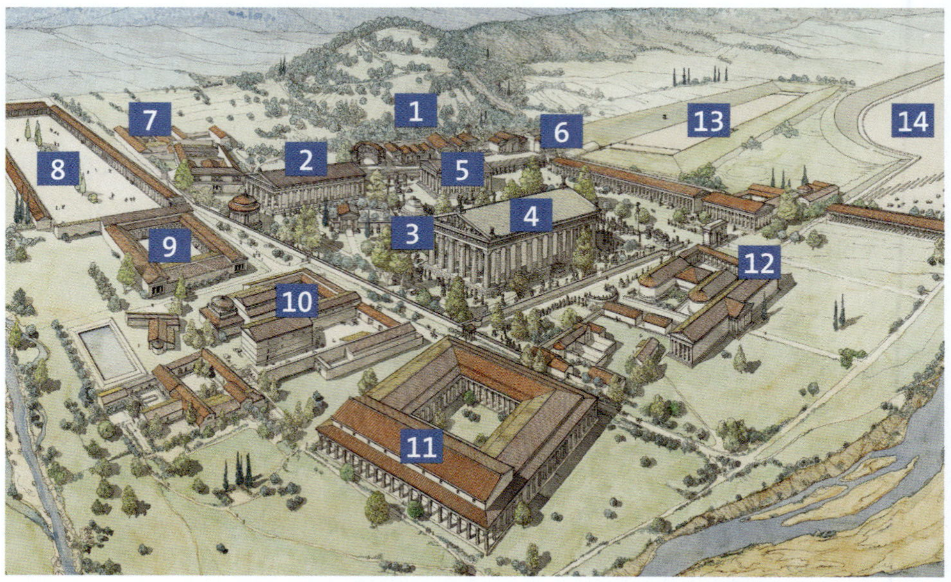

1 Heiliger Hain **2** Tempel der Hera
3 Altar des Zeus, hier leisteten die Athleten den Olympischen Eid
4 Tempel des Zeus **5** Tempel der Kybele, der Mutter aller Götter **6** Schatzhäuser
7 Prytaneion, Tagungsort der Verwalter, Ort der Festmähler für die Wettkampfsieger
8 Gymnasion, Übungsplatz der Läufer
9 Palästra, Übungsplatz der Ringer, Boxer und Weitspringer
10 Sitz der Priester **11** Gasthof für vornehme Gäste
12 Buleuterion, Sitz des Olympischen Rates
13 Stadion mit Platz für 45 000 Zuschauer **14** Hippodrom für Pferde- und Wagenrennen

VT1 Die Olympischen Spiele – mehr als nur Sport?

In der Nähe von Olympia feierten die alten Griechen ab dem 11. Jh. v. Chr. Feste zu Ehren von Göttervater Zeus. Neben religiösen Zeremonien wie großen Tieropfern fanden ab 776 v. Chr. auch alle vier Jahre Sportwettkämpfe statt. Die Wettkämpfer und Zuschauer kamen aus dem Umland, aus den Stadtstaaten Griechenlands und aus weiteren Orten im ganzen Mittelmeerraum, wohin Griechinnen und Griechen ausgewandert waren.

Die Spielteilnehmer durften frei und unbehelligt anreisen, auch wenn Kriege herrschten. Für die Dauer der Olympischen Spiele und die Zeit der An- und Abreise sollte überall Waffenruhe sein. Seit Mitte des 5. Jh. v. Chr. konnten alle wehrfähigen Griechen mit Bürgerrecht, die es sich leisten konnten, an den Wettkämpfen teilnehmen. Verheirateten Frauen war es nicht einmal erlaubt zuzusehen. Erst viel später gab es für Frauen eigene Laufwettbewerbe.

Die Sieger erhielten in Olympia einen Kranz aus Zweigen des heiligen Ölbaums des Zeus. Zuhause erwarteten sie hohe Ehren und Prämien. Darüber hinaus wurden für die Gewinner Statuen aufgestellt und Gedichte verfasst.

M4 Q Streit über die Olympischen Spiele?

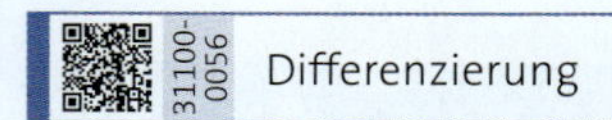

a) *Der Redner und Schriftsteller Isokrates stammt aus Athen. Er verfasst für die Olympischen Spiele von 380 v. Chr. eine „Festschrift". Darin schreibt er:*

Die Schöpfer unserer großartigen Festveranstaltungen werden zurecht dafür gelobt, dass sie uns einen Brauch gegeben haben, bei dem wir, nachdem wir den Gottesfrieden verkündet und unsere unerledigten Auseinandersetzungen beigelegt haben, an einem Ort zusammenkommen, an dem wir, während wir gemeinschaftlich zu den Göttern beten und ihnen Opfer darbringen, an die gemeinsame Verwandtschaft erinnert werden, die zwischen uns besteht und dazu gebracht werden, in der Zukunft freundlicher zueinander zu sein, indem wir unsere alten Freundschaften wiederbeleben und neue Verbindungen knüpfen.
Und weder für gewöhnliche Menschen noch für diejenigen mit überlegenen sportlichen Fähigkeiten ist die so verbrachte Zeit sinn- und nutzlos [...]. Und niemandem mangelt es an Begeisterung für das Fest, sondern alle finden darin etwas, das ihrem Stolz schmeichelt, die Zuschauer, wenn sie sehen, wie sich die Sportler zu ihrem Nutzen anstrengen, die Sportler, wenn sie besinnen, dass alle Welt gekommen ist, um sie zu bestaunen.

Isokrates, Panegyrikos

b) *Der griechische Gelehrte Xenophanes lebt circa 570 bis 480 v. Chr. Er setzt sich kritisch mit den Olympischen Spielen auseinander:*

Nein, es wohnt kein Sinn in solchem Brauche: zu Unrecht stellt man die leibliche Kraft über der Weisheit Gut. Denn sei im Volk ein Bürger auch tüchtig im Faustkampf, mag er den Fünfkampf oder das Ringen verstehen oder den Schnelllauf, der als aller Leistungen Krone gilt [...], so ist dennoch ein Staat nicht in einer besseren Verfassung und der Nutzen, der der Gemeinde erwächst, ist gering.

Xenophanes, Fragmente

M5 D Was weißt du über die Olympischen Spiele?

Mit diesem interaktiven Quiz kannst du dein erworbenes Wissen über die Olympischen Spiele testen und darüber hinaus noch etwas über den Ort Olympia erfahren.

M6 D Die Olympische Flagge

Das Motiv der Flagge wurde 1913 entworfen. Es symbolisiert die fünf Erdteile. Die Flagge wurde 1920 zum ersten Mal gehisst.

4.4 Griechenland und die „anderen"

Playmobil-Set „Leonidas und Xerxes"

Das Playmobil-Set bezieht sich auf die sogenannten „Perserkriege", in denen die Heere des spartanischen Königs Leonidas gegen die des persischen Herrschers Xerxes kämpften. Der Kampf der Griechen – zu denen hier auch Alexander der Große zählt – gegen die Perser steht im Mittelpunkt verschiedener moderner Medien, so gibt es auch eine Graphic Novel zu diesem Thema.

?

... Perser und ... Griechen – (k)eine ganz so alte Geschichte?

1. Beschreibe, wie Nepos und Playmobil Griechen und Perser darstellen. Wer bewertet deutlicher?
2. Ergänze die Leitfrage mit passenden Adjektiven.

M1 Q Griechen gegen Perser: Ein antiker Blick

Der römische Geschichtsschreiber Cornelius Nepos lebte im 1. Jh. v. Chr. und erzählte ebenfalls über die Perserkriege. Im folgenden Abschnitt äußert er sich zur Seeschlacht bei Marathon, die 490 v. Chr. stattfand.

Dabei erwiesen sich die Athener durch ihre Tapferkeit so haushoch überlegen, dass sie die zehnfache Übermacht der Feinde zerschlugen und die Perser in solche Panik versetzten, dass diese nicht zu ihrem Lager, sondern zu den Schiffen davonstürzten. Bis heute ist diese Schlacht die glorreichste von allen: denn niemals sonst hat ein so kleines Häuflein so gewaltige Streitkräfte zerschmettert.

Cornelius Nepos, De viris illustribus

Dein Weg durch das Kapitel

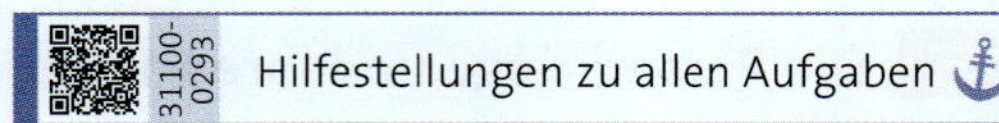

1. Beschreibe die Karte und lege eine Tabelle an, in der du die Antworten auf die W-Fragen sammelst (**M2**).
2. Überprüfe und ergänze deine Tabelle mithilfe von **VT1**.
3. Arbeite aus **VT1** die Stationen des Perserkrieges heraus und entwickle daraus eine Zeitleiste. Achte bei der Gestaltung darauf, noch Raum für Ergänzungen zu lassen.

→ S. 199

4. Ergänze deine Zeitleiste mit zusätzlichen Informationen aus **M2**, **M5** und **M6**.
5. Arbeite aus **M5** und **M6** die Vorstellungen und Wertungen von Griechen und Persern heraus. Sichere sie in einer geteilten Mindmap. Sichere auch mehrfache Befunde.
6. Überprüfe auch die bildlichen Darstellungen der Griechen und Perser auf Wertungen (**Einstiegsbild**, **M3**, **M4**). Findest du ein ähnliches Muster wie in den Erzählungen? Ergänze mögliche Befunde in deiner Mindmap.
7. Beurteile, für wie glaubwürdig du die Wertungen der Autoren und Künstler hältst.
8. Diskutiere: Sollten (Kinder)Bücher und Kinofilme in Zukunft lieber auf Wertungen verzichten? Beziehe dabei dein Vorwissen zu den Unterschieden zwischen „erzählen" und „berichten" ein.

→ S. 199

9. **Der Blick aufs Ganze:** Berichte nun die Geschichte neu. Entwickle einen Bericht zu den Perserkriegen, der möglichst ohne (zu) eindeutige Wertungen auskommt.

M2 D Griechenland während der Perserkriege

Griechenland während der Perserkriege (500–479 v. Chr.)

VT1 Die Perserkriege und ihre Folgen

Im Jahr 480 v. Chr. geriet die Unabhängigkeit der griechischen Städte in Gefahr. Der Großkönig der Perser kam mit seinem Heer und seiner Flotte nach Griechenland. Er wollte seinem riesigen Reich (persisches Großreich) auch noch die griechischen Poleis einfügen.

Viele Städte akzeptierten dies. Doch Athen, Sparta und noch einige andere verweigerten die Unterwerfung und verbündeten sich untereinander. Die Spartaner führten das Landheer der Griechen. Die Athener konzentrierten ihre Kraft auf den Kampf zur See. Die Spartaner versuchten zunächst vergeblich, die Perser an einem Engpass aufzuhalten (Schlacht bei den Thermopylen). In der Schlacht von Salamis gelang es den Athenern, die persische Flotte bei der Insel Salamis entscheidend zu schlagen. Ohne die Versorgung durch die Flotte musste danach auch das Landheer der Perser bald abziehen. Die Unabhängigkeit der griechischen Städte war gesichert.

Nach dem Sieg über die Perser beherrschte im 5. Jh. v. Chr. die athenische Flotte das Meer um Griechenland. Viele griechische Küstenstädte verbündeten sich mit Athen, um von seiner mächtigen Flotte geschützt zu werden (attischer Seebund). Als Gegenleistung stellten sie Schiffe oder gaben Geld. Weil auf dem nun befriedeten Mittelmeer auch der Handel aufblühte, wurde Athen zudem reich. Athen war deshalb in dieser Zeit neben Sparta – das dem Seebund fernblieb – die mächtigste Polis in Griechenland. Bald schon nutzte Athen den Seebund vor allem zur Stabilisierung seiner Macht.

M3 Q Griechischer Kämpfer

Grieche im Kampf gegen das persische Heer
Griechische Vasenmalerei aus dem 5. Jh. v. Chr.

M4 Q Persischer Kämpfer auf einem griechischen Kelch

Die Darstellung zeigt einen fliehenden Kämpfer des persischen Heeres. Der Kelch stammt aus dem 5. Jh. v. Chr.

M5 D Ein Kinderbuchklassiker erzählt Geschichte

Ein Buch, das vielleicht einige von euch kennen, ist „Eine kurze Weltgeschichte für junge Leser“ von Ernst H. Gombrich. Die erste Ausgabe erschien 1935, seitdem ist das Buch immer wieder neu gedruckt worden. Im Hörtext erfährst du, wie es die Geschichte der Perserkriege erzählt.

M6 D Auch Filme erzählen Geschichte

Im Jahr 2007 kommt der Spielfilm „300“ weltweit in die Kinos. Er erzählt vor allem von der Schlacht bei den Thermopylen. Der Titel bezieht sich dabei auf eine besondere Gruppe von dreihundert Kämpfern aus Sparta. Der Film kam aber nicht überall gut an, wie der deutsche Politiker Omid Nouripour in einem Artikel im „Spiegel“ berichtet:

[...] Kaum etwas bewegt die Gemüter der Iraner derzeit mehr als ein schnöder Hollywoodfilm: Zack Snyders [...] „300“ hat die persische Seele zutiefst verletzt. [...] Was steckt hinter dieser Empörung? [...] Was bringt 45 000 Menschen dazu, einen Protestbrief an die Produktionsfirma Warner Bros. zu unterschreiben? Da sind zum einen die historischen Schwarz-Weiß-Verdrehungen zu Ungunsten der Perser. Sie sind im Film saturiert[1], dekadent[2] und blutrünstig. Xerxes I. feiert Orgien[3], intrigiert[4], hält sich für Gott und ist – das verwirrt die meisten Kritiker – schwarz. Er ist groß, geschminkt, mit obskurem[5] Schmuck behängt und passt überhaupt nicht in die Naturburschenwelt der Spartaner. Die Perserarmee agiert[6] strategisch dumm, bedient sich feiger Mittel wie Pfeilen und Magie, beherbergt Monster als Elite-Einheit und kommt nur durch Verrat zum Erfolg. Die Spartaner dagegen strotzen vor Tapferkeit, sehen gut aus, haben Humor und sind schlicht Helden. [...] Diese erzählerische Distanzlosigkeit zu den zweifelhaften Werten Spartas macht es der wunden iranischen Seele quasi unmöglich, diesen Film mit Distanz anzuschauen.

Omid Nouripour, Der verletzte Stolz der Iraner

---

1 **saturiert**: satt, gleichgültig, träge
2 **dekadent**: nur noch oberflächlich stark oder schön, eigentlich aber schon schwach und hässlich
3 **Orgien**: (zu) wilde Feiern
4 **intrigiert**: ist nicht ehrlich, lästert und löst Dinge „hintenherum“
5 **obskur**: seltsam, fragwürdig, anrüchig
6 **agiert**: handelt, verhält sich

4.5 Alltag in Athen

Das heutige Athen mit Blick auf die weltberühmte Akropolis

Athen war die größte Polis in Griechenland. Im 5. Jh. v. Chr. wohnten dort ca. 300 000 Einwohnerinnen und Einwohner. Das sind etwa so viel wie die heutige Bevölkerung im Bezirk Hamburg-Altona. Wer lebte damals in Athen? Wie konnte ein Zusammenleben so vieler Menschen funktionieren?

?

Alltag in Athen – ein ... Zusammenleben ?

1. Beschreibe die Bevölkerungsverteilung in der Polis Athen. Nutze dazu ein kariertes Blatt. Male für 10 000 Menschen je ein Kästchen aus, also z. B. für die Bürger vier Kästchen. Beschreibe, was dir auffällt.
2. Ergänze die Leitfrage.

M1 D Die Bevölkerung von Athen

40 000 Bürger

130 000 Frauen und Kinder

30 000 Mitbewohner (Metöken)

100 000 Sklaven und Sklavinnen

Dein Weg durch das Kapitel

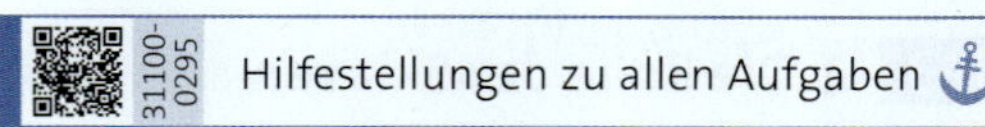

1. Benenne mithilfe der Erklärungen von Aristoteles (**M2**, **M3**) wodurch sich Bürger, Metöken und Sklaven unterscheiden.

2. Stelle mithilfe der Informationen aus **M2**, **M3** und **VT1** in einer Tabelle die Rechte und Pflichten von Bürgern, Metöken und Sklaven einander gegenüber.

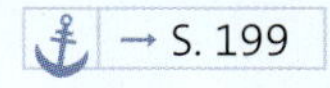

   ⭐ Tausche dich mit der Person, die neben dir sitzt, darüber aus, was die Bürger, die Metöken und die Sklaven jeweils dazu beitrugen, dass Athen reich und mächtig werden und bleiben konnte (**VT1**).

3. Erkläre, was unter dem Begriff „Oikos" zu verstehen ist, und halte Auffälligkeiten fest, indem du das Zusammenleben im Oikos mit heutigem Familienleben vergleichst (**VT2**).

→ S. 199

4. Bildet verschiedene Gruppen und arbeitet aus den Materialien des Kapitels Informationen zum Alltag sowie den Rechten und Pflichten der Einwohnerinnen und Einwohner Athens heraus. Entscheidet euch für:
   a) Männer (**M2**, **VT1**, **M4**, **VT2**),
   b) Frauen (**M4**, **VT2**, **VT3**),
   c) Kinder (**VT2**, **VT4**) oder
   d) Sklavinnen und Sklaven (**M3**, **VT1**).

   Besprecht anschließend in gemischten Gruppen, welche Vor- und Nachteile die Einwohnerinnen und Einwohner bei ihrem Leben in Athen hatten und stellt eure Ergebnisse der Klasse vor.

5. Nimm Stellung zur Leitfrage.

6. **Der Blick aufs Ganze:** Stell dir vor, du bist ein Bürger von Athen oder dessen Frau. Spiele Szenen aus deinem Alltag nach. Du kannst zum Beispiel in deiner Rolle das Leben in der Hausgemeinschaft darstellen oder von deinen Nachbarn, Kindern, Sklavinnen und Sklaven erzählen. Die Klasse prüft am Ende, ob das Gezeigte auch tatsächlich hätte stattfinden können.

M2 Q Worin unterscheiden sich Bürger und Metöken?

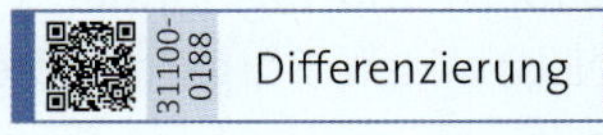

Der Gelehrte Aristoteles äußert sich um 335 v. Chr.:

Der Bürger hat [seine Rechte] nicht, weil er irgendwo ansässig ist – denn auch Metöken und Sklaven teilen (mit den Bürgern) den Wohnsitz [...]. [...] [Aber Metöken sind] nur unvollkommen[e] Mitglieder dieser Gemeinschaft [...], [denn sie haben viele Rechte nicht]. [...] Ein Bürger im eigentlichen Sinne wird nun aber durch kein anderes Recht mehr bestimmt als das der Teilhabe an der Entscheidung und der Bekleidung eines Staatsamtes.

Nach: Aristoteles, Politik

M3 Q Die Rolle der Sklaven

Aristoteles erklärt um 335 v. Chr. was Sklaven sind:

Jeder Besitz besteht aus einer Vielzahl von Werkzeugen – und der Sklave ist ein lebendiges Besitzstück. [...] Der Sklave ist nicht nur Sklave seines Herrn, sondern gehört ihm völlig. [...] Als Stück Besitz ist er ein Werkzeug seines Herrn. [...] Es gibt viele Arten sowohl von Herrn als auch von Sachen, die ihnen gehören. Und je weiter entwickelt die Sache ist, desto leichter ist es, diese zu kontrollieren. Es ist zum Beispiel eine einfachere Sache, ein menschliches Wesen zu kontrollieren, als ein wildes Tier zu zähmen.

Nach: Aristoteles, Politik

VT1 Die Macht Athens

Die Bürger, und unter diesen auch nur die Männer, besaßen mehr Rechte als andere Einwohner. Sie durften Häuser und Land besitzen und sich an der Regierung der Polis beteiligen. Dafür mussten sie Militärdienst leisten. Das Bürgerrecht bekamen nur jene, deren Eltern schon Athener Bürger waren.
Die meisten Bürger waren Bauern. Hinzu kamen Handwerker und Markthändler. Die Unterschiede zwischen den Bürgern waren groß. Sie waren seit dem 6. Jh. v. Chr. in vier Vermögensklassen eingeteilt. Zur obersten Klasse gehörten reiche Bürger, meist Großbauern und Händler, in der untersten Klasse befanden sich Kleinbauern und Tagelöhner.
Neben den Bürgern lebten in Athen auch eingewanderte Fremde, die Metöken. Sie durften ihren Beruf frei wählen, die meisten waren aber Kaufleute oder Handwerker wie Weber, Töpfer oder Schmiede. Sie besaßen nicht die gleichen Rechte wie die Bürger. Sie durften kein Land erwerben und konnten nicht politisch mitbestimmen. Trotzdem mussten sie Steuern zahlen und im Kriegsfall für Athen kämpfen.
Zur Bevölkerung der Polis zählten ebenso Sklaven. Sie galten als Sache, waren unfrei und hatten keine Rechte. Die meisten waren als Kriegsgefangene nach Athen gekommen. Ein erträgliches Leben wartete auf sie, wenn sie gebildet waren und als Haussklaven arbeiteten. In der Landwirtschaft auf dem Feld oder – noch schlimmer – in den Bergwerken mussten sie hart arbeiten und hatten nur ein kurzes Leben.

M4 D Aufgaben von Männern und Frauen

Wie ein Athener den Unterschied zwischen Mann und Frau erklärt, kannst du dir hier anhören.

VT2 Leben in Gemeinschaften

Für das, was wir heute Familie nennen, hatten die alten Griechen kein Wort. Die Menschen lebten in einer Hausgemeinschaft, dem Oikos. Er bestand aus Vater, Mutter, Kindern und weiteren Verwandten sowie den Bediensteten und den Sklaven. Aber auch der gesamte Besitz gehörte dazu: Land und Gebäude, Möbel, Arbeitsgeräte, Kleidung, Vieh und Waffen.

Nur ein Mann konnte Oberhaupt des Oikos sein. Er bestimmte über seine Frau, die Kinder und deren Ausbildung und Eheschließung. Wichtigster Zweck der Ehe war es, einen Sohn zu zeugen. Er hatte die Eltern im Alter zu versorgen und den Oikos als Hausherr weiterzuführen.

VT3 Die Stellung der Frauen erzählt aus der Sicht einer Frau

In meinem ganzen Leben bestimmt ein Mann über mich. Entweder mein Vater, Bruder oder mein Ehemann bestimmt über mich und vertritt mich ebenfalls vor Gericht. Auch politisch darf ich nicht mitbestimmen, ich darf keinen Grundbesitz erwerben und darf kein eigenes Vermögen besitzen. Nur bei bestimmten Anlässen verlasse ich das Haus: bei religiösen Festen und Beerdigungen sowie für Besuche bei der Nachbarin und gelegentliche Einkäufe. Wenn mein Ehemann am Abend Gäste empfängt, muss ich mich auf mein Zimmer zurückziehen. Meine Freundin, deren Haushalt kaum Einkommen hat, muss schwere körperliche Arbeit im Handwerksbetrieb verrichten, eine andere auf dem Feld. Wenn ich einkaufen gehe, treffe ich aber auch Frauen, die eigenständig als Wollweberin, Schneiderin oder Marktfrau arbeiten.

Statue einer jungen Frau (Kore)
Marmor, bemalt, 115 cm, um 520/510 v. Chr.

VT4 Der Alltag der Kinder in Athen

Wie Kinder lebten, hing vor allem vom Status und Einkommen der Eltern ab. In wohlhabenden Familien konnten die Kinder viel spielen. Kinder ärmerer Familien mussten oft mitarbeiten. Wenn die Familie es sich leisten konnte, gingen die Jungen ab dem 7. Lebensjahr zu einem Lehrer und lernten zunächst Schreiben, Lesen und Rechnen. Später übten sie sich noch in Musik und Sport.

Mädchen blieben bei der Mutter, die sie auf ihre Rolle als Hausfrau vorbereitete. In reichen Familien sollten die Mädchen auch lesen und schreiben sowie tanzen und musizieren können. Wenn ein Mädchen etwa 15 Jahre alt war, wurde es vom Vater verheiratet.

4.6 Demokratie in Athen

Blick in den Plenarsaal der Hamburgischen Bürgerschaft

Die Idee, dass in einer Demokratie das Volk entscheidet, ist nicht neu. Sie entstand bereits im 5. Jh. v. Chr. in Athen. Aber wie funktionierte die Demokratie damals? Durften alle Athener mitbestimmen?

?

Demokratie in Athen – Herrschaft ... ?

1. Beschreibe die Volksversammlung: Was und wen kannst du auf der Zeichnung erkennen?

2. Ergänze die Leitfrage.

VT1 Volksversammlung auf dem Pnyx

Anfangs versammelten sich die Athener auf dem Markplatz (der Agora). Seit dem 5. Jh. v. Chr. trafen sich die Bürger der Polis auf dem Hügel Pnyx, um über Entscheidungen zu diskutieren und abzustimmen. Zwischen 5000 und 7000 Athener kamen dort zusammen.

Rekonstruktionszeichnung

Dein Weg durch das Kapitel

Hilfestellungen zu allen Aufgaben 

1. Erkläre, warum in Athen nicht mehr nur die Männer der vornehmen Familien, sondern alle Bürger mitbestimmen (**VT2**).
2. Du bist Petros, ein angesehener Athener Bürger. Du möchtest, dass der Weg von Athen zum Hafen Piräus vor einem Angriff besser geschützt wird (z. B. durch Mauern). Daher reichst du dein Anliegen beim Rat der 500 ein. Erkläre anhand des Schaubildes (**M1**), wie es mit deinem Vorschlag weitergeht und was passieren muss, damit er umgesetzt wird.
3. Vergleiche die attische Demokratie mit dem Klassenrat (**M1**, **VT3**, **M2**).
4. a) Erläutere, was Perikles mit seinen Aussagen zur Demokratie in Athen (**M3**) genau meint.
   b) Beurteile, inwiefern Perikles mit seinen Aussagen (**M3**) recht hat. Beziehe dein bisheriges Wissen zur Demokratie und zum Alltag in Athen mit ein.

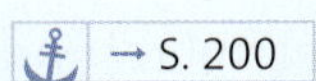
→ S. 200

5. Erstelle eine Tabelle, in der Vorteile und Grenzen der Demokratie in Athen deutlich werden (**M1**, **VT3**, **M3**).
6. Diskutiert in der Klasse (**M4**), inwiefern die Demokratie im antiken Athen ein Vorbild für heute ist, wie es Perikles in **M3** (Zeile 15 ff.) sagt.

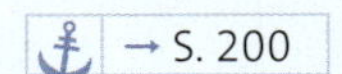
→ S. 200

7. **Der Blick aufs Ganze:** Du veröffentlichst Videos auf YouTube und willst in einem Video die Demokratie in Athen erklären. Erstelle einen Sprechertext für das Lernvideo.

OPERATOR Erläutern

Operatorenkarte

❯ 1. Schritt: Informationen suchen

1. Lies dir den Arbeitsauftrag durch: Welche Frage(n) soll dein Text beantworten?
2. Sieh dir das gegebene Material genau an und notiere die Informationen, die deine Frage(n) beantworten. Stichpunkte reichen aus. Einen Text liest du dafür mehrmals durch, ein Video schaust du mehrmals an.

❯ 2. Schritt: Text formulieren

1. Nenne zuerst die Frage, die dein Text beantworten soll.
2. Bringe die notierten Informationen jetzt in eine sinnvolle Reihenfolge, sodass sie die gestellte Frage beantworten. Achte darauf, die einzelnen Punkte nicht nur aufzuzählen, sondern sie mit einander zu verknüpfen und in den historischen Zusammenhang einzuordnen: Warum ist das so? Welche Folgen hat das?
3. Zusätzlich musst du deine aufgezählten Punkte anhand von konkreten Beispielen oder durch zusätzliche Informationen begründen.
4. Fasse deine Antwort in einem Satz zusammen.

M1 D Die Demokratie in Athen

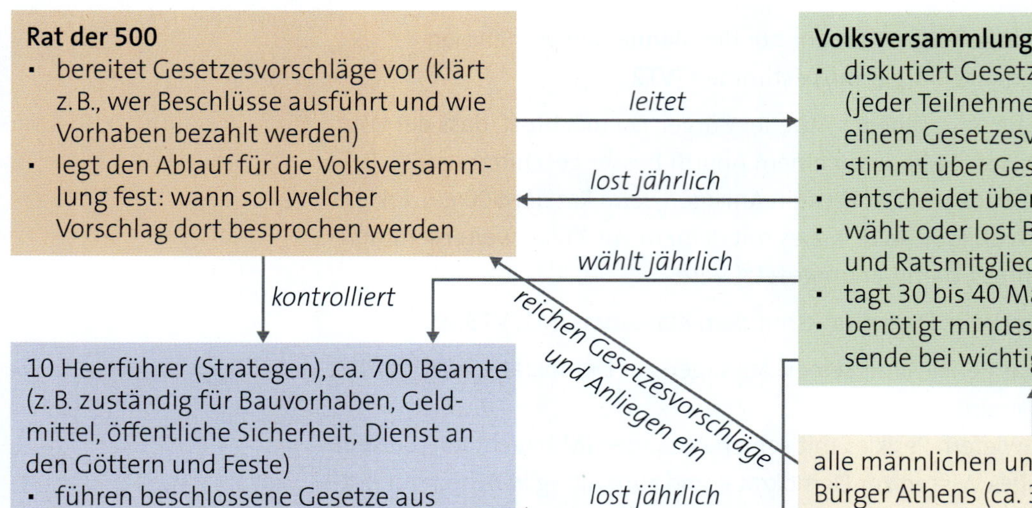

VT2 Wer soll regieren?

Krieg oder Frieden? Dies war eine Frage, die in den griechischen Poleis oft diskutiert wurde. Aber wer sollte darüber entscheiden? In Athen waren es lange Zeit die besonders angesehenen Männer aus vornehmen Familien (Adel), die allein die Politik bestimmten. Eine solche Regierungsform nennt man Aristokratie.

Nach den Siegen über die Perser und den Erfolgen des Seebundes verlangten die einfachen Bürger Athens jedoch nach Mitbestimmung. Um den inneren Frieden zu bewahren, ließ der Adel die übrigen Bürger an öffentlichen Entscheidungen teilhaben. Allmählich entstand in Athen eine Regierungsform, die wir Demokratie nennen.

VT3 Grenzen der Demokratie

In Athen hatten nur die männlichen Bürger die Möglichkeit, sich an der Politik zu beteiligen. Praktisch jeder von ihnen konnte ein Beamter werden. Frauen, Kinder, Metöken und Sklaven durften weder Beamte werden noch an der Volksversammlung teilnehmen. Auch unter den Bürgern gab es viele, die nicht zur Volksversammlung erschienen. Sie fanden keine Zeit für die Sitzungen, da sie für ihren Lebensunterhalt arbeiten mussten. Seit ca. 400 v. Chr. half man ihnen ein wenig dadurch, dass jeder Teilnehmer an der Volksversammlung einen Geldbetrag ausgezahlt bekam. Dennoch besaßen die reichen Bürger auch in der Demokratie die größte Macht. Sie hatten großes Ansehen und konnten die anderen dank ihrer Bildung und Redekunst eher überzeugen.

M2 D Der Klassenrat

Moderationsteam des Klassenrates
- sammelt alle Anliegen der Klasse
- legt die Tagesordnung fest
- leitet die Sitzung des Klassenrates
- schreibt alle Beschlüsse und Verabredungen auf
- führt eine Redeliste und achtet auf die Zeit
- passt auf die Einhaltung der Regeln auf
- gibt Feedback und holt Rückmeldungen ein

→ *leitet* → Klassenrat

← *wählt oder lost* ← Klassenrat

Klassenrat
- bespricht und diskutiert Anliegen der Klasse sowie Beschluss- und Lösungsvorschläge (z. B. Gestaltung von Wandertagen, Klassenfesten und Klassenräumen)
- stimmt über die jeweiligen Vorschläge ab
- überlegt, wenn ein Vorschlag angenommen wird, wie er umzusetzen ist
- überprüft, ob frühere Beschlüsse umgesetzt wurden
- tagt einmal die Woche

alle Schülerinnen und Schüler der Klasse → *reichen Anliegen ein* → Moderationsteam des Klassenrates

alle Schülerinnen und Schüler der Klasse → *nehmen teil* → Klassenrat

M3 Q Perikles – Lob für die Demokratie

Der bedeutende Staatsmann Perikles (um 490–429 v. Chr.) stammt aus dem Adel. Er wird 15 Jahre immer wieder zum Befehlshaber der Truppen gewählt. Nach dem Bericht des Geschichtsschreibers Thukydides (um 460–um 400 v. Chr.) soll Perikles 431 v. Chr. die folgende Rede vor den Athenern gehalten haben. Darin preist er die eigene Verfassung, also die geltenden Gesetze, die die Regierungsform in der Polis festlegen:

Unsere Verfassung ahmt nicht die Einrichtungen anderer nach. Sie ist sogar ein Vorbild für andere. Ihr Name ist „Volksherrschaft", denn die Macht liegt nicht in den Händen weniger, sondern einer größeren Zahl von Bürgern. [...] Mag jemand noch so arm sein, so ist ihm doch der Weg zur Auszeichnung nicht versperrt – wenn er nur dem Vaterland nützt. [...]

Ich fasse zusammen: Erstens ist unsere Stadt eine Schule für ganz Griechenland. Zweitens kann sich in unserer Verfassung jeder Bürger bestmöglich entfalten. Deshalb werden uns die Menschen in Gegenwart und Zukunft bewundern!

Thukydides, Geschichte des Peloponnesischen Krieges

M4 D Die attische Demokratie – ein Vorbild für uns?

Auf einer digitalen Plattform kannst du dich mit deiner Klasse in Echtzeit darüber austauschen, ob die Demokratie im antiken Athen ein Vorbild für heute ist.

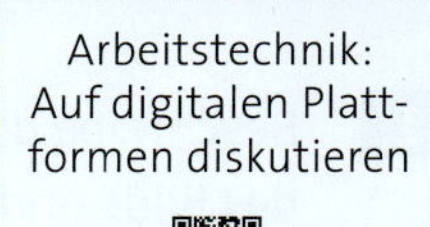

31100-0192

4.7 Sparta

Leonidas, König von Sparta, im Film „300" (2006)

Als Gegenmodell zu Athen wird für die Zeit der griechischen Antike gerne Sparta angeführt. Hier kennen wir aber fast nur Berichte von Spartas Feinden aus Athen. War in Sparta also wirklich alles kriegerisch?

?

Sparta – ... als Athen?

1. Beschreibe die Wirkung des Bilds und gib den Text in eigenen Worten wieder.
2. Ergänze die Leitfrage.

M1 D Gegensätze?

31100-0344 Differenzierung

Der „Spiegel" schreibt 2004 über den Gegensatz von Sparta und Athen:

Fest steht nur: Am Fuße des Ithome [ein Berg] brechen deutlich die Widersprüche auf zwischen den beiden Systemen, die sich 30 Jahre später im Peloponnesischen Krieg hasserfüllt gegenüberstehen werden. Hier trennen sich die Wege zwischen dem demokratischen, an Geist und Handel reichen, für Reformen offenen Athen und dem konservativen, militaristischen Sparta.

Lars Abromeit,
Sparta – ein Leben für den Krieg

Interaktive Übung

31000-493

Dein Weg durch das Kapitel

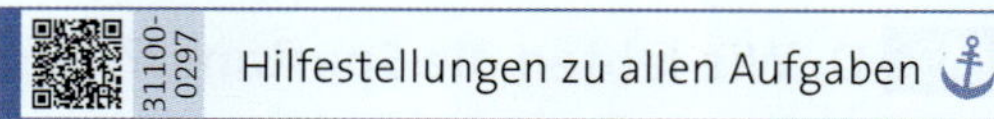

1. Analysiere anhand der Karte **M2**, warum Athen und Sparta häufig Kriege führten. → S. 200
2. Fasse zusammen, wie das Video und Plutarch die Gesellschaft in Sparta beschreiben (**M3**, **M4**). → S. 200
3. Vergleiche das Ergebnis mit den in **M5** dargestellten Befunden.
4. Nimm Stellung, was du dem Video und Plutarch glaubst, und was nicht. Begründe.
5. Beurteile, warum die Athener die Spartaner negativ darstellten.
6. Beschreibe die Statue **M6**.
7. Bewerte, inwieweit du die Statue **M7** eine passende Darstellung der spartanischen Gesellschaft findest.
8. Erkläre die Schwierigkeiten, etwas Wahres über Sparta herauszufinden (**VT1**).
9. **Der Blick aufs Ganze:** Lege eine Mindmap an, die alle Informationen enthält, die du über Sparta gesammelt hast. Kennzeichne dann in Grün, was du als gesichertes Wissen siehst, in Gelb, was du dir zwar vorstellen kannst, aber nicht weißt, und in Rot, was du nicht glaubst.

M2 D Die Einflussbereiche von Athen und Sparta

M3 D Wie lebten die Spartaner?

Ihr wisst bereits viel über das Leben in Athen. War das in Sparta anders? Eine mögliche Antwort darauf liefert das Video.

M4 Q Der Umgang der Spartaner mit Neugeborenen

Plutarch, ein Athener, lebte ca. 45 bis 125 n. Chr. und schreibt:

Es hing nicht nur bloß vom Vater ab, ob er das geborene Kind aufziehen wollte, sondern er musste es an einen gewissen Ort [...] tragen, wo die Ältesten der Zünfte versammelt waren. Diese besichtigten es genau, und wenn es stark und wohl gebaut war, hießen sie ihn es aufziehen [...], war es hingegen schwach und übel gestaltet, so ließen sie es gleich in die sogenannten Apotheta, ein tiefes Loch am Berge Taygetus, werfen, weil man glaubte, dass ein Mensch, der schon vom Mutterleibe an einen schwachen und gebrechlichen Körper hat, sowohl sich selbst als auch dem Staat zur Last fallen müsse.

Plutarch, Vergleichende Lebensbeschreibungen

M5 D Archäologische Befunde

Spartaner, so berichtet die Legende, sollen missgebildete Kinder in eine Schlucht des Bergs Taygetos geworfen haben. Tatsächlich stießen Archäologen dort auf 2700 Jahre alte Knochenfunde, allerdings von Erwachsenen. [...] Die Idee der Untersuchung war einfach: wenn alle Knochen das gleiche Ergebnis zeigen, stammten die Toten alle aus der gleichen Region. Da die Ernährungsweisen aus dem antiken Sparta bekannt sind, könnten die Forscher so eindeutig feststellen, ob die Toten aus Sparta kamen oder nicht. [...] Die Ergebnisse der Toten waren alles andere als einheitlich. [...] Da es sich bei den Toten um überwiegend Männer zwischen 18 und 35 Jahren handelte, liegt die Vermutung nahe, dass es Soldaten waren. Vor allem dürfte es sich bei den [Toten] um Verräter [...] handeln, deren Leben nicht viel wert war.

Michael Stang, Die Toten von Sparta

M6 D Ein Mädchen aus Sparta

Figur eines spartanischen Mädchens in Sportkleidung, 6. Jh. v. Chr.

M7 D Ein spartanischer Krieger

Statue des spartanischen Kriegers Leonidas auf dem Thermopylenpass, errichtet 1955

VT1 Warum ist es so schwierig, etwas über Sparta herauszufinden?

Nach dem Mythos entstand die spartanische Verfassung im 7. Jh. v. Chr. durch Lykurg, einen spartanischen Königssohn. Quellen aus dieser Zeit sind jedoch kaum erhalten und wir wissen heutzutage nicht sicher, ob das so stimmt. Die ältesten Werke, die von der Geschichte Spartas im 7. und 6. Jh. v. Chr. berichten, stammen nämlich erst vom Anfang des 5. Jh. v. Chr. Einige weitere Quellen zur frühen Geschichte Spartas kommen dann im 4. Jh. v. Chr. hinzu. Am meisten wissen wir über Sparta durch spätere Geschichtsschreiber, die in den ersten Jahrhunderten nach Christus schrieben. Sie bezogen sich auf die genannten frühen Quellen, von denen aber nicht mehr klar ist, wie weit sie zeitlich in die Vergangenheit zurückreichen und wie zuverlässig sie damit sein können. Wissen aus erster Hand fehlt damit praktisch vollständig.

4.8 Kunst und Kultur der alten Griechen

Statue des Sokrates vor der Akademie von Athen im heutigen Griechenland

Die Griechen liebten es, über die Welt nachzudenken. Männer, die besonders schwierige Fragen stellten, nannte man Philosophen („Freunde der Weisheit“). Andere Denker beschäftigten sich z.B. mit Mathematik wie Pythagoras. Mit ihrer Hilfe wurden unter anderem große, schön aussehende Tempel gebaut. Wiederum andere schrieben Theaterstücke.

?

Kunst und Kultur der alten Griechen – ...?

1. Beschreibe die Körperhaltung des Philosophen und ihre Wirkung auf dich.
2. Erkläre, warum antike griechische Stücke auch heute noch aufgeführt werden.

VT1 Antigone

Das Deutsche Schauspielhaus mit 1200 Sitzplätzen im Hamburger Stadtteil St. Georg führte 2023 mehrere Male verschiedene Theaterstücke von antiken griechischen Dichtern auf, wie z. B. „Antigone“ aus Jahr 441 v. Chr. In diesen Schauspielen, die neuinszeniert wurden, ging es um Grundfragen des menschlichen Lebens.

Dein Weg durch das Kapitel

 31100-0299 Hilfestellungen zu allen Aufgaben 

Teilt euch in Arbeitsgruppen auf, die sich jeweils mit einem Thema befassen.

Griechische Lebensweisheiten

1. Ordnet den Sprüchen ihre Bedeutung zu. Ihr könnt digital arbeiten oder die einzelnen Sprüche pantomimisch darstellen und dann erraten (**M1**).

Die Philosophie des Sokrates

2. Bildet Zweiergruppen und stellt die Szene zwischen Sokrates und Menon nach (**VT2**). Entwickelt danach das Gespräch der beiden fort. → S. 201
3. Erläutert mithilfe von **VT3**, wie Sokrates vorgeht.

Das griechische Theater

4. Die Handlung der „Antigone“ wird heute immer wieder von Schriftstellern und Künstlern bearbeitet (**VT1**). Recherchiert zu den Hauptfiguren der Handlung (**M2**). Beurteilt, inwiefern der Stoff heute noch aktuell ist. → S. 201

Die griechische Architektur

5. Überprüfe, was von den alten Bauwerken der Akropolis (**VT4**) heute noch erhalten ist. Recherchiere dazu im Internet. Erarbeite anschließend eine Führung als antiker Fremdenführer des alten Athen.
6. **Der Blick aufs Ganze:** Fertige zu deinem Thema ein Plakat an. Bewerte bei deiner Gestaltung auch die Leitfrage: Die Kunst und Kultur der alten Griechen – heute noch aktuell?

VT2 Der Philosoph Sokrates und der Schüler Menon

Sokrates wollte die Menschen zur Selbsterkenntnis führen. Im Jahr 399 v. Chr. wurde ihm vorgeworfen, die Götter nicht anzuerkennen und die Jugend zu verderben. Das Volksgericht verurteilte ihn zum Tode: Er musste einen Becher mit Gift trinken. Sokrates hatte die Leute gern in Gespräche verwickelt. Folgende Begegnung könnte auf dem Athener Marktplatz stattgefunden haben:

Menon: Hallo Sokrates.
Sokrates: Guten Morgen Menon. Wohin des Wegs?
Menon: Ich habe heute wieder Unterricht bei meinem Lehrer Kritias. Er weiß alles!
Sokrates: Aha, er weiß alles, da bist du dir sicher?
Menon: Ja, er hat für alles auf der Welt eine Erklärung!
Sokrates: So, er erklärt alles richtig?
Menon: Ja, das behauptet er und schimpft auf seinen Kollegen Theaitos, der sei ein schlechter Lehrer.
Sokrates: Theaitos ist wirklich schlecht?
Menon: Ja, oder glaubst du Kritias nicht?
Sokrates: Ich weiß nicht. Lass uns morgen darüber reden.

M1 D/Q Griechische Lebensweisheiten

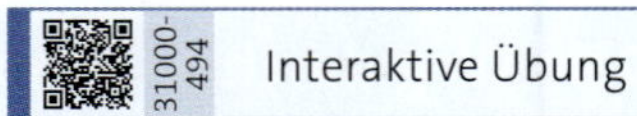

1 Ich kann niemanden etwas lehren.
Ich kann ihn nur zum Denken bringen.
Sokrates

2 Weise ist der Mensch, der nicht den Dingen nachtrauert, die er nicht besitzt, sondern sich der Dinge erfreut, die er hat. *Epiktet*

3 Es gibt nichts Beständigeres als Veränderung.
Heraklit

4 Im Wein liegt die Wahrheit.
Alkaios

5 Vor die Tugend (Vollendung) haben die unsterblichen Götter den Schweiß gesetzt.
Hesiod

6 Steter Tropfen höhlt den Stein.
Choirilos zugeschrieben

7 Freude an der Arbeit lässt das Werk trefflich geraten.
Aristoteles

8 Weise reden, weil sie etwas zu sagen haben, Toren (Dumme) sagen etwas, weil sie reden müssen. *Platon*

9 Was ich an meinem Nächsten tadele, das soll ich auch selber nicht tun so viel in meinen Kräften ist. *Herodot*

A Die Welt bleibt nie stehen,
sondern wandelt sich andauernd.

B Wenn jemand keinen Spaß hat, etwas zu tun, gelingt es schlecht. Das Gegenteil ist der Fall.

C Nur wenn eine Anregung jemanden zum Nachdenken bringt, wird dieser etwas begreifen.

D Stetige Wiederholungen können etwas sehr Hartnäckiges und Festgefahrenes aufweichen. Beharrlichkeit und Geduld führen oft besser zum Ziel als ein einmaliger Versuch.

E Nur unkluge Menschen müssen ständig vor anderen reden, um sich hervorzutun.

F Es ist besser, das zu genießen, das vorhanden ist.

G Betrunkene Menschen sprechen oft die Wahrheit aus, d. h. ihre wahre Persönlichkeit zeigt sich.

H Für den Erfolg ist viel Arbeit und Mühe nötig.

I Ich soll mich selbst nicht so verhalten, wie ich es bei anderen kritisiere – soweit ich es seelisch und körperlich kann.

VT3 Die sokratische Methode

1. Der Gesprächspartner äußert seinen Standpunkt.
2. Sokrates stellt Fragen/hinterfragt den Standpunkt.
3. Der Gesprächspartner erkennt eigene Widersprüche.
4. Der Gesprächspartner denkt über sie nach und ändert möglicherweise seinen Standpunkt.

M2 D Die Handlung der Antigone

Das Video erklärt dir kurz und knapp und etwas ungewöhnlich die Handlung des griechischen Dramas „Antigone".

Video: Handlung der „Antigone"
31100-0300

VT4 Die Kunst der Architektur

31000-299 Bildinformation

Wer heute als Tourist nach Athen kommt, besucht meist die Akropolis. Im 5. Jh. v. Chr. hatten die Athener die alte Burg auf dem Berg über den Wohnvierteln der Stadt zu einer prunkvollen Anlage mit Tempeln ausgebaut. Die Architekten gestalteten die Tempel nach mathematischen Regeln, um sie besonders schön aussehen zu lassen. Farbige Darstellungen von Göttern und Helden schmückten den Giebel und die Flächen oberhalb der Säulen. Den größten Tempel weihten die Athener ihrer Schutzgöttin Athene.

Rekonstruktion der Akropolis, ca. 450 v. Chr.

4.9 Alexander „der Große“

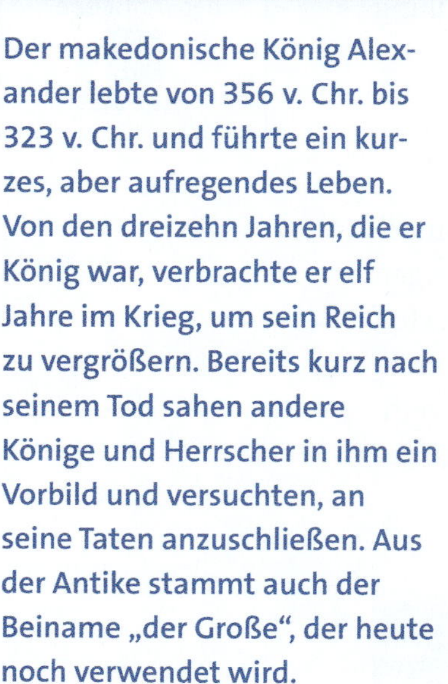

Der makedonische König Alexander lebte von 356 v. Chr. bis 323 v. Chr. und führte ein kurzes, aber aufregendes Leben. Von den dreizehn Jahren, die er König war, verbrachte er elf Jahre im Krieg, um sein Reich zu vergrößern. Bereits kurz nach seinem Tod sahen andere Könige und Herrscher in ihm ein Vorbild und versuchten, an seine Taten anzuschließen. Aus der Antike stammt auch der Beiname „der Große“, der heute noch verwendet wird.

Filmplakat zum Spielfilm „Alexander“ von 2004

?

Alexander „der Große“ – ...?

1. Beschreibe das Filmplakat zum Spielfilm „Alexander“ (Personen, Hintergrund, Text).
2. Sammle Adjektive, um den Mann auf dem Bild näher zu beschreiben.
3. Vergleiche das Filmplakat mit dem Bild von „Superman“. Was ist gleich, was ist unterschiedlich? Ergänze die Leitfrage.

M1 D Superman

Das Foto ist ein Standbild aus dem Film „Man of Steel“ von 2013. Die fiktive Figur „Superman“ ist ein Superheld und besitzt übermenschliche Fähigkeiten. Superman nutzt seine Kräfte, um Gutes zu tun und gegen das Böse zu kämpfen.

Dein Weg durch das Kapitel

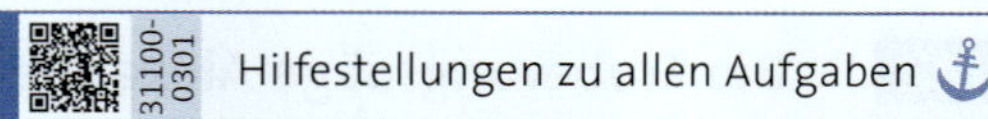

1. Arbeite heraus, wie es zu Alexanders Eroberungsfeldzug gegen das Perserreich kommen konnte (**VT1**).
2. Untersuche mithilfe eines Atlasses, welche heutigen Länder Teil von Alexanders Reich gewesen wären (**M2**).
3. Beschreibe die Ausrüstung der Hopliten. Erkläre dann die Kampfweise der Phalanx (**M3**).
4. Vergleiche die Darstellung Alexanders in **M4** und **M5** miteinander.
5. Stell dir vor, du nimmst als Soldat am Alexanderzug teil und sitzt abends mit anderen Soldaten am Lagerfeuer. Diskutiert zu zweit, welche Sorgen und Hoffnungen die Soldaten haben.
6. Beschreibe, wie Alexander versuchte, die Menschen in seinem Reich zusammenzubringen (**M6**, **VT2**).
7. Erkläre in eigenen Worten den Begriff des Hellenismus (**M6**, **VT2**). → S. 201
8. Nach dem Ende des Alexanderzuges kehrst du als Soldat nach Makedonien zurück. Was berichtest du über deine Zeit mit Alexander? Schreibe einen Reisebericht, in dem du deine Zeit mir Alexander beurteilst.
9. **Der Blick aufs Ganze:** Sammelt in einer Tabelle Pro- und Kontra-Argumente, ob Alexander als ein antiker Superheld bezeichnet werden kann. Diskutiert dann in eurer Klasse die Leitfrage. → S. 201

VT1 Alexanders Weg in den Krieg

Die Region Makedonien ist ein Gebiet nördlich des heutigen Griechenlands. Die Menschen, die dort leben, nennt man Makedonen. Für die Menschen der griechischen Stadtstaaten waren die Makedonen lange Zeit nur die unbedeutenden Nachbarn aus dem Norden. Doch nachdem der makedonische König Philipp II. die makedonische Armee neu organisiert hatte, besiegte er im Jahr 338 v. Chr. die Truppen von Athen und Theben im Kampf. So wurde er zum Anführer der Stadtstaaten auf der griechischen Halbinsel.

Philipp II. sorgte dafür, dass sein Sohn Alexander eine umfangreiche militärische Ausbildung erhielt. Außerdem wurde Alexander vom Philosophen Aristoteles unterrichtet, der in ihm das Interesse für Philosophie, Wissenschaft und andere Kulturen weckte. Besonders faszinierten Alexander die Heldengeschichten aus dem Trojanischen Krieg. Er verglich sich deshalb häufig mit dem legendären Krieger Achilles und wollte dessen Taten übertreffen. Als Philipp II. im Jahr 336 v. Chr. starb, übernahm Alexander den Königsthron. Noch im selben Jahr begann er einen blutigen Eroberungszug gegen das Perserreich. Er sagte, er wolle Rache für die Zerstörung griechischer Tempel in den Perserkriegen nehmen. Außerdem gab er an, die griechischen Menschen in Kleinasien vor den Persern beschützen zu wollen.

M2 D Die Eroberungszüge Alexanders

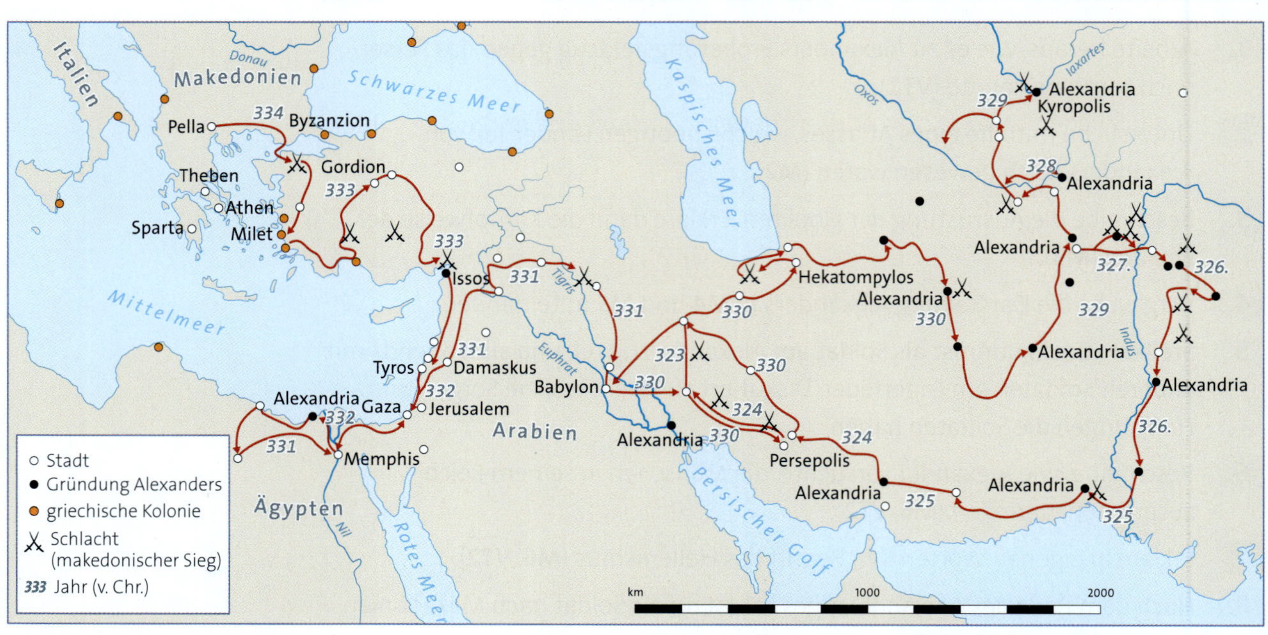

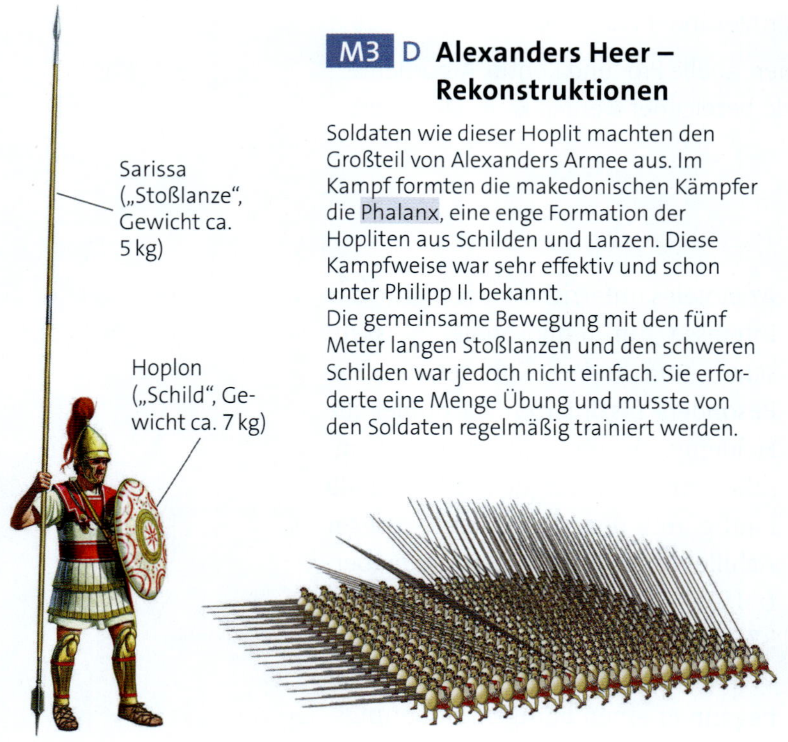

M3 D Alexanders Heer – Rekonstruktionen

Soldaten wie dieser Hoplit machten den Großteil von Alexanders Armee aus. Im Kampf formten die makedonischen Kämpfer die Phalanx, eine enge Formation der Hopliten aus Schilden und Lanzen. Diese Kampfweise war sehr effektiv und schon unter Philipp II. bekannt.
Die gemeinsame Bewegung mit den fünf Meter langen Stoßlanzen und den schweren Schilden war jedoch nicht einfach. Sie erforderte eine Menge Übung und musste von den Soldaten regelmäßig trainiert werden.

M4 Q War Alexander ein erfolgreicher General?

Der griechische Geschichtsschreiber Diodor lebte etwa 200 Jahre nach Alexander. Er schreibt zu Alexander Folgendes:

In kurzer Zeit hatte dieser König [Alexander] große Taten vollbracht. Dank seiner eigenen Klugheit und Tapferkeit übertraf er an Größe der Leistungen alle Könige, von denen die Erinnerung weiß. In nur zwölf Jahren hatte er nämlich nicht wenig von Europa und fast ganz Asien unterworfen und damit zu Recht weit reichenden Ruhm erworben, der ihn den alten Helden und Halbgöttern gleichstellte.

Diodor. Bibliotheca historica, 17,1

M5 Q Alexander als Kriegstreiber?

Bei dem römischen Geschichtsschreiber Seneca, der rund 400 Jahre nach Alexander lebte, heißt es:

Den unglücklichen Alexander trieb seine Zerstörungswut sogar ins Unerhörte. Oder hältst du jemanden für geistig gesund, der mit der Unterwerfung Griechenlands beginnt, wo er doch seine Erziehung erhalten hat? [...] Nicht zufrieden mit der Vernichtung so vieler Staaten, die sein Vater Philipp besiegt (hatte), wirft er die einen hier, die anderen dort nieder und trägt seine Waffen durch die ganze Welt. Und nirgends macht seine Grausamkeit erschöpft halt, nach Art wilder Tiere, die mehr reißen als ihr Hunger verlangt.

Seneca, Epistulae Morales 94, 62.

M6 Q Überlieferung der Hochzeit von Susa

Im Frühjahr 324 v. Chr. kommt Alexander nach langen Kämpfen zurück in das Zentrum seines Reiches. Der römische Historiker Arrian lebte ca. 400 Jahre nach Alexander und beschreibt die Ereignisse:

In der Stadt Susa feierte Alexander Hochzeit, die eigene und die seiner Freunde. Er selbst heiratete Barsine, die älteste der Töchter des Perserkönigs Dareios. [...] Darüber hinaus gab er auch seinen Kampfgefährten Töchter der vornehmsten Perser, rund achtzig an der Zahl. Die Hochzeiten selbst fanden auf die persische Art statt. Darüber hinaus befahl Alexander allen seinen Makedonen, die Frauen aus Asien geheiratet hatten, sich auf Listen eintragen zu lassen. Es waren über tausend. Auch sie erhielten von ihm Hochzeitsgeschenke.

Arrian, Der Alexanderzug, 7, 4.

Hörtext:
Hochzeit von Susa
31100-0302

VT2 Hellenismus

Alexander wird gelegentlich auch als der Vater des Hellenismus bezeichnet. Das versteht man unter diesem Begriff: In der Antike bezeichnete der Begriff „Hellenismus" zunächst ganz allgemein die griechische Kultur. Durch Alexander bekam der Begriff eine neue Bedeutung: Auf seinem Eroberungszug durchmischten sich die griechischen Weltvorstellungen und Bräuche mit denen des Perserreichs. Die unterschiedlichen Kulturen verbanden sich in seinem Reich zu einer einzigen und es entstand die hellenistische Staatenwelt. Deren Einflüssen dauerten noch viele Jahrhunderte an.

Es gibt aber auch Kritik an dieser Theorie. Denn Teile der griechischen Kultur, wie die griechische Religion und die griechische Kunst, kannte man im Perserreich schon lange vor Alexander. Und Alexanders Versuch, die griechischen und persischen Kulturen zu vermischen, wurde auch nicht von allen Menschen in seinem Reich akzeptiert.

Interaktive Übungen
31000-495

Die beiden griechischen Städte **Athen** und **Argos** gelten als die ältesten noch bewohnten Städte Europas.

Die Welt der alten Griechen

VT1 Die griechischen Stadtstaaten

Die alten Griechen besiedelten die Küsten und Inseln des Ägäischen Meeres. Viele der Siedlungen entwickelten sich zu Stadtstaaten. Ihre oft nur wenigen hundert Bewohner bildeten eine wirtschaftlich und politisch selbstständige Gemeinschaft, die Polis. Zwischen den Poleis sorgten Handel, gemeinsame Sprache und gemeinsame Götter für einen gewissen Zusammenhalt.

VT2 Die griechische Götterwelt

Die alten Griechen glaubten an Götter, gedacht als Familienverband, mit dem Göttervater Zeus als Oberhaupt. Die Götter galten als mächtig und unsterblich, besaßen jedoch auch menschliche Züge. Verehrt wurden sie mit Tempelbauten, Festen und Opfergaben. Priesterinnen und Priester kommunizierten den Willen der Götter in rätselhaften Sprüchen (Orakeln). Über die Götter und die mit ihnen verwandten Heldengestalten entstanden berühmte und lehrreiche Erzählungen (Mythen). Die Gesamtheit dieser Erzählungen nennt man Mythologie.

VT3 Die Olympischen Spiele der Antike

Zu Ehren der Götter fanden in Olympia alle vier Jahre Wettkämpfe statt, die Olympischen Spiele, erstmals 776 v. Chr. Sie zogen Teilnehmer aus allen griechischen Stadtstaaten und Kolonien an. Für die Dauer der Spiele herrschte Frieden. Lange waren nur Männer zu den Wettkämpfen und als Zuschauer zugelassen. Die Sieger wurden in ihrer Heimat mit Denkmälern oder Gedichten gewürdigt.

Der **Marathonlauf** geht zurück auf die Schlacht bei Marathon. Ein griechischer Bote soll von dort nach Athen geeilt sein, um den Sieg über die Perser bekanntzugeben.

VT4 Griechenland und die „anderen“

Im 5. Jh. v. Chr. stiegen Athen und andere griechische Poleis zu Seemächten auf. Sie gerieten in Konflikt mit dem persischen Großreich, das auch über den östlichen Mittelmeerraum herrschte. In mehreren Kriegen wehrten die Griechen eine Eroberung durch die Perser ab. Athen gründete danach mit anderen Poleis den Attischen Seebund. Die gemeinsame Flotte kontrollierte den Handel in weiten Teilen des Mittelmeers.

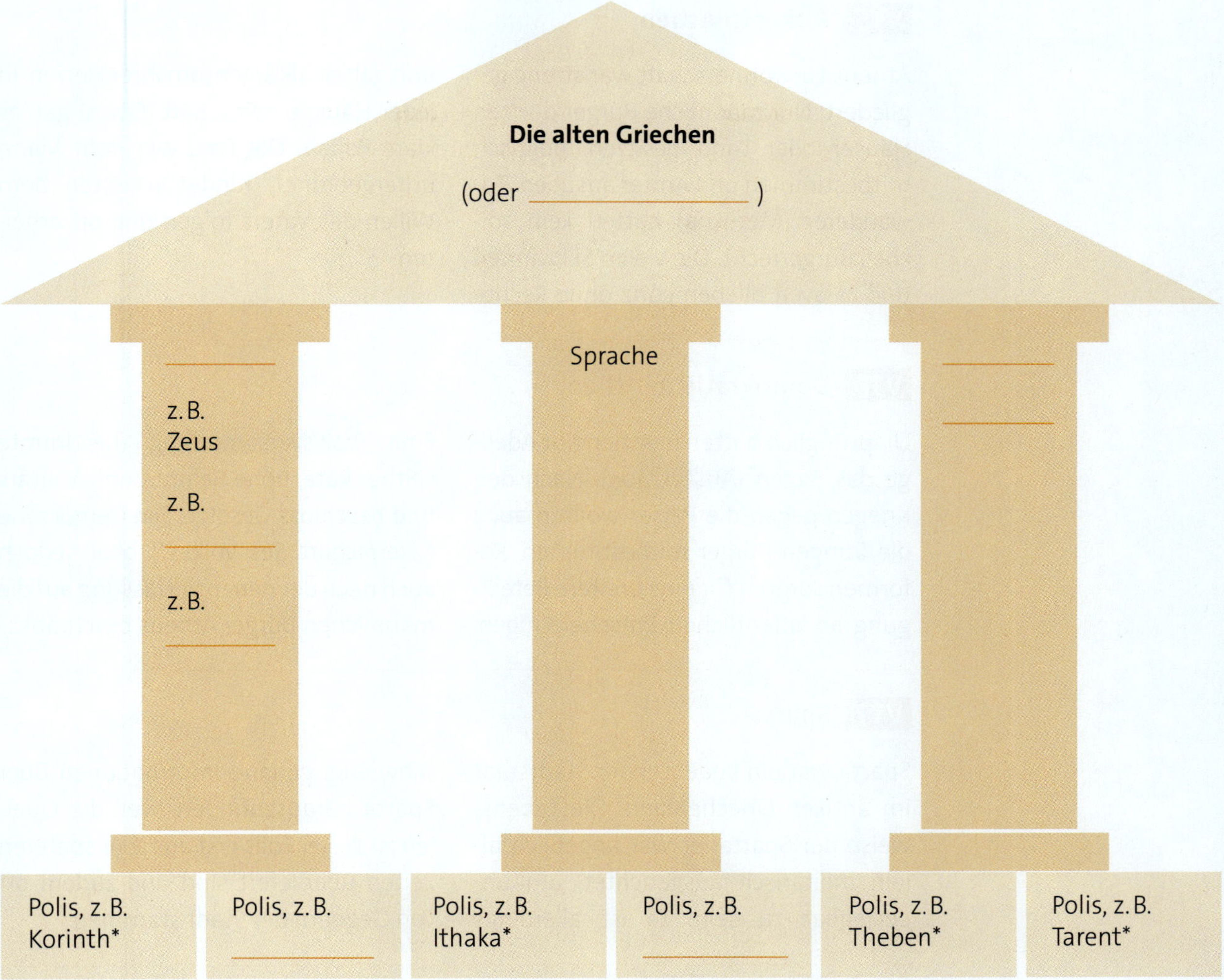

Die alten Griechen

(oder ____________)

____________ z. B. Zeus z. B. ____________ z. B. ____________	Sprache	____________ ____________

Polis, z. B. Korinth*	Polis, z. B. ____________	Polis, z. B. Ithaka*	Polis, z. B. ____________	Polis, z. B. Theben*	Polis, z. B. Tarent*

* Wo diese Poleis liegen, kannst du auf den Karten auf S. 99 bzw. S. 105 sehen.

› WORTSPEICHER

Athen – Götter – Hellenen – Aphrodite – Hermes – Sparta – Olympische Spiele

Jetzt bist du dran:

1. Ergänze das Schaubild digital oder im Heft.
2. Beschreibe das Schaubild.

VT5 Alltag in Athen

Athens Einwohnerschaft war streng gegliedert. Nur männliche Bürger durften Häuser oder Land besitzen, politisch mitbestimmen und Ämter ausüben. Zuwanderer (Metöken) hatten kein solches Bürgerrecht. Die vielen Sklavinnen und Sklaven blieben ganz ohne Rechte und galten als Eigentum ihrer Herren. In jeder Hausgemeinschaft (Oikos) gab es klare Rollen: Die Frau war dem Mann untergeordnet, Kinder mussten dem Willen des Vaters folgen und oft arbeiten.

VT6 Demokratie in Athen

Ursprünglich hatten in Athen nur Adelige das Sagen (Aristokratie). Nach den Kriegen gegen die Perser wollten auch die übrigen Bürger mitbestimmen. Reformen sorgten für eine breitere Beteiligung an öffentlichen Entscheidungen. Eine Volksversammlung bestimmte seither Räte, hohe Beamte und Militärs und beschloss Gesetze. Die Demokratie („Herrschaft des Volkes") blieb jedoch auch nach der neuen Verfassung auf die männlichen Bürger Athens beschränkt.

VT7 Sparta

Sparta war ein bedeutender Stadtstaat im antiken Griechenland. Die Lebensweise der Spartaner war angeblich allein militärisch ausgerichtet, um unbesiegbar zu sein. Es ist allerdings schwierig, genaue Informationen über Sparta herauszufinden, weil die Quellen zu dieser Polis erst aus sehr späteren Zeiten überliefert sind und zudem oft von Gegnern der Stadt stammen.

VT8 Die Kunst und Kultur der alten Griechen

In Athen und anderen Poleis entstanden eindrucksvolle Tempel und Theater. Sie dienten später als Vorbild für Bauten in aller Welt. Neben Architekten, Dichtern und Künstlern brachten die alten Griechen auch bedeutende Denker hervor. Diese Philosophen („Freunde der Weisheit") gelangten zu wichtigen Erkenntnissen über Natur, Gesellschaft und den Sinn menschlichen Daseins.

Im **Theater** der alten Griechen konnten nur Männer auftreten. Zuschauen durften dagegen auch Frauen.

VT9 Alexander „der Große"

Der makedonische Herrscher Alexander eroberte viele Gebiete und wurde deshalb später „der Große" genannt. In den eroberten Gebieten verbreitete sich die griechische Sprache und Kultur, man spricht in diesem Zusammenhang von Hellenismus.

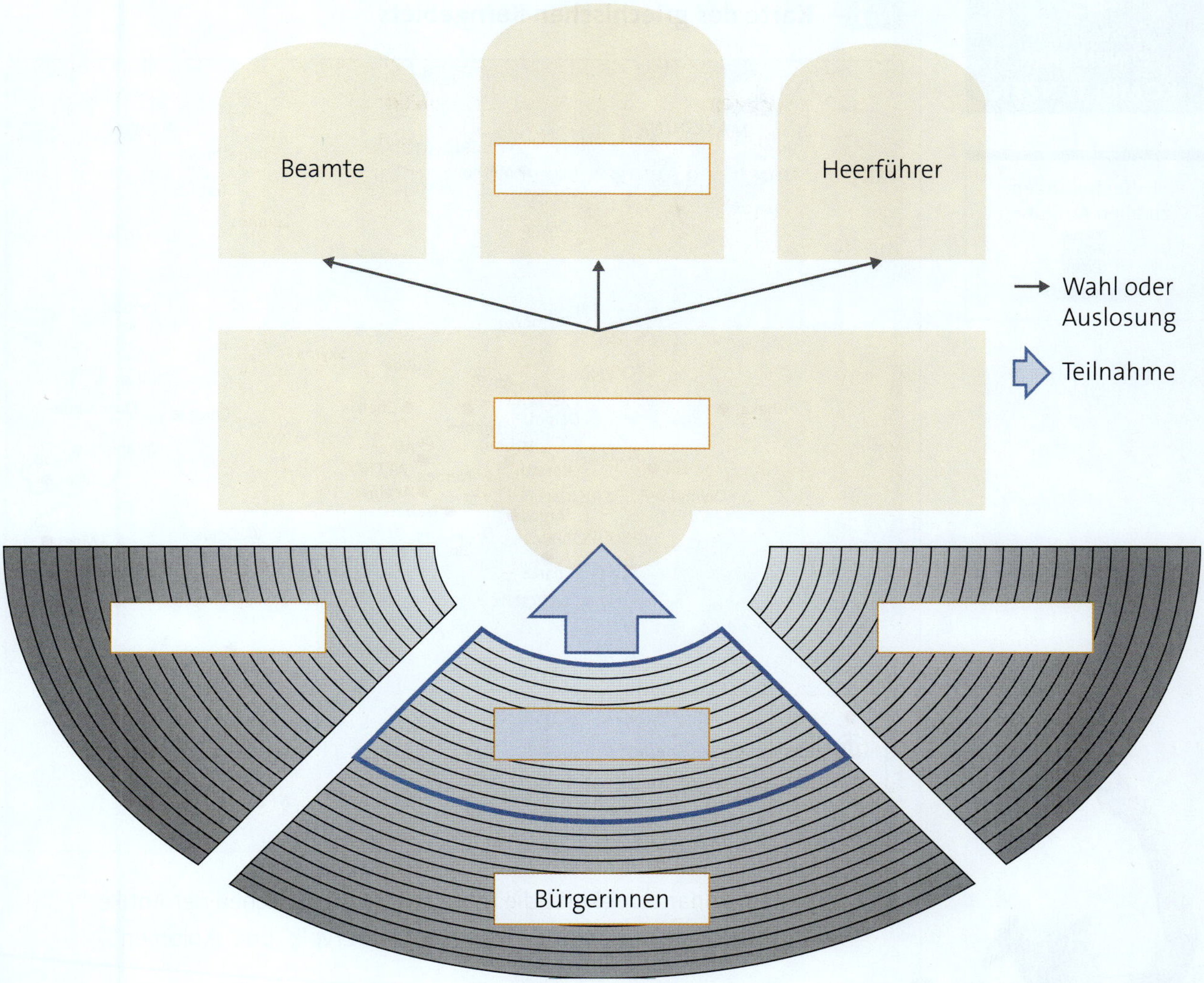

Beamte

Heerführer

Wahl oder Auslosung

Teilnahme

Bürgerinnen

› WORTSPEICHER

Bürger – Metöken – Rat der 500 – Sklavinnen und Sklaven – Volksversammlung

Jetzt bist du dran:

3. Vervollständige das Schaubild mit den Begriffen aus dem Wortspeicher.

4. Erkläre das Schaubild mit eigenen Worten.

5. Du kommst aus dem Perserreich und besuchst erstmals Athen. Schildere in einem Reisebericht deine Eindrücke über die Demokratie in Athen wie auch über die Stadt selbst, ihre Größe, ihre Bauwerke, ihren Alltag. Äußere dabei Anerkennung ebenso wie Kritik.

Teste deine erworbenen **KOMPETENZEN**

Hilfestellungen zu allen Aufgaben

31100-0194

M1 Karte des griechischen Kerngebiets

1. Erläutere anhand der Karte die Lebensweise der Griechen der Antike. Verwende dabei die Begriffe „Polis“, „Seefahrervolk“ und „Kolonien“.

M2 Eine Statue

Die abgebildete Statue steht vor einem Gebäude, in dem Kauffrauen und Kaufmänner weitergebildet werden.

2. Benenne, wen die Statue darstellt, und erläutere die Bedeutung dieser und anderer gleichartiger Figuren im antiken Griechenland. Nimm anschließend Stellung dazu, ob du es passend findest, dass die Statue in der heutigen Zeit vor das Fortbildungszentrum gesetzt wurde.

M3 Ein Schwur

Der folgende Textauszug aus der Antike stammt vom Griechen Pausanias (um 115–180 n. Chr.):

„Die Zeusstatue hat den Beinamen „Schwurgott" und hält in jeder Hand einen Blitz. Bei ihr müssen die Athleten und ihre Väter und Brüder über einem Eberopfer schwören, dass sie sich keinen Verstoß gegen die Wettkämpfe zuschulden kommen lassen und dass sie sich insgesamt zehn Monate nacheinander der sorgfältigen Übung hingegeben hätten."

Pausanias, Beschreibung Griechenlands

Lösungen zu dieser Seite

31100-0195

3. Begründe, woran man erkennt, dass Pausanias hier von den Olympischen Spielen berichtet und erläutere, warum die Olympischen Spiele für die Griechen so wichtig waren.

Der Blick aufs Ganze

Was hat die griechische Geschichte mit dir zu tun? Erläutere zwei Situationen in deinem Leben, die etwas mit der griechischen Geschichte zu tun haben.

M4 Frauen verarbeiten Wolle

Nachzeichnung einer griechischen Vasenmalerei, um 550 v. Chr.

4. Beschreibe die Tätigkeiten, die hier zu sehen sind, und erläutere davon ausgehend die Rolle der Frau in Athen im Vergleich zu allen anderen Bewohnern der Polis. Beurteile dann, inwieweit die Malerei die Rolle der Frauen in der Polis Athen treffend und vollständig darstellt.

Schauspieler posieren für Touristen als Gladiatoren und römische Offiziere vor dem Kolosseum in Rom (Foto von 2019). Das Kolosseum in Rom war das größte Amphitheater im Römischen Reich. Bis zu 50 000 Zuschauer konnten sich dort bei Wettkämpfen und anderen Veranstaltungen die Zeit vertreiben.

Was weißt und kannst du schon?

1. Findet Gemeinsamkeiten und Unterschiede zwischen Veranstaltungen in antiken Arenen und heutigen Stadien heraus. Notiert euch Stichpunkte.
2. Tragt mithilfe der digitalen Übung in einer Concept Map euer Wissen über das alte Rom zusammen. Sammelt darin auch Fragen zum alten Rom und beantwortet sie im Verlauf des Kapitels.

5 Das Römische Reich

Interaktive Übung

31000-330

M1 D Was hat das Römische Reich mit uns zu tun?

Meine Schwester hat jetzt Latein in der Schule. Sie hat erzählt, dass ganz viele Sachen bei uns heute auf die alten Römer zurückgehen!

Aber was haben denn die Römer mit uns zu tun?

M2 D Spuren des Römischen Reiches

A C B F D E

KEINE STRAFE OHNE GESETZ

DERJENIGE MUSS DEN BEWEIS ERBRINGEN, DER ETWAS BEHAUPTET, NICHT DER, DER LEUGNET.

ES GEHT NICHT AN, JEMANDEN AUF BLOSSEN VERDACHT HIN ZU VERURTEILEN.

hora

lat. hora: Stunde

ora (italienisch)
heure (französisch)
hour (englisch)
hora (spanisch)
hora (portugiesisch)
ora (rumänisch)

M3 D Orientierung im Raum: Wachstum des Römischen Reiches

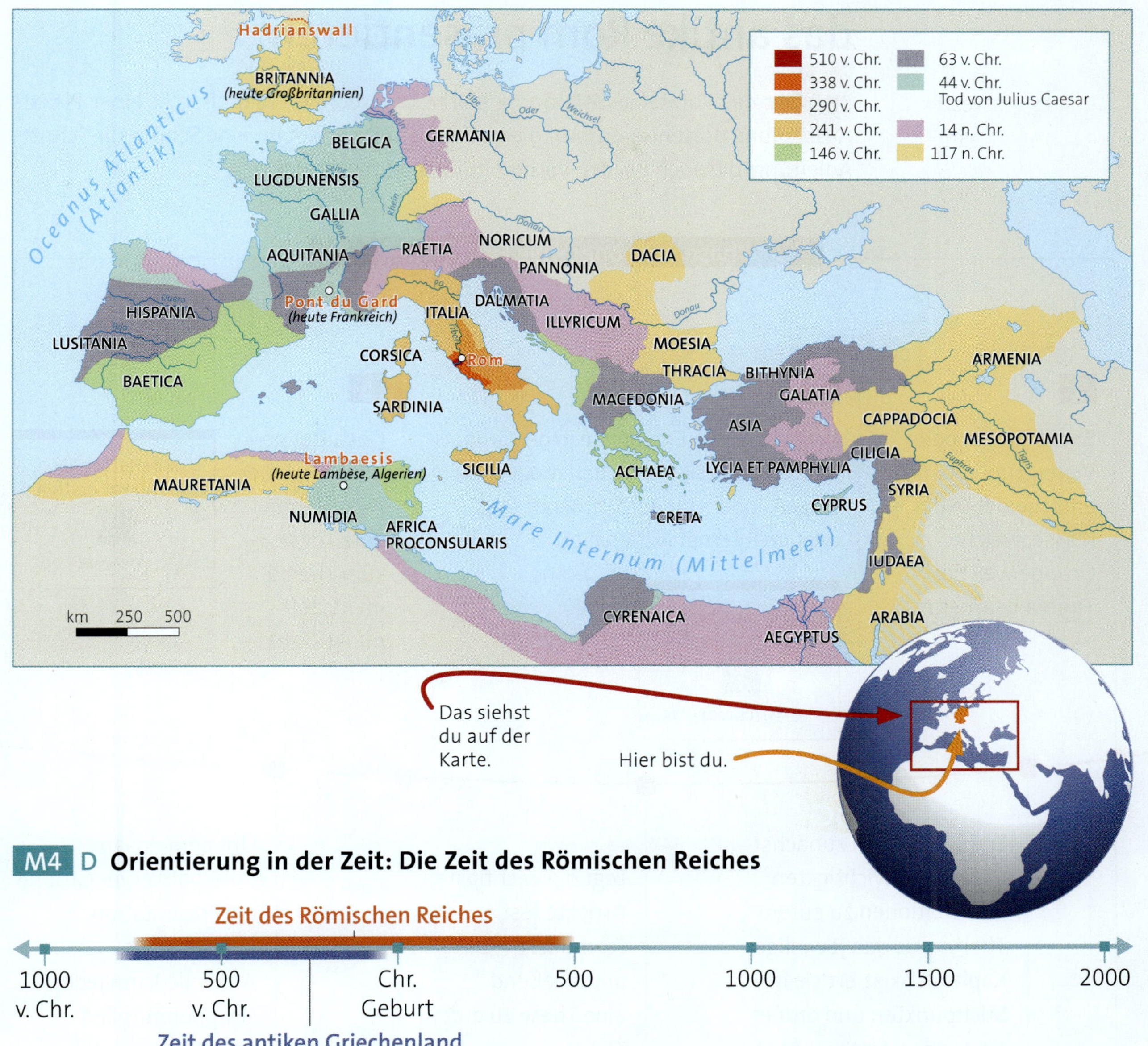

M4 D Orientierung in der Zeit: Die Zeit des Römischen Reiches

Zeit des Römischen Reiches

1000 v. Chr. | 500 v. Chr. | Chr. Geburt | 500 | 1000 | 1500 | 2000

Zeit des antiken Griechenland

Jetzt bist du dran:

1. Diskutiert im Zweierteam, was das „alte Rom“ mit euch zu tun hat (**M1**). Sind euch auch schon Spuren der alten Römer begegnet? Stellt euch die Beispiele auf der linken Seite und eure Erfahrungen gegenseitig vor (**M2**).
2. Beschreibe mithilfe der Karte **M3** oben und dem Beispiel auf der linken Seite zum lateinischen Wort für „Stunde“, wo die Länder zu den dort genannten Sprachen heute liegen. Was fällt dir auf?
3. Berechne mithilfe des Zeitstrahls die Zeitspanne, in der das Römische Reich existierte. Notiere Thesen, die erklären können, warum das Römische Reich so lange Bestand hatte (**M4**).

Eine Plakat-Ausstellung über das antike Rom präsentieren

Ihr wollt das Kapitel selbstständig erarbeiten und die Ergebnisse in einer Plakat-Ausstellung präsentieren? Auf dieser Doppelseite findet ihr eine Schritt-für-Schritt-Anleitung, die euch bei den Vorbereitungen hilft.

Phase 1: Kooperative Erarbeitung

1 Bildet Dreier- oder Vierergruppen und entscheidet in der Klasse, welche Gruppe welches Thema bearbeitet.

2 Erschließt euch zunächst einzeln die wichtigsten Informationen zu eurem Thema aus den jeweiligen Kapiteln. Skizziert sie in Stichpunkten und ordnet sie nach Unterthemen in einfachen Schaubildern.

3 Vergleicht eure Ergebnisse in der Gruppe und klärt Unterschiede und mögliche Fragen, indem ihr eure Lehrkraft fragt oder im Internet recherchiert.

Arbeitstechnik: Internetrecherche
31100-0002

4 Legt die wichtigsten Aspekte fest. Formuliert abschließend eine These zu eurem Thema.

5 Gestaltet gemeinsam euer Plakat, wobei eure These zum Thema im Mittelpunkt steht.

Arbeitstechnik: Wandplakat erstellen
31100-0061

6 Übt gemeinsam innerhalb eurer Gruppe die Präsentation eures Plakats. Am Ende kann jedes Gruppenmitglied sein Plakat vorstellen.

Mögliche Themen:

- Die Gründung Roms (S. 150–153)
- Das römische Imperium (S. 154–157)
- Römische Provinzen (S. 158–161)
- Caesar und die Römische Republik (S. 162–165)
- Die römische Kaiserzeit (S. 166–169)

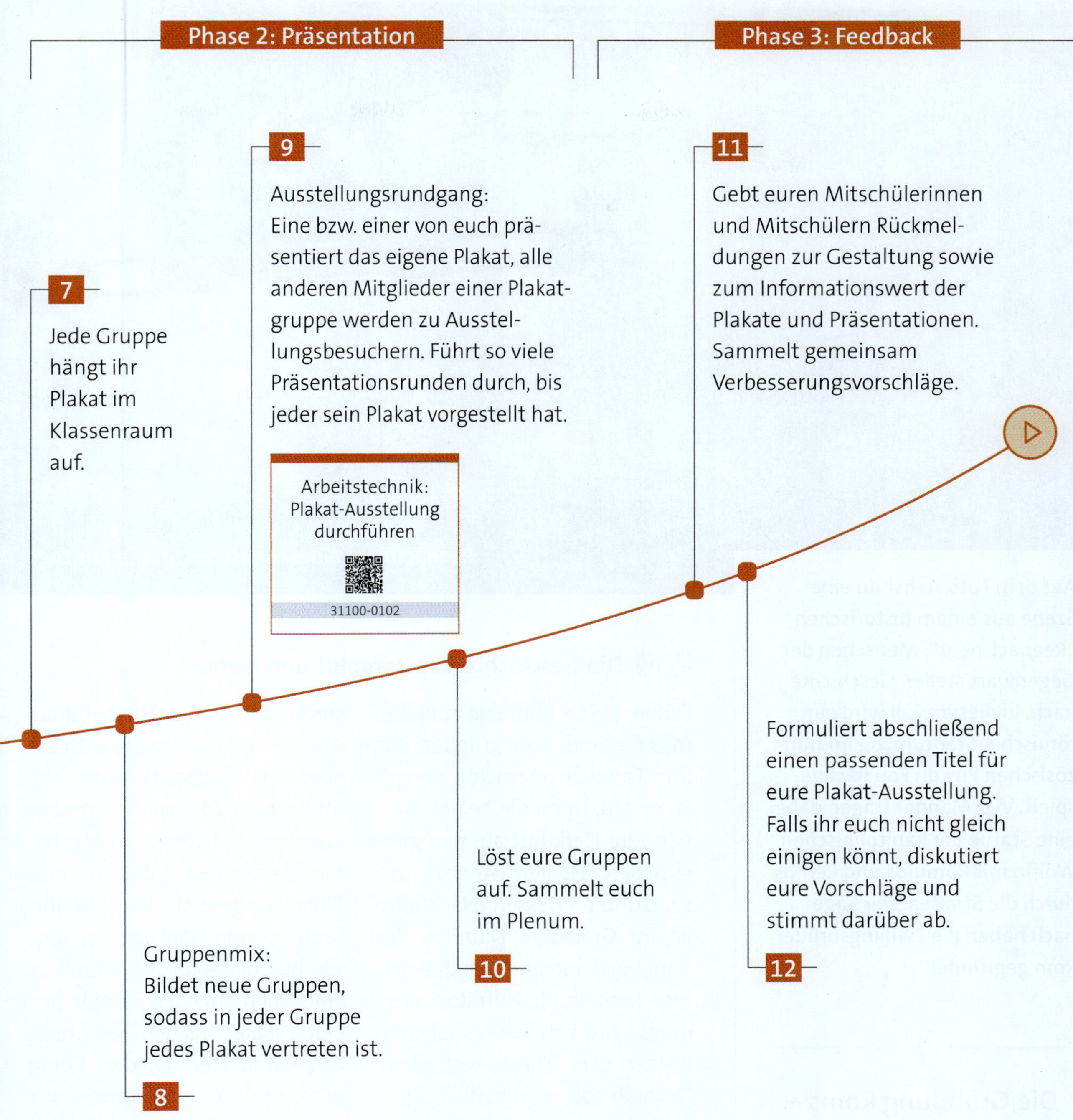

- Leben in Rom (S. 170–173)
- Christianisierung (S. 174–177)
- Die Römer bei uns (S. 178–181)
- Das Ende des weströmischen Reichs (S. 182–185)

5.1 Die Gründung Roms

Reenactment eines römischen Straßenumzugs

Auf dem Foto siehst du eine Szene aus einem historischen „Reenactment“: Menschen der Gegenwart stellen Geschichte nach. In diesem Fall wird ein römischer Stadtumzug im französischen Puy du Fou nachgespielt. Vier Männer tragen dabei eine Statue der kapitolinischen Wölfin mit Romulus und Remus durch die Straßen. Der Sage nach haben die Zwillingsbrüder Rom gegründet.

?

Die Gründung Roms – ... oder ...?

1. Diskutiere: Für wie glaubwürdig hältst du die Sage von Romulus und Remus?

2. Ergänze entsprechend die Leitfrage.

VT1 Die Geschichte von Romulus und Remus

Schon bevor Romulus und Remus die Stadt Rom gründen, hat ihre Familiengeschichte einiges zu bieten. Denn die beiden können ihre Herkunft auf den griechischen Helden Aeneas zurückführen. Dessen Nachfahre ist ihr Großvater Numitor, der König in der Region um das spätere Rom wird. Numitor allerdings wird von seinem eigenen Bruder vom Thron vertrieben. Deshalb soll es eigentlich auch Romulus und Remus nicht geben. Ihre Mutter, Rhea Silvia, wird daher in ein Kloster gesteckt und darf nicht heiraten. Auf einem Spaziergang trifft sie aber den Kriegsgott Mars – ja, und einige Zeit später werden Romulus und Remus doch geboren. Sie werden auf dem Fluss Tiber ausgesetzt. Eine Wölfin findet sie am Ufer und versorgt sie, bis die beide Aufnahme in einer menschlichen Familie finden. Später rächen sie ihren Großvater, der wieder König wird, und gründen Rom – wie genau, erfahrt ihr auf den nächsten Seiten.

Dein Weg durch das Kapitel

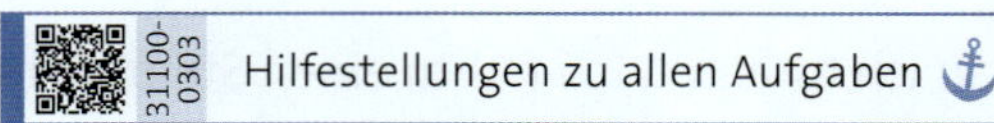

1. Erkläre, warum die Römerinnen und Römer so stolz auf ihre Gründungssage waren (**VT1**, **M1**).
2. Bewerte die Gründungssage aus deiner Sicht.

→ S. 201

3. Begründe, warum Rom genau an diesem Ort gegründet wurde. Sammle die Gründe dafür in einer Mindmap (**VT2**, **M2**, **M4**).
4. Beschreibe die Entwicklung Roms zwischen 900 v. Chr. und der Zeit Alexanders des Großen (ca. 350 v. Chr.). Entwickle dazu eine gezeichnete Bilderfolge (**VT2**, **M3**, **M5**).
5. Erläutert euch gegenseitig eure Zeichnungen und stellt Vermutungen an, wie es sich in „eurem" Rom lebte.
6. Arbeite die Merkmale von Sagen aus dem Lexikonbeitrag heraus. Sammle die Merkmale in Listenform (**M6**).
7. Weise mithilfe von **M1**, **M5** und **VT1** nach, dass es sich bei der Gründungssage tatsächlich um eine Sage handelt. Sind alle Merkmale erfüllt?

8. „Manche Forscher hoffen trotzdem, dass man aus Sagen etwas über die Geschichte lernen kann." (**M6**) Beurteile, ob die Forschenden zu Recht hoffen.
9. **Der Blick aufs Ganze:** Entwickle ein Klipp-Klapp, mit dem du über Fakten und Fiktion zur Stadtgründung Roms informierst.

31100-0304

Gründungssage als Hörtext

31100-0305

M1 D Die Gründungsage von Romulus und Remus

In der Sage gründen die Zwillingsbrüder Romulus und Remus die Stadt Rom. Als Babys werden sie in einem Körbchen im Tiber ausgesetzt, ans Ufer geschwemmt und von einer Wölfin gerettet. Später gründen sie dort gemeinsam eine Stadt. Die ist allerdings nur nach Romulus benannt, weil er sich in einem Auswahlverfahren durchgesetzt hat. Wie es nach der Namensgebung weitergeht, lest ihr hier in einer modernen Fassung:

„Los, Männer!", rief ich. „Wir bauen eine Mauer, eine Mauer um MEINE Stadt." Ich besorgte mir einen Pflug und einen Ochsen und zog eine Furche, die die Grenze der ganzen Stadt markieren sollte. In den folgenden Tagen beschafften wir uns Steine und Mörtel und fingen an zu bauen. Die Arbeiten zogen sich hin, die Mauer wuchs nur langsam, wir hatten zu wenig Baumaterial, waren zu wenige Männer. Und dann geschah es. Remus hatte seine Enttäuschung die ganze Zeit heruntergeschluckt, doch an diesem Abend platzte es aus ihm heraus. „Wollen wir doch mal sehen, was diese lächerliche Mauer taugt", rief er plötzlich und sprang direkt neben mir über die gerade mal kniehohe Mauer. „Gar nichts taugt sie!", rief er triumphierend und grinste mich hämisch an. „Was für eine lächerliche Stadtmauer ist das denn? Jeder Idiot kann über sie hinüberspringen." In diesem Moment sah ich total rot. Ich nahm einen Stein, der vor mir auf dem Boden lag, und schleuderte ihn in Richtung Remus. Ich traf meinen Bruder direkt an der Stirn. Er brach zusammen und war augenblicklich tot. „So soll es jedem ergehen", schrie ich wie von Sinnen, „der es wagt, über meine Stadtmauer zu springen!".

Nach: Frank Schwieger, Ich, Caesar, und die Bande vom Kapitol

VT2 Rom wird besiedelt

Wer um 900 v. Chr. in die kleine Siedlung Rom kam, konnte nicht ahnen, dass dies die künftige Hauptstadt eines Weltreichs werden sollte. Auf den Hügeln Palatin und Kapitol standen ein paar Hütten und im feuchten Tal lag ein Friedhof. Etwa ein bis zwei Jahrhunderte zuvor waren Völkergruppen in das heutige Italien gezogen. Dort, wo der Fluss Tiber an einer seichten Stelle (Furt) leicht überquert werden konnte und der Boden fruchtbar war, hatten sich Bauern und Hirten angesiedelt. Die Stelle war strategisch günstig, weil sie sich durch ihre Hügellage leicht verteidigen ließ und mit dem Tiber eine direkte Verbindung zum Meer besaß. Um 700 v. Chr. schützte schon eine Mauer aus Lehmziegeln die kleine Stadt. Tempel, Häuser aus Stein und die erste Kanalisation wurden errichtet. Rom wuchs zu einem Stadtstaat nach griechischem Vorbild heran.

M2 D Rom um 900 v. Chr.

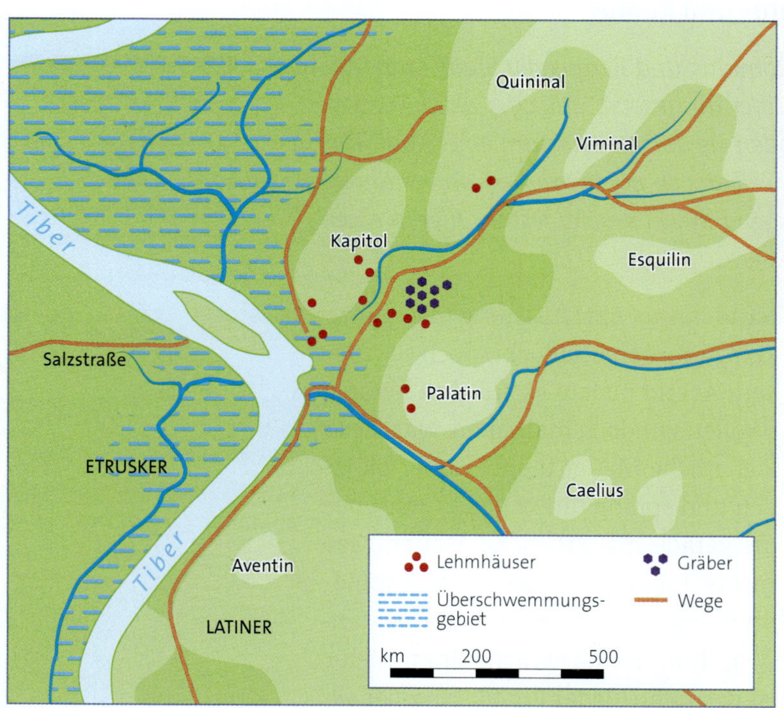

Rom wird auch die Stadt auf den sieben Hügeln genannt. Auf dem Kapitol bauten die Römer die erste Befestigungsanlage.

M3 D Die Anfänge Roms

Diese Nachbildung der ersten Siedlung auf dem Gebiet des späteren Roms wurde nach archäologischen Ausgrabungen angefertigt.

M4 D Die besondere geografische Lage Roms

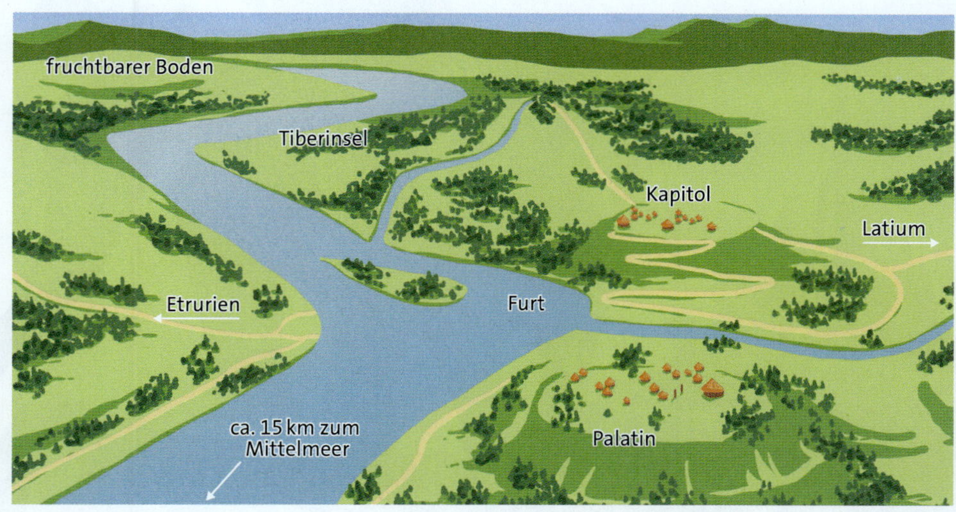

Die moderne Zeichnung zeigt und beschreibt den Ort, an dem Rom gegründet wurde.

M5 D Die Römer und ihre Sage

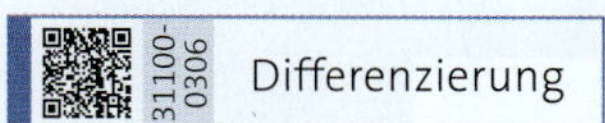

Auch Ernst H. Gombrich berichtet in seiner „Weltgeschichte für junge Leser" über die Stadtgründung und die Sage, die die Römer und Römerinnen sich erzählten:

Zur Zeit Alexanders des Großen war das Römische Reich noch ein kleiner Landfleck in der Mitte Italiens. Rom war eine kleine, winkelige Stadt mit festen Mauern, Roms Bewohner aber ein stolzes Volk. Sie erzählten viel und gern von ihrer großen Geschichte und glaubten an ihre große Zukunft. Ihre Geschichte ließen sie womöglich bei den alten Trojanern anfangen. Ein geflohener Trojaner, Aeneas, so erzählten sie gerne, sei nach Italien gekommen. Seine Nachkommen seien das Zwillingspaar Romulus und Remus gewesen, das den Kriegsgott Mars zum Vater gehabt habe und das von einer richtigen wilden Wölfin im Wald gesäugt und aufgezogen worden sei.

Nach: Ernst H. Gombrich, Eine kurze Weltgeschichte für junge Leser

M6 D Was ist eine Sage?

Das Online-Lexikon „Klexikon" erklärt, was eine Sage ist:

Eine Sage ist etwas, was gesagt wird, eine Erzählung. Es geht meist um Menschen, Orte oder Ereignisse, die es wirklich gegeben hat. [...] Allerdings ist sehr vieles in Sagen [...] erfunden. Wahrheit und Erfindung sind vermischt. Außerdem kommen in Sagen oft auch Geister, Elfen, Zauberer oder Götter vor. [...] Manche Forscher hoffen trotzdem, dass man aus Sagen etwas über die Geschichte lernen kann. Aber Sagen haben die Leute lange Zeit immer nur erzählt und nicht aufgeschrieben. Deshalb kann sich die Sage bis zum ersten Aufschreiben stark verändert haben. [...]

Klexikon, Sage

5.2 Das römische Imperium

Alpenüberquerung Hannibals mit Kriegselefanten

So stellt sich eine Zeichnerin im 21. Jh. die Alpenüberquerung von Hannibal Barkas aus Karthago mit seinen Kriegern und Elefanten vor, als er gegen die andere damalige Großmacht Rom zog. Aber konnte er gewinnen? Oder würde Rom sich durchsetzen? Wie groß kann und sollte ein Staat werden? Und ... kann Krieg ein Reich begründen?

?

Aufstieg zur Weltmacht – ...?

1. Beschreibe das Einstiegsbild und die Karte. Warum kam es zu Kriegen zwischen Rom und Karthago?

2. Ergänze die Leitfrage.

M1 D Gegensätze?

Diese Karte des westlichen Mittelmeers zeigt die Einflussbereiche von Rom und Karthago im 3. Jh. v. Chr. Beide Städte versuchten, diese immer mehr zu vergrößern und noch mächtiger zu werden.

Dein Weg durch das Kapitel

 Hilfestellungen zu allen Aufgaben 

1. **Fasse** den Verlauf des „zweiten punischen Krieges“ zwischen Rom und Karthago mit eigenen Worten **zusammen** (**M2–M4**, **VT1**).
2. Stelle dir vor, du bist ein Römer und hast noch nie Elefanten gesehen, die dir 216 v. Chr. in der Schlacht von Cannae aber plötzlich gegenübergestanden haben. Beschreibe nach der Schlacht, die du knapp überlebt hast, einem Freund deine Eindrücke.

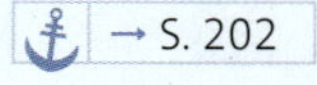
→ S. 202

3. Stelle dir dann vor, du bist in der Stadt Rom und bekommst die Berichte aus Cannae. Dort regiert ein Senat, und du sollst nun entscheiden, wie es weitergehen soll. Schreibe eine Rede und begründe, wie du weiter vorgehen möchtest.
4. Stelle dir vor, du bist Einwohner von Sagunt während des zweiten punischen Krieges (**M1**) und lebst vom Handel auf dem Mittelmeer. Was wünschst du dir und wer soll gewinnen?

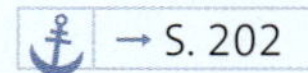
→ S. 202

5. Manche Historiker sagen, Rom sei nur durch die punischen Kriege so groß geworden. Bewerte, ob es andere Möglichkeiten gegeben hätte (und wenn ja, welche).
6. **Der Blick aufs Ganze:** Führt eine abschließende Pro-Kontra-Diskussion: Roms Aufstieg zur Weltmacht – nur durch Krieg?

OPERATOR Zusammenfassen

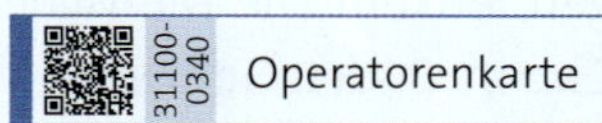

› 1. Schritt: Informationen suchen

1. Lies dir den Arbeitsauftrag durch: Welchen Inhalt soll dein Text zusammenfassen?
2. Sieh dir das gegebene Material genau an und notiere die Informationen, die du brauchst, um den Inhalt kurz und knapp wiederzugeben. Stichpunkte reichen aus.

› 2. Schritt: Text formulieren

1. Notiere zunächst in einem Satz, auf welchen Inhalt sich dein Text bezieht.
2. Gib die wichtigsten Informationen in eigenen Worten wieder. Achte dabei darauf, dass du den Sinn der Aussagen aus dem Material nicht veränderst. Beschränke dich auf die wesentlichen Inhalte und schildere keine Einzelheiten.

M2 D Hannibals Zug über die Alpen

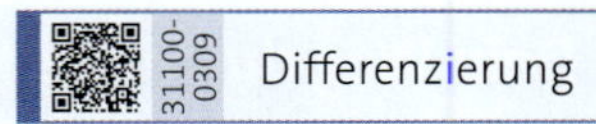

Hannibals Zug über die Alpen als Hörtext

31100-0308

Eine moderne historische Zeitschrift berichtet über den Karthager Hannibal:

Im Jahr 218 vor Christus kommt es – mal wieder – zum Krieg der Großmächte Rom und Karthago. Dessen Heerführer Hannibal überrascht den Feind: Auf seinem halsbrecherischen Feldzug überquert er die Alpen und marschiert durch Italien, mit einer riesigen Armee und einer den Römern bis dahin kaum bekannten Waffe: Elefanten! Es ist ein Anblick zum Fürchten: Riesige Geschöpfe trampeln über den engen Pfad. Zweieinhalb Meter hoch, mit enormen Ohren und einem Schwanz, der ihnen aus dem Gesicht wächst.

Mit gekrümmten Hauern räumen sie Felsbrocken mühelos aus dem Weg. Und auf ihren Köpfen sitzen Männer, die die Ungeheuer mit eisernen Stangen lenken! Die Menschen, die 218 v. Chr. im Süden Galliens – also im heutigen Frankreich – leben, haben nie zuvor Elefanten gesehen. Ungläubig bestaunen sie die Armee des fremden Feldherrn. Sein Name? Hannibal Barkas, Karthager und genialer Stratege. Sein Ziel? Italien, wo er gegen die Römer kämpfen will.

37 Elefanten hat Hannibal in seinem Heer, geschätzte 8000 Reiter auf Pferden und 38 000 Fußsoldaten, die in ihren Rüstungen bergan steigen. Fünf Monate zuvor ist die mächtige Armee in Spanien aufgebrochen. Sie hat die Gipfel der Pyrenäen überwunden, Südfrankreich durchquert und die reißenden Fluten der Rhône durchschritten. Jetzt steuert das Heer direkt auf die Alpen zu, Europas höchstes Gebirge. Ein gigantisches Hindernis! [...] „Die Alpen sind ein hohes Gebirge, aber nirgends reichen die Berge bis zum Himmel und sind für den Menschen unüberschreitbar." Mit diesen Worten ermutigt [Hannibal] seine Männer, bevor er sie ins Gebirge führt. Die 15-tägige Alpenüberquerung wird für die Karthager zur Qual. Sie leiden an der dünnen Höhenluft, an der Kälte, am Wind und am Schnee. Sie frieren sich Finger und Zehen ab. Sie stürzen auf eisigem Grund, brechen sich Arme und Beine – viele Unglückliche rutschen haltlos in die Tiefe, manchmal samt ihren Pferden. Doch Hannibal marschiert weiter, und trotz aller Gefahren halten ihm seine Soldaten die Treue. Denn ihr Feldherr ist zu sich selbst genauso hart wie zu seinen Männern. So schreibt Titus Livius: „Viele haben ihn gesehen, wie er zum Schlafen zwischen Wachen auf der Erde lag, nur mit einem Soldatenmantel zugedeckt."

Als Hannibal und seine Armee die norditalienische Po-Ebene erreichen, haben sie eine der beeindruckendsten Leistungen der Antike vollbracht – und alle 37 Elefanten haben die strapaziöse Tour überlebt! Der Feldherr zieht mit seinen Truppen durch Italien und gewinnt eine Schlacht nach der anderen.

Nach: Tom Dauer, Hannibal – der Mann, der beinahe Rom besiegte

M3 D Wie kam Hannibal über die Alpen?

Wie schaffte es Hannibal, mit 37 Elefanten von Karthago über die Alpen zu ziehen? Welche Schwierigkeiten gab es dabei zu überwinden und welche besonderen Bedürfnisse hatten die Elefanten, um zu überleben? Das Video berichtet davon.

VT1 Das Ende des Zweiten Punischen Kriegs

In Rom fürchtete man sich sehr vor Hannibal, nachdem er viele Schlachten gewonnen hatte. Darunter war 216 v. Chr. eine vernichtende Niederlage der Römer bei Cannae. Schließlich brach Scipio, den man aufgrund seiner Siege dort später „africanus" nannte, mit Truppen über das Mittelmeer nach Karthago auf. Er wollte Hannibal so zur Rückkehr in die Heimat zwingen und Rom schützen. In einer entscheidenden Schlacht in Nordafrika konnte er Hannibal schließlich besiegen. Karthago war entscheidend geschwächt, wurde in einem weiteren Krieg später ganz zerstört und Roms weiterer Aufstieg zur Macht am Mittelmeer war gesichert.

M4 D Der römische Feldherr Scipio besiegt schließlich Hannibal

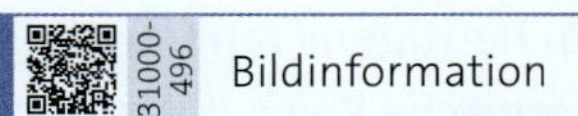

Das Aufeinandertreffen der beiden Feldherren Scipio und Hannibal wurde schon in der Antike als Schlüsselereignis angesehen und hat seither zahlreiche Künstler inspiriert. So stellte es sich Bernardino Cesare vor (Bild von 1616–1618). Die in Italien ausgegrabene Büste soll Hannibal zeigen.

5.3 Römische Provinzen

Asterix (links) und Obelix (rechts), fiktive Bewohner der römischen Provinz Gallien

Gallien ist eine römische Provinz im heutigen Frankreich – das Römische Reich hatte den Rest Westeuropas bereits erobert. Wie konnte das gelingen? Wie verwaltet man ein so großes Reich ohne moderne Mittel? Muss so ein gigantisches Unternehmen nicht zwingend fehlschlagen? Und kann man immer weiter Krieg führen, um die Grenzen zu sichern?

?

Das römische Imperium als Großmacht – ...?

1. Beschreibe, wie Asterix, Obelix und Caesar und ihr Verhältnis zueinander dargestellt werden.
2. Ergänze die Leitfrage.

M1 D **Caesar**

Die Geschichten um Asterix und Obelix beginnen stets mit den Sätzen: „Ganz Gallien ist von den Römern besetzt. Ganz Gallien? Nein! Ein von unbeugsamen Galliern bevölkertes Dorf hört nicht auf, dem Eindringling Widerstand zu leisten." Asterix' Gegner ist Rom – vertreten durch den Feldherrn Caesar, der so dargestellt wird (und den du als historische Person auf S. 162–165 noch genauer kennenlernen wirst):

Dein Weg durch das Kapitel

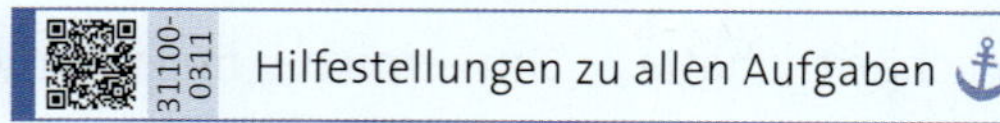

1. Suche aus einem modernen Atlas heraus, welche heutigen Länder die römischen Provinzen im 1. Jh. v. Chr. umfassten (**VT1**, **M3**). → S. 202
2. Beschreibe das Verhalten des römischen Statthalters Verres (**M2**).
3. Schreibe einen Brief aus der Perspektive eines Provinzbewohners nach Rom, der sich begründet über das Verhalten eines Statthalters beschwert.
4. Arbeite aus **M5** heraus, wie Diodor und Vergil den römischen Herrschaftsanspruch jeweils rechtfertigen.
5. Beurteile, wessen Urteil deiner Meinung nach am ehesten zutrifft. Berücksichtige auch die Herkunft der beiden Autoren (**M5**, **M6**). → S. 202
6. Erläutere, warum die vermutliche römische Kampftaktik so erfolgreich gewesen ist (**M4**).
7. **Der Blick aufs Ganze:** Führt nach allem, was ihr auf diesen Seiten gelernt habt, eine Meinungsumfrage in der Klasse durch: Das römische Imperium – nur Ausbeutung und Krieg? Diskutiert das Ergebnis eurer Erhebung.

VT1 Rom nach den Punischen Kriegen

Nachdem Hannibal besiegt war, gab es im zweiten Jahrhundert noch einen weiteren, eher kurzen Krieg, in dem Karthago endgültig von den Römern zerstört wurde. Auch andere Gegner Roms aus Mittel- und Westeuropa sowie Nordafrika wurden in diesem Zeitraum erobert und ins Römische Reich integriert.

Damit diese großen Gebiete in einer Zeit ohne moderne technische Hilfsmittel verwaltet werden konnten, wurden lange und gut ausgebaute Straßen zwischen ihnen und der großen Stadt angelegt – deshalb führen im Sprichwort noch heute alle Wege nach Rom. Außerdem wurden die Gebiete in sogenannte Provinzen aufgeteilt, die ein direkt aus Rom entsandter Statthalter verwaltete. Viele Kriege wurden durch römische Truppen geführt, um die weiten Grenzen zu sichern.

M2 Q Ein typischer Statthalter

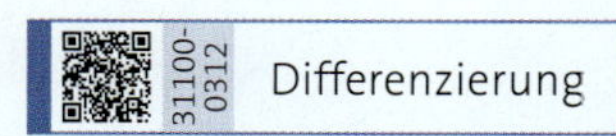

Der römische Redner und Politiker Cicero (106–43 v. Chr.) beschreibt, wie ein gewisser Verres im 1. Jh. v. Chr. als Statthalter in der römischen Provinz Sizilien geherrscht haben soll:

Ich behaupte, in ganz Sizilien, einer so reichen, so alten Provinz, mit ihren zahlreichen Städten, mit ihren zahllosen wohlhabenden Häusern gab es kein silbernes Gefäß, kein Geschirr aus Korinth oder Delos, keinen kostbaren Stein und keine Perle, keine einzige Statue aus Bronze, Marmor oder Elfenbein, die Verres nicht aufgestöbert, besichtigt und, wenn es ihm gefiel, weggeschafft hätte. Um mich noch deutlicher auszudrücken: Nichts in Sizilien hat er unangetastet gelassen, nichts in irgendeinem Privathaus, nichts auf öffentlichen Plätzen, selbst nicht in Heiligtümern.

Cicero, Reden gegen Verres 2, 4, 1

METHODE Textquellen auswerten

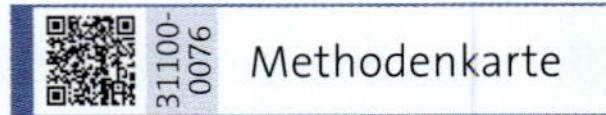

1. Schritt: Beschreiben

1. Lies den Text aufmerksam durch und kläre Formulierungen oder Wörter, die du nicht verstehst.
2. Fasse in eigenen Worten zusammen, worüber Cicero spricht.

2. Schritt: Untersuchen

1. Gib an, wann Cicero den Text geschrieben hat.
2. Was möchte Cicero mit diesem Text erreichen?

3. Schritt: Deuten

1. Beurteile, inwiefern die Aussagen Ciceros glaubwürdig sind.
2. Fasse die wichtigsten Erkenntnisse zusammen.

M3 D Roms Einflussgebiet im 1. Jh. v. Chr.

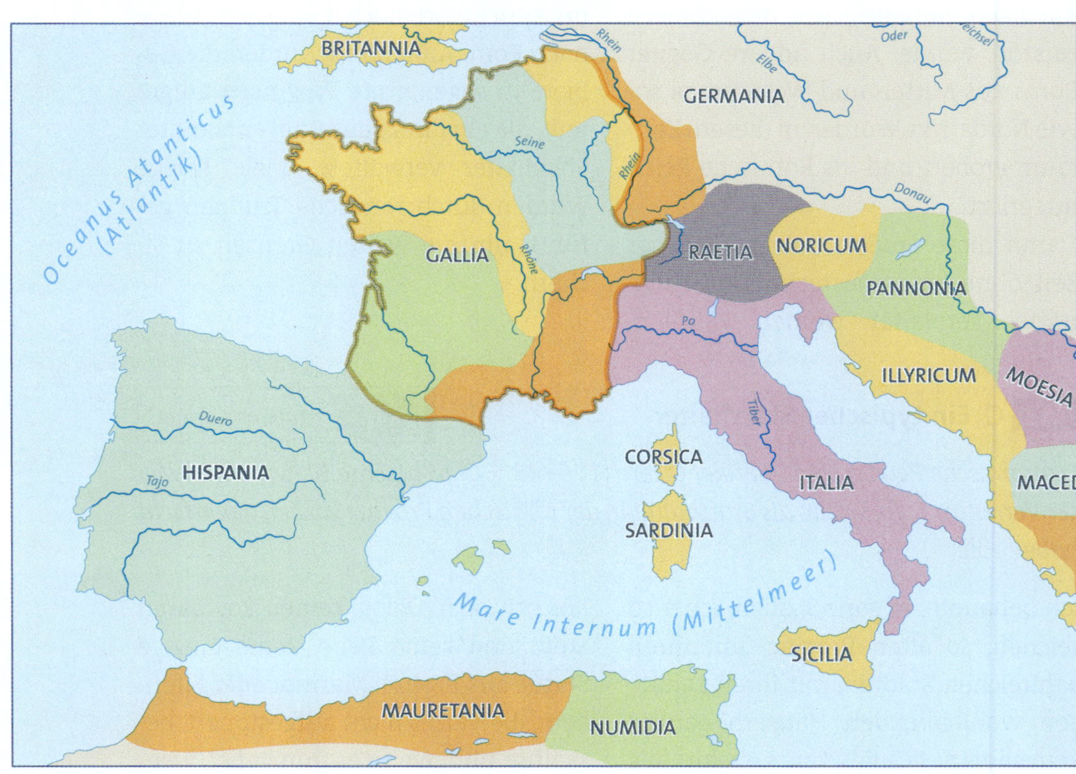

M4 D Römische Truppen

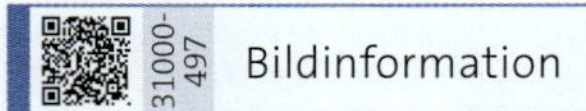

Das römische Reich fasziniert die Menschen bis heute.
Aus archäologischen Funden wurde 2019 eine sogenannte „Legion" römischer Soldaten rekonstruiert. Ihre Schlachtformation könnte so ausgesehen haben.

M5 Q Zwei Meinungen über Roms Herrschaft

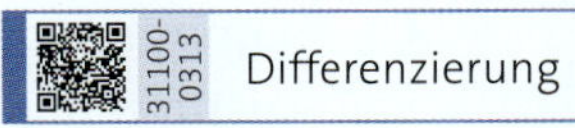

a) *Der aus Sizilien stammende griechische Geschichtsschreiber Diodor (80–29 v. Chr.) schreibt:*

Die Römer errichteten ihre Weltherrschaft durch die Tapferkeit ihrer Heere und brachten sie zur größten Ausdehnung durch die überaus anständige Behandlung der Unterworfenen [...]. Als die Römer aber nahezu die ganze bewohnte Erde beherrschten, da begannen sie, ihre Herrschaft durch Terror und die Vernichtung der ansehnlichsten Städte zu sichern.

Diodor, Diodori Siculi Bibliotheca historica

b) *Der römische Dichter Vergil schreibt um 20 v. Chr. über die Aufgabe der Römer:*

Du, Römer, lenke durch deine Herrschaft die Völker! Bedenke, das kannst du am besten: gesitteten Frieden stiften, die Unterworfenen schonen und die Hochmütigen bezwingen.

Vergil, Aeneis 6

M6 D Die Verwaltung der römischen Provinzen

Im Video erfährst du, wie es möglich war, das Römische Reich zu beherrschen.

5.4 Caesar und die Römische Republik

Szene aus dem Monumentalfilm „Cleopatra" mit Elizabeth Taylor und Rex Harrison (1963)

Der Römer Caesar hatte eine Beziehung mit der ägyptischen Pharaonin Kleopatra, ebenso auch sein Adoptivsohn Marcus Antonius. Hoffte Kleopatra, so ihr Reich gegen das mächtige Rom zu sichern, oder war es jeweils Liebe? Oder beides? Und: Wie konnten einzelne Personen im Römischen Reich so mächtig werden?

?

Caesar und die Römische Republik – alleine herrschen oder ...?

1. Nenne mindestens drei Gegensätze der Person Caesars und beurteile, warum er für viele Menschen eine faszinierende Figur darstellt.
2. Ergänze die Leitfrage.

VT1 Wer beherrscht Rom?

„Omnium consensu": „Mit der Zustimmung aller". 44 v. Chr. nahm Gaius Julius Caesar (100–44 v. Chr., Bild) kurz vor seinem Tod den Titel eines „Diktators auf Lebenszeit" an und wurde de facto erst Alleinherrscher in Rom – und wenig später ermordet. Das Zitat zeigt aber gleichzeitig, dass es ihm zumindest äußerlich um Frieden ging, nicht um Bürgerkrieg – den er aber 49 v. Chr. begonnen hatte, als er mit seinen Truppen den Grenzfluss Rubicon in Richtung Rom überschritt. Diese hatten vorher allerdings die Grenzen Roms erfolgreich gesichert und das Reich damit gerettet. Wie keine andere Person steht Caesar für die Römische Republik – und für ihr Ende, indem er systematisch seine Gegner entmachtete, ohne aber formal Alleinherrscher zu sein.

Marmorbüste von Gaius Julius Caesar
1. Jh. v. Chr.

Dein Weg durch das Kapitel

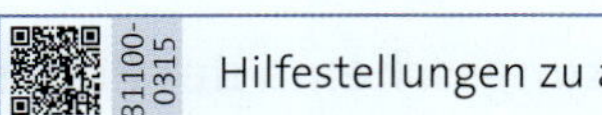

1. Stelle den „cursus honorum“ als Flussdiagramm dar (**VT2**). → S. 202
2. Beschreibe den Aufbau der Römischen Republik (**M1**).
3. Caesar wurde Diktator. Ordne diese Position im Verfassungsschema ein (**VT1**, **M1**).
4. Beurteile, inwieweit Caesar mit der „Diktatur auf Lebenszeit“ die Römische Republik abschaffte.
5. Einen Großteil seines Ruhms errang Caesar durch Kriege. Überlege, warum er davon so ausführlich schriftlich berichtet (**M2**, **M3**).
6. Analysiere, wie Caesar sich selbst als Feldherr darstellt (**M3**).
7. Beschreibe, nach welchen Kriterien Caesar laut Plutarch den Herrschaftsstreit in Ägypten löst (**M4**). → S. 202
8. Beurteile, inwieweit diese Darstellung Plutarchs Caesar und Kleopatra als Personen jeweils ab- oder aufwertet.
9. Nimm Stellung, warum Caesar und Kleopatra heute noch viele Menschen so faszinieren (**Einstiegsbild**, **M5**).
10. **Der Blick aufs Ganze:** Schreibe aus Sicht eines zeitgenössischen Römers eine kurze Biographie, in der du Caesar entweder als Retter oder als Totengräber der Republik darstellst.

VT2 Wie Rom regiert wurde

Rom wurde um das Jahr 500 v. Chr. herum eine Republik, die Römer verstanden ihr Staatswesen als gemeinsame, öffentliche Angelegenheit, als „res publica“. Es sollte gerade nicht um Privatinteressen gehen, und wer entscheiden wollte, musste einen „cursus honorum“ durchlaufen.

Nach dem Militärdienst konnte ein Mann in die unteren Ebenen der Administration wechseln und erst danach bei Erfolg einer von 20 Quästoren werden. Volkstribun oder Ädil waren die nächsten Schritte, die man allerdings auch überspringen konnte. In jedem Fall musste die Person aber Prätor werden, bevor sie schließlich einer von zwei Konsuln sein konnte. Jedes Amt bekleidete ein Mann nur ein Jahr. Nach dem Durchlaufen des „cursus honorum“ wurde er fast immer Mitglied im Senat.

Die Aufgaben verteilten sich, wie es das Schaubild zeigt.

M1 D Verfassungsschema der Römischen Republik

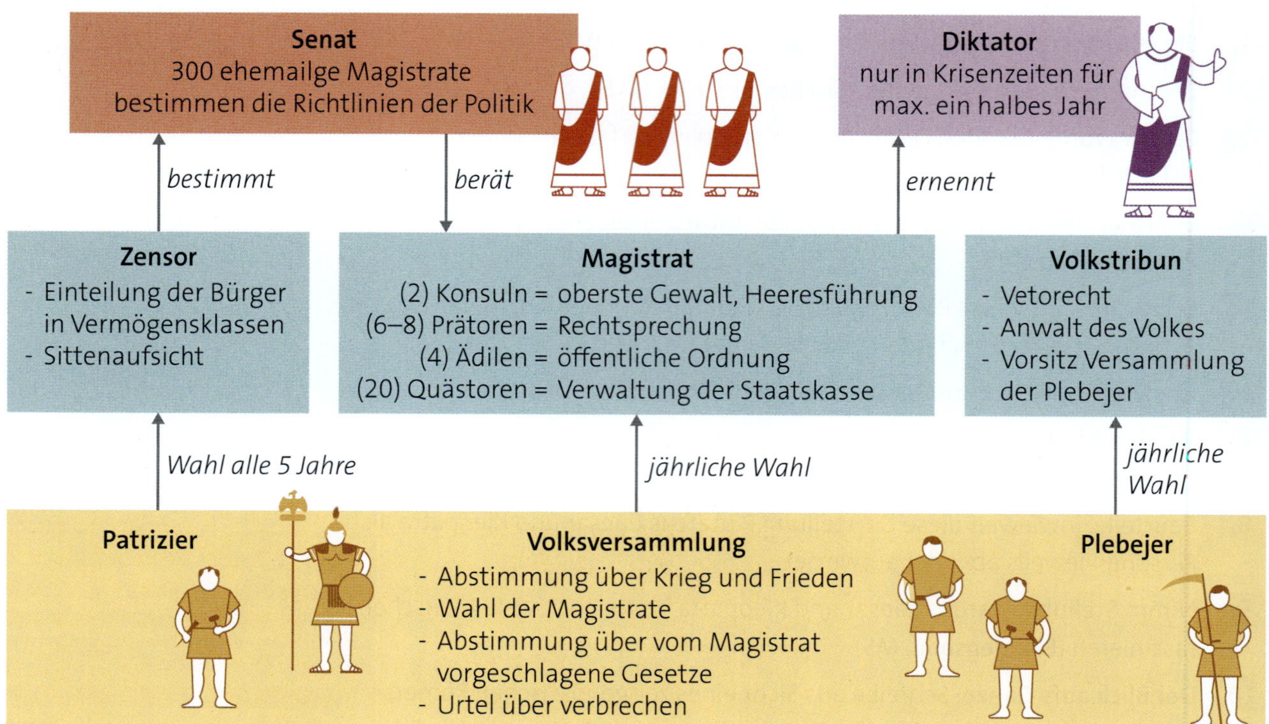

M2 D Biographie Caesars

Wer war Caesar? Wie kam er an die Macht und warum wurde er schließlich ermordet? Das Video zeigt dir kurz die wichtigsten Stationen im Leben von Gaius Julius Caesar.

M3 Q Grenzsicherungen durch Caesar

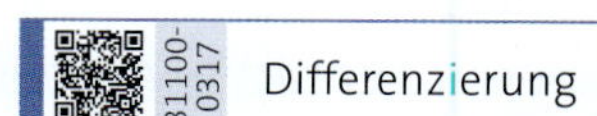

Immer wieder wurde das Römische Reich an seinen Grenzen angegriffen. Schon aufgrund seiner riesigen Größe und der daraus folgenden Länge der Grenzen war die Verteidigung sehr schwierig. Im 1. Jh. v. Chr. wurde Gaius Julius Caesar beauftragt, gegen die „Gallier" vorzugehen, die weitgehend auf dem Gebiet des heutigen Frankreichs und Belgiens siedelten. Er verfasste einen Bericht namens „De Bello Gallico" („Über den Gallischen Krieg"), in dem er von einer Schlacht berichtet:

Caesar führte, von Titurius[1] benachrichtigt, seine ganze Reiterei und die leichtbewaffneten Numider[2], dazu die Schleuderer und Bogenschützen über die Brücke und eilte zum Feind. Am Fluss wurde heiß gekämpft. Unsere Männer griffen die Feinde, die im Fluss behindert waren, an und töteten viele von ihnen; die übrigen, die über deren Leichen hinweg mit größter

[1] einem seiner untergebenen Offiziere
[2] ein Volksstamm – hier: Fußsoldaten

Kühnheit übersetzen wollten, trieben sie mit einem Geschosshagel zurück, und die ersten, die herüberkamen, wurden von unserer Reiterei umzingelt und niedergemacht. Als die Feinde sich in der Hoffnung, die Stadt erobern und den Fluss überschreiten zu können, getäuscht sahen und erkannten, dass unsere Leute keineswegs auf ein ungünstiges Gelände zum Kampf vorrückten, und als ihnen zudem das Getreide ausging, hielten sie Kriegsrat und kamen zum Schluss, es sei am besten, alle gingen nach Hause zurück und kämen dem Stamm, in dessen Gebiet die Römer zuerst einfielen, von allen Seiten zu Hilfe. Sie wollten lieber auf eigenem als auf fremdem Gebiet kämpfen und die heimischen Getreidevorräte ausnützen.

Caesar, De Bello Gallico

M4 Q Eine Begegnung mit Folgen

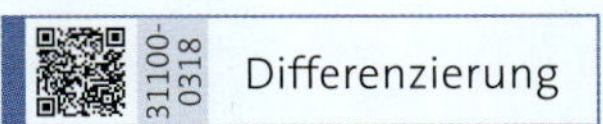

Caesar führte auch einen Krieg in Ägypten. Der griechische Schriftsteller Plutarch notiert etwa ein Jahrhundert danach, wie sich einige Ereignisse des Jahres 48 v. Chr. damals erzählt wurden: Die ägyptischen Geschwister Ptolemäus und Kleopatra streiten um den Thron, es kommt zum Bürgerkrieg. Caesar setzt mit seinen Truppen über, um die Region wieder zu befrieden. Er möchte mit beiden Parteien in der Stadt Alexandria verhandeln, doch Ptolemäus' Erzieher Potheinos plant ein Attentat auf Caesar und verhindert zusätzlich Kleopatras Anreise. Diese soll das Problem so gelöst haben:

Also nahm Kleopatra von ihren Freunden nur Apollodorus den Sizilianer mit, schiffte sich mit einer kleinen Jolle ein und landete am Palast [Caesars], als es bereits dunkel wurde. Da es unmöglich war, auf anderem Wege unentdeckt zu bleiben, ließ sie sich in voller Länge in einen Bettsack einwickeln, den Apollodorus dann sicher verschnürte und zu Caesar in den Palast brachte. Es war diese Idee Kleopatras, so wird gesagt, die Caesar zuerst für sie gefangen nahm. Danach zeigte sie sich ihm zusätzlich als elegante Gesprächspartnerin und gefällige Unterhalterin, was ihn noch mehr für sie einnahm. In der Folge bot er ihr an, gemeinsam mit ihm über Ägypten zu herrschen und setzte sie über ihren Bruder. [...] Später überließ er den ägyptischen Thron Kleopatra, die wenig später Mutter seines Sohnes wurde, der von den Ägyptern Caesarion genannt wurde, und zog selbst in die Provinz Syria weiter.

Plutarch, Doppelbiographien 49

M5 D Modernere Darstellung von Caesar und Kleopatra

Szene aus der Moskauer Aufführung des Balletts „Cleopatra" mit Olesya Roslanova und Mikhail Evgenov (2023).

5.5 Die römische Kaiserzeit

Statue des Augustus in Primaporta im Norden von Rom

Diese Statue wurde in der Zeit der Herrschaft des Kaisers Augustus (27 v. Chr–14 n. Chr.) aufgestellt. Sie zeigt ihn mit einer Brustpanzerung, die im Original eine helle, goldähnliche Farbe aufwies. Dort abgebildete römische Gottheiten beschreiben den Aufgang der Sonne als Zeichen für eine neue, bessere Zeit.

?

Die Kaiserzeit – eine ... Ära ...?

1. Beschreibe die Körperhaltung der Figur des Augustus und ihre Wirkung auf dich.
2. Stelle Vermutungen an, wie die Figur und deren Symbole möglicherweise auf die Römer gewirkt hat.
3. Werte **VT1** und **M1** aus und ergänze die Leitfrage.

VT1 Augustus

Nach dem Tod Caesars siegte sein Verwandter Oktavian in den blutigen Machtkämpfen in Rom. Er erhielt den Ehrennamen Augustus, d. h. der „Erhabene“ und regierte als Alleinherrscher. Mit Augustus begann die Kaiserzeit in Rom, die mehr als 250 Jahre ohne schwerwiegende Krisen dauerte. In dieser Kaiserzeit war jedoch jeder vierte bis fünfte Einwohner des römischen Reichs in Italien ein Sklave.

M1 Q Halseisen eines römischen Sklaven (4. Jh. n. Chr.)

Die eingravierte Inschrift verspricht demjenigen eine Belohnung, der den entlaufenen Träger des Halseisens zurück zu seinem Eigentümer führt.

Dein Weg durch das Kapitel

31100-0319 Hilfestellungen zu allen Aufgaben

1. Erkläre den Begriff Kaiser und das Lob des Schriftstellers Paterculus, der für viele Römerinnen und Römer sprach, für den Kaiser Augustus (**VT2**, **M2**).

→ S. 203

2. Beschreibe die römischen Bauwerke in Italien und in den Provinzen. Beachte dabei auch deren geografische Lage (**M3–M7**, **Mediencode**).
3. Beurteile die baulichen römischen Leistungen in der Kaiserzeit und leite daraus Schlüsse über den möglichen Lebensstandard nicht weniger römischer Bürgerinnen und Bürger ab.
4. Bewerte die Aussage: „Die Kaiserzeit war die Glanzzeit des römischen Reichs."
5. Erstelle eine Mindmap zu den Sklavinnen und Sklaven und ihrem Beitrag zu den Leistungen im römischen Reich (**VT3**, **M8–M10**).

→ S. 203

6. Bewerte: Die Kaiserzeit – eine goldene Ära für alle?
7. **Der Blick aufs Ganze:** Entwirf eine Skizze zu einem Denkmal, das an die Sklavinnen und Sklaven im römischen Reich erinnert.

VT2 Die römische Kaiserzeit

Kaiser Augustus bezeichnete sich zwar selbst als „Princeps", d. h. „Erster unter Gleichen" im Staat, regierte jedoch tatsächlich als Alleinherrscher. Der Name des Monats August zeugt heute noch von seiner Berühmtheit. Der Monarch schuf nach dem Jahrhundert der langen und brutalen Bürgerkriege Frieden im Inneren des Reichs, führte aber zahlreiche Kriege nach außen. Nach dem Tod des Augustus folgten viele Kaiser, wie z. B. Tiberius, Caligula, Nero, Trajan, Hadrian oder Commodus. Wie Augustus regierten sie als Alleinherrscher. Der Name „Caesar" wurde zum Beinamen bzw. Titel dieser Staatsoberhäupter. Er lebt in der Bezeichnung „Kaiser" fort.

Die fast 40 Provinzen mit ca. 60 Millionen Einwohnern wurden teils von den Kaisern selbst, teils von Senatoren als Statthalter verwaltet. Sie wurden durch großangelegte Straßen miteinander verbunden und ermöglichten einen beträchtlichen Handelsverkehr sowie die schnelle Verlegung von Truppen. Um die Bevölkerung vor Steuereintreibern zu schützen, konnten sich Bürger direkt an das Oberhaupt des Reichs wenden. Die Kaiser ließen in Rom auch Getreide kostenlos verteilen und viele Wagenrennen und Gladiatorenkämpfe veranstalten. Mit „Brot und Spielen" versuchten sie, die Bevölkerung für ihre Herrschaft zu gewinnen. Zahlreiche Einwohner – auch in den Provinzen – erhielten in der Kaiserzeit das römische Bürgerrecht, d. h. sie waren frei und konnten z. B. Eigentum besitzen und vermehren.

31100-0320 Differenzierung

M2 Q Vermächtnis des Augustus

Der römische Schriftsteller Paterculus verfasste eine Weltgeschichte der damaligen Zeit aus römischer Sicht. Er schreibt im 1. Jh. n. Chr. zu Augustus:

„Nichts können sich die Menschen von den Göttern noch weiter wünschen, nichts die Götter den Menschen noch gewähren, nichts, was der Wunsch sich vorstellen oder Glück bringen kann, was nicht Augustus nach seiner Rückkehr in die Stadt dem Staat, dem römischen Volk und der Welt gegeben hat.“

Vellius Paterculus: Römische Geschichte 2, 89

M3 D Innenhof

Innenhof eines Hauses in Pompeji in Italien. Die Stadt wurde 79 n. Chr. durch den Ausbruch des Vulkans Vesuv zerstört.

Erläuterungen zu M3 bis M7
31100-0345

M4 D Häuser in Pompeji

Gemälde im Gebäude einer Villa in Pompeji

M5 D Aquaedukt

Wasserleitung (Aquaedukt) in Pont du Gard in Südfrankreich, erbaut im 1. Jh. n. Chr.

M6 D Timgad

Ruinen der römischen Stadt Timgad im heutigen Algerien in Nordafrika, erbaut Anfang des 2. Jh. n. Chr.

M7 D Römische Straße

Reste einer römischen Straße im heutigen Syrien, erbaut im 3. Jh. n. Chr.

VT3 Aufgaben von Sklavinnen und Sklaven

Sklavinnen und Sklaven waren als Arbeiter in der Landwirtschaft, im Berg- oder Straßenbau, als Handwerker, als Diener oder Köche, aber auch manchmal als Hauslehrer sowie Ärzte, sehr selten als Gladiatoren tätig. Sie galten rechtlich nicht als Mensch, sondern als Sache. Auch ihre Kinder blieben Sklaven. Der Sklavenhalter durfte über sie bestimmen wie über seinen Besitz.

M8 Q Alltag eines Sklaven

Der aus Griechenland stammende Schriftsteller Plutarch (ca. 45–125 n. Chr.) schreibt über den Sklavenalltag im Haus des M. Porcius Cato:

Jeder seiner Sklaven musste entweder mit Arbeiten für das Gut beschäftigt sein oder er musste sich schlafen legen. Sklaven, die bei der Zubereitung oder beim Auftragen des Essens etwas falsch gemacht hatten, ließ er sofort nach dem Essen auspeitschen. Er war bemüht, Streit und Uneinigkeit zwischen den Sklaven zu schaffen. Einigkeit der Sklaven war ihm verdächtig und erzeugte bei ihm Furcht.

Plutarch, Cato 21

M9 Q Ein Sklave als Künstler

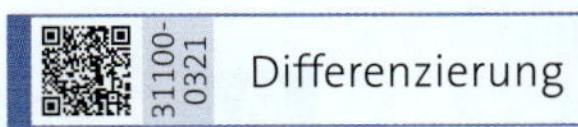

Der römische Statthalter Plinius (61–113 n. Chr.) kümmert sich um seinen Freigelassenen Zosimus:

Als Mensch ist er rechtschaffen, pflichtbewusst und gebildet. Seine Kunst – sie stand auf dem Täfelchen, das er trug, als ich ihn kaufte – besteht im Vortragen von unterhaltsamen Komödientexten. Darin ist er unschlagbar. Dann spuckte er seit einigen Jahren, wenn er längere Zeit sehr angespannt vortrug, Blut. Er wurde von mir deswegen zu einem Kuraufenthalt nach Ägypten geschickt. Erst kürzlich kam er geheilt zurück.

Plinius, Briefe 5, 19, 1–6

M10 D Sklavinnen und Sklaven im Römischen Reich

Im Video erfährst du, wie Sklavinnen und Sklaven im Römischen Reich lebten, welche Rechte sie hatten und auch, welche Tätigkeiten sie ausübten.

5.6 Leben in Rom

Blick auf Hamburg

So sieht der Blick über Hamburg und die Alster aus Richtung des Rathauses heute aus, den fast jeder erkennen würde. So war das damals auch mit Rom – das war die Metropole, die alle kannten und in der das Leben war. Aber es lebten hier nicht nur die Reichen, die bestimmten, sondern auch ärmere Menschen, sogar Sklaven, auf engstem Raum zusammen.

?

Leben in der antiken Großstadt Rom – ...?

1. Erstelle eine Mindmap, was für dich heute „Stadt" ausmacht. Berücksichtige Bilder und Texte.
2. Ergänze die Leitfrage.

M1 D Und Rom?

Das antike Zentrum Roms, das „Forum Romanum", heute.

Dein Weg durch das Kapitel

31100-0323 Hilfestellungen zu allen Aufgaben 

1. Schlüpfe in die Rolle eines Reiseführers und erkläre das antike Rom (**M3**).
2. Suche im Internet oder in Reiseführern, was von den berühmten römischen Bauwerken aus **M3** heute noch zu sehen ist.
3. Nimm Stellung, welche Bauwerke und Einrichtungen die entsprechenden Funktionen heute übernehmen. Nenne Beispiele. → S. 203
4. Erkläre, wie die Römerinnen und Römer damals zusammenlebten (**M2**, **M4**).
5. Erläutere, wie Martial und Seneca die jeweilige Unterhaltung erleben (**M5**, **M6**).
6. Versetze dich in die Lage eines Sklaven und überlege, wie dein Besitzer mit dir umgehen musste, um solche spektakulären Kämpfe bestehen zu können.
7. Beurteile aus damaliger Sicht, welche Vor- und Nachteile das Leben in der Stadt bot.
8. Bewerte aus heutiger Sicht, inwieweit sich deine Ergebnisse aus Aufgabe 7 in der Gegenwart verändert haben.
9. Der Blick aufs Ganze: Schaue noch einmal deine Mindmap aus dem Einstieg an. Streiche mit einer Farbe Aspekte, die in Rom keine Rolle spielten an, und ergänze neue. Erkläre dann deiner Klasse, was sich aus deiner Sicht am Leben in einer Großstadt von damals bis heute verändert hat. → S. 203

M2 D Die Macht des „pater familias“

Im antiken Rom lebte man als Familie zusammen, die noch viel größer verstanden wurde, als wir es heute tun. Ihre Zusammenhänge sind im Schaubild zu erkennen.

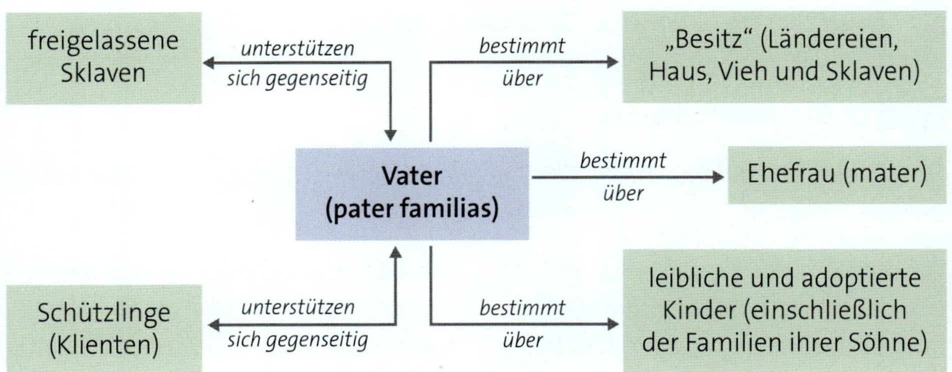

M3 D Rekonstruktionszeichnung des antiken Rom zur Kaiserzeit

M4 D Körperpflege in der Antike

Wie wuschen sich die Römerinnen und Römer? Wie putzten sie ihre Zähne? Wie sah ihre Körperpflege überhaupt aus? Das Video beantwortet einige dieser Fragen.

M5 Q Ein Unentschieden

Der Dichter Martial (40–102 n. Chr.) schildert in einem Gedicht einen Zweikampf im Amphitheater:

Der Kampf zwischen Priscus und Varus dauerte schon lang, das Gefecht fand einfach keinen Sieger. Das Publikum rief laut, dass die Kämpfer aufhören sollten. Der Kaiser aber folgte dem Wunsch nicht, er handelte nach der Regel: Ein Kampf ist erst zu Ende, wenn einer besiegt ist und aufgibt. Schließlich endete der unentschiedene Kampf: Beide hatten gleich gut gefochten und nun gaben sie gleichzeitig auf. Der Kaiser schickte beiden den Stab und die Palme des Siegers. Dies war der Lohn für den Mut und die Fähigkeiten der Kämpfer.

Martial, Liber spectaculorum 29

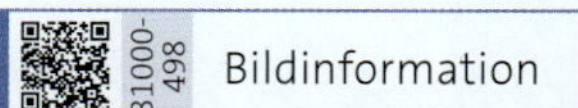

Arbeitstechnik: Eine Stadt digital entdecken

31100-0325

M6 Q Mörder gegen Mörder

Über seinen Besuch im Circus schreibt Seneca (4 v. Chr.–65 n. Chr.) an seinen Freund Lucilius:

Durch Zufall bin ich in das Mittagsprogramm des Circus geraten, Scherze erwartend und Witze und etwas Entspannung, damit sich die Augen der Menschen vom Anblick des Menschenblutes ein wenig erholen können. Das Gegenteil ist der Fall: Der lustige Teil fällt weg, und es findet eine bloße Menschenschlächterei statt. Die Kämpfer haben nichts, womit sie sich schützen können. [...] Wozu eine Rüstung, wozu Fechtkünste? Für [die Zuschauer] ist dies alles nur eine Verzögerung des Todes. Morgens wirft man die Menschen den Löwen und Bären zum Fraß vor, mittags ihrem eigenen Publikum! Dies möchte Mörder gegen Mörder kämpfen sehen und hebt den Sieger für einen weiteren Mord auf. Am Schluss steht der Tod aller Kämpfer.

Seneca, Ad Lucillum, 7.2–6

Sklaven für die Unterhaltung

Bodenmosaik einer Villa bei Tusculum, 3. Jh. n. Chr.

Auf dem Bodenmosaik ist ein Kampf eines Sklaven abgebildet, wie er regelmäßig auch in Rom stattfand, häufig im Kolosseum.

5.7 Christianisierung

Rom brennt

So stellte sich der französische Maler Hubert Robert (1733–1808) den großen Brand vor, der die Stadt zu zwei Dritteln ruinierte. Mehr als eine Woche lang wüteten im Juli des Jahres 64 n. Chr. verheerende Flammen in Rom. Viele Menschen starben. Das Feuer zerstörte nicht nur Werkstätten und Wohnhäuser, sondern auch bedeutende Bau- und Kunstwerke. Wer oder was mag wohl die Ursache gewesen sein? Doch warum brach das Feuer aus, war es Brandstiftung?

?

Christen in Rom – andersgläubige Staatsbürger oder ...?

1. Beschreibe die Wirkung des Bilds auf dich und fasse den Text mit eigenen Worten zusammen.
2. Ergänze die Leitfrage.

VT1 Der Brand in Rom

Im Jahr 64 brannte während der Regierungszeit des Kaisers Nero (37–64 n. Chr.) ein großer Teil Roms. Drei der vierzehn Bezirke Roms brannten komplett nieder, nur vier blieben unversehrt, berichtet der römische Geschichtsschreiber Tacitus. Sofort entstand die Frage, wer die Schuld daran trage. Viele Menschen schoben diese den Christen zu – einer soeben neu entstandenen Religionsgemeinschaft. Andere glaubten, Nero selbst sei verantwortlich, um Platz für seinen neuen Palast zu schaffen. Vielleicht war es aber auch ein Unglück. Offiziell setzte sich zunächst die Anklage gegen die Christen durch, die daraufhin als Staatsfeinde gebrandmarkt und stark verfolgt wurden.

M1 D Büste des Nero

Dein Weg durch das Kapitel

31100-0326 Hilfestellungen zu allen Aufgaben

1. Stelle zusammen, was wir über den Brand in Rom sowie dessen Ursachen und Folgen wissen und was nicht (**VT1**, **M2**, **M3**).
2. Beurteile, warum wahlweise der herrschende Nero oder die christliche Minderheit verantwortlich gemacht wurde. → S. 203
3. Bewerte, inwieweit es heute ähnliche Mechanismen gibt.
4. Erkläre, warum ein einfaches Erkennungszeichen für die christliche Minderheit wichtig war (**VT2**, **VT3**).
5. Fasse die Geschichte von Konstantins Erscheinung mit eigenen Worten zusammen (**M4**).
6. Beurteile die Glaubwürdigkeit dieser Erzählung (**M4**). → S. 204
7. Bewerte, inwieweit du Konstantin für bedeutend hältst (**VT3**, **M5**, **M6**, **M7**).
8. **Der Blick aufs Ganze:** Stelle dir vor, Nero und Konstantin hätten sich durch einen Riss in der Zeit treffen und miteinander sprechen können. Schreibe ihre Argumente für und gegen das Christentum auf und führe dann ein Streitgespräch.

M2 D Nero während des Brands

31000-499 Bildinformation

Eine der ersten Legenden war, dass Nero verrückt geworden war und Lyra spielte, während seine Hauptstadt niederbrannte. Diese Geschichte wurde immer wieder verarbeitet, so auch vom Künstler Simon Schwartz (geb. 1982).

M3 Q Verschiedene Quellen zum Brand

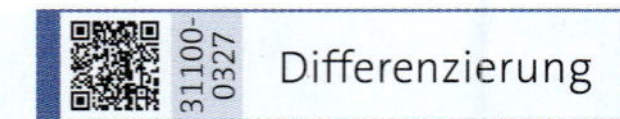

a) *Eine zwischen 81 und 96 n. Chr. entstandene Inschrift verkündet:*

Als die Stadt zu Neros Zeiten neun Tage lang brannte, ...

Corpus Inscriptionum Latinarum 6, 826

b) *Der zeitgenössische Naturforscher Plinius der Ältere schreibt ca. 77 n. Chr.:*

Diese Lotosbäume waren üppig an Ästen und mit einem breiten Schatten [...] und, da ich ja auch [in einem vorigen Kapitel] über das längste Lebensalter der Bäume gesprochen habe, hielten sie bis zu Kaiser Neros Bränden aus, durch Pflege grün und jugendlich, wenn nicht jener Kaiser auch den Tod der Bäume beschleunigt hätte.

Plinius der Ältere, Naturalis historia 17,5

c) *Tertullian (ca. 150–ca. 220), ein früher christlicher Schriftsteller, schreibt:*

Zieht eure Aufzeichnungen zu Rate. Dort werdet ihr finden, dass Nero als erster gegen diese ganz besonders in Rom aufgehende Glaubensgemeinschaft [Christen] mit kaiserlichem Schwert wütete [gewalttätig vorging]. Aber wir [Christen] sind auch stolz auf einen solchen Urheber unserer Verurteilung. Denn wer jenen [Kaiser Nero] kennt, kann bemerken, dass nur Gutes von Nero verurteilt worden ist.

Tertullian Apol. 5,3

VT2 Ein Erkennungszeichen

Frühe Christen sollen sich am Zeichen eines Fisches erkannt haben, der griechisch „ichthys“ heißt. Diese Buchstaben bilden ein Glaubensbekenntnis:
ΙΗΣΟΥΣ – Iēsoûs „Jesus“
ΧΡΙΣΤΟΣ – Christós „der Gesalbte“
ΘΕΟΥ – Theoû „Gottes“
ΥΙΟΣ – Hyiós „Sohn“
ΣΩΤΗΡ – Sōtér „Retter“/„Erlöser“

Zusammengefasst bedeutet der Text also, man glaube an Jesus Christus, den Sohn Gottes, der die Menschen errette und erlöse.

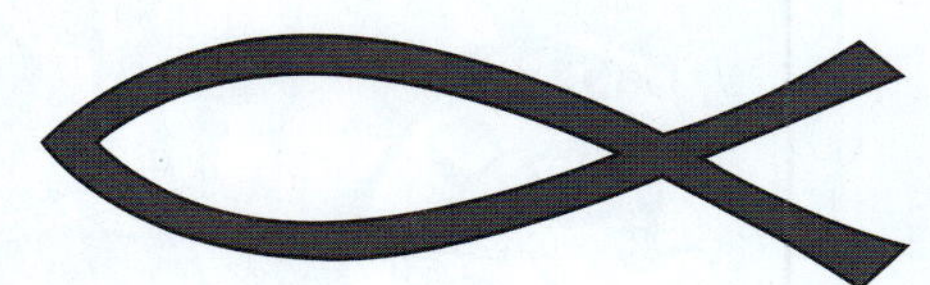

VT3 Das Christentum in den Anfangsjahren der Religion

Anfangs wurden Christinnen und Christen verfolgt und es gab nur wenige von ihnen. In den folgenden Jahrhunderten schlossen sich ihnen jedoch immer mehr Menschen an. Im 3. Jh. n. Chr. ließ Kaiser Valerian die Christinnen und Christen noch einmal verfolgen, besonders ihre Anführer. Viele in der Bevölkerung handelten jedoch gegen diese Politik und versteckten Christen. Daraufhin wurde das Christentum schließlich 260 n. Chr. auch offiziell geduldet. Wenige Jahre später hatte der inzwischen regierende Kaiser Konstantin ein einschneidendes Erlebnis.

M4 Q Konstantin, der erste christliche Kaiser

Eusebios, ein gelehrter christlicher Schriftsteller, verfasste Mitte des 4. Jh. n. Chr. nach dessen Tod eine Biographie des römischen Kaisers Konstantin (gestorben 337). In dieser referiert er ein Erlebnis des Kaisers kurz vor einer entscheidenden Schlacht gegen einen Rivalen, die er anschließend gewann. Im Hörtext erfährst du, was ihm passiert sein soll.

Hörtext: Legende von der Bekehrung Konstantins

31100-0328

M5 D Konstantins Bedeutung

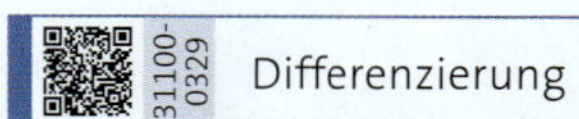

Nach der gewonnenen Schlacht nahm Konstantin den christlichen Glauben an und sorgte für den Beginn seiner Durchsetzung im römischen Reich. In einem Radiobeitrag wird Konstantins Bedeutung so beschrieben:

Die so genannte „Konstantinische Wende" im Jahr 312 verwandelte das junge Christentum aus einem verfolgten Minderheitsglauben in eine staatlich geförderte Religion, die noch im selben Jahrhundert unter Theodosius zur Staatsreligion aufsteigen sollte. Damit begann jene Verbindung von Staatsmacht und Kirche, die für das gesamte Mittelalter, ja bis zur Französischen Revolution bestimmend war.

Nach: Peter Leusch, Konstantin der Große und die Anfänge des christlichen Europa

M6 Q Kaiser Konstantin in allen Händen

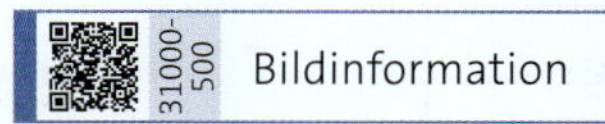

Portrait des Kaisers Konstantin mit christlichen Symbolen auf einer Münze aus dem 4. Jh. n. Chr., geprägt während seiner Regierungszeit.

M7 D Wie Europa christlich wurde

Das Video berichtet von der Ausbreitung des Christentums im 4. Jh. n. Chr.

Video: Ausbreitung des Christentums

31100-0330

5.8 Die Römer bei uns

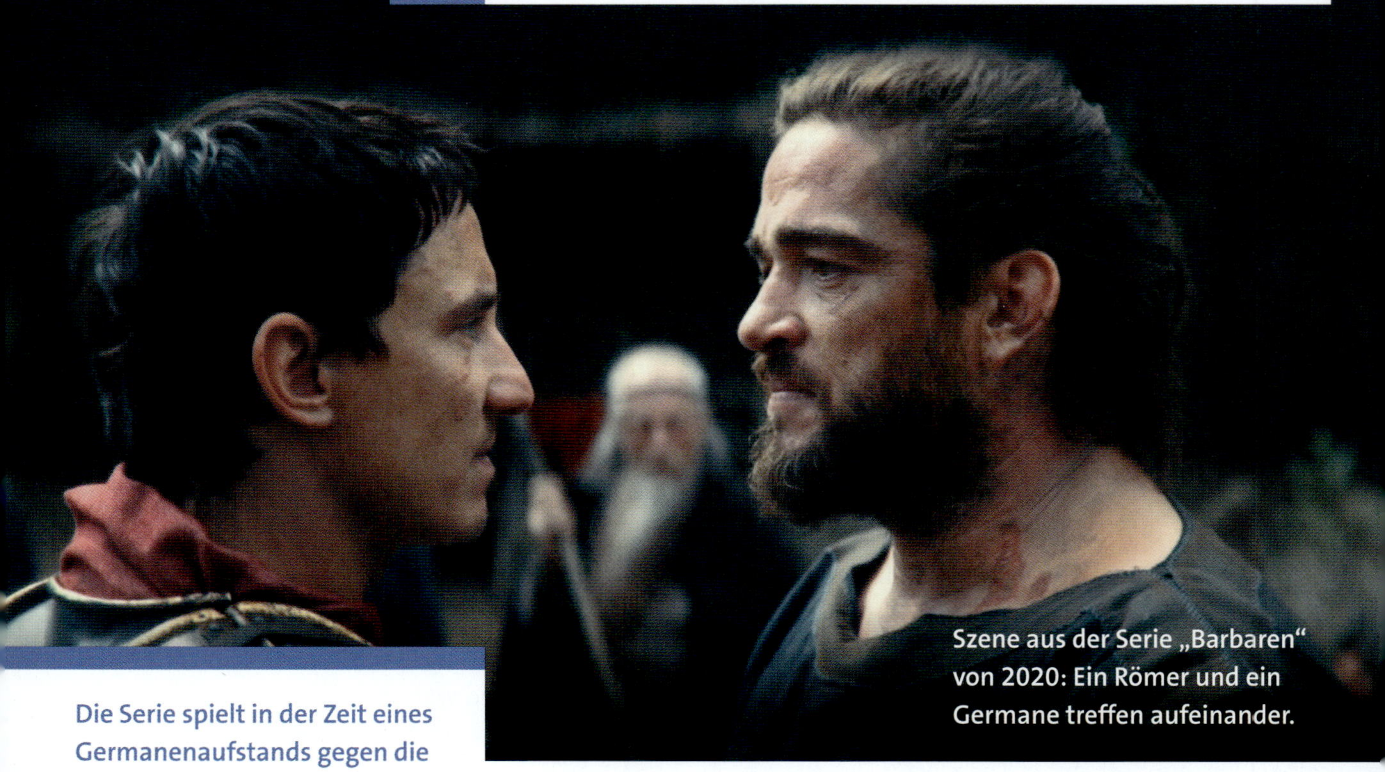

Szene aus der Serie „Barbaren" von 2020: Ein Römer und ein Germane treffen aufeinander.

Die Serie spielt in der Zeit eines Germanenaufstands gegen die Römer, der in der Varusschlacht, auch Schlacht im Teutoburger Wald genannt, 9 n. Chr. gipfelte. Damals hatte Arminius, ein germanischer Offizier in römischen Diensten – später „Hermann" genannt –, den Feldherrn Varus und dessen Legionen besiegt.

?

Römer und Germanen – ...?

1. Beschreibe den Blickaustausch des Römers und des Germanen und ihre Wirkung auf dich.
2. Vermute, warum ein Mann aus einem eroberten Gebiet seinem Sohn einen römischen Namen gab.
3. Ergänze die Leitfrage.

M1 Q Grabstein eines „Germanen"

Grabstein des Blussus, der kein Römer war, aus dem 1. Jh. n. Chr. aus Mainz am Rhein. Aus der Inschrift ist bekannt, dass Blussus seinem Sohn freiwillig einen römischen Vornamen gab.

Dein Weg durch das Kapitel

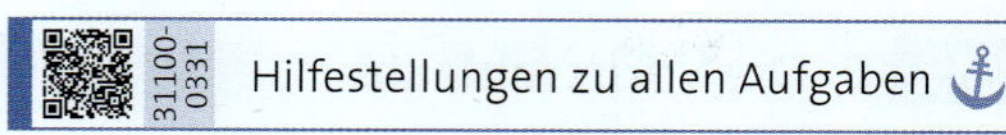

Hier seid ihr als Team gefordert. Bearbeitet als Gruppe jeweils einen der Arbeitsaufträge 1 bis 5.

1. Schaut euch die Videos über die Germanen an und fasst die Informationen in einer Tabelle nach Themengebieten sortiert zusammen. Beurteilt, inwieweit es „die Germanen" überhaupt gegeben hat (**VT1**, **M2**).
2. Erklärt, warum Münzfunde (**M3**, **VT2**) darauf hinweisen, dass Kalkriese ein Ort der Varusschlacht gewesen sein könnte.

→ S. 204

3. Arbeitet heraus, wie die Niederlage der römischen Truppen 9 n. Chr. und der Bau des Limes zusammenhängen könnten und begründet, warum eine römische Münze in Hamburg gefunden wurde (**M4**, **M5**).

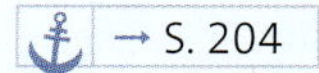
→ S. 204

4. Leider sind die Beschreibungen zur Romanisierung durcheinandergeraten. Bringt sie in eine sinnvolle Reihenfolge (**VT3**).
5. Übertragt das jeweilige lateinische Wort ins Deutsche und ordnet die Lehnwörter bestimmten Oberbegriffen zu (z. B. Hausbau usw.). Erklärt, warum Germanen kein Wort für die jeweiligen Produkte oder Einrichtungen hatten (**M6**).
6. Bewerte: Römer und Germanen – Feinde oder gute Nachbarn?
7. **Der Blick aufs Ganze:** „Als die Römer frech geworden" ist ein Lied aus dem 19. Jh., das auf den Konflikt zwischen Römern und Germanen gedichtet ist. Den Text findest du im Mediencode. Entwirf einige Strophen eines alternativen Lieds, das deine Erkenntnisse beinhaltet.

Strophen des Lieds

31100-0332

VT1 Wer waren die Germanen?

In der Vorstellung der Römerinnen und Römer bewohnten die Welt außerhalb der Grenzen des Römischen Reiches ungehobelte, rohe und gewaltbereite „Barbaren" ohne Kultur. Die germanischen Stämme kannten keine Schrift, daher stammen unsere Informationen über sie allein von archäologischen Funden oder Beschreibungen der Römerinnen und Römer, so auch die Bezeichnung „Germanen". Der Name beschreibt kein einheitliches Volk, das eine gemeinsame Herkunft, Sprache und Kultur unter einem Herrscher hatte, sondern viele kleine Gruppen oder Stämme wie die Angeln, Goten, Franken, Sueben usw. Diese Stämme bekämpften sich auch untereinander. In Mitteleuropa waren aber auch andere Völkerschaften ansässig, wie z. B. die Kelten.

M2 D Wie lebten die Germanen?

In den Clips erfährst du mehr über die Germanen.

Videoclips: Informationen zu den Germanen

31100-0333

M3 D Die Varusschlacht

„Varus, gib mir meine Legionen wieder!“ Das soll Kaiser Augustus im Jahre 9 n. Chr. gesagt und dabei mehrfach den Kopf gegen die Tür gestoßen haben. Varus war der römische Statthalter in der Provinz Germanien, die Kaiser Augustus um das Land östlich des Rheins erweitern wollte. Im Video erfährst du, was passiert war.

Video: Kurz-Doku über die Varusschlacht

31100-0334

VT2 Der Ort der Varusschlacht

Die Varusschlacht fand nicht dort statt, wo das Hermannsdenkmal steht. Stattdessen fanden Archäologen etwa 90 Kilometer davon entfernt in Kalkriese nördlich von Osnabrück Spuren eines größeren Kampfes, darunter römische Münzen mit dem Porträt des Augustus, die zwischen 8 und 3 v. Chr. geprägt wurden, Geschoss- und Lanzenspitzen, sowie Teile von Helmen, Schilden und sogar eine von Germanen errichtete Wallanlage. Ob dies Beweise für die Varusschlacht sind, darüber diskutieren Forscher noch.

VT3 Die römische Lebensweise verbreitet sich in Europa

Interaktive Übung

31000-502

a) 212 n. Chr. verlieh Kaiser Caracalla allen freien Bewohnern des Reiches das römische Bürgerrecht. Provinzbewohner konnten nun auch öffentliche Ämter bekleiden und sogar in den Senat aufsteigen.

b) Die lateinische Sprache vermischte sich mit den einheimischen Dialekten. Daraus gingen die heutigen romanischen Sprachen Italienisch, Französisch, Spanisch, Portugiesisch und Rumänisch hervor.

c) Unter römischer Herrschaft entstanden Städte, oftmals in der Nähe von Kastellen oder an wichtigen Verkehrswegen. Manche dieser Siedlungen entwickelten sich zu wichtigen Mittelpunkten von Verwaltung, Handel und Kultur. Daraus entwickelten sich heutige Städte wie Trier, Mainz und Bonn in Deutschland.

d) Auch wenn die Anbetung einheimischer Gottheiten toleriert wurde, übernahmen die Einwohner der Provinzen häufig die römische Religion. Einheimische Kulte gingen zurück oder wurden zerstört, manchmal vermischten sie sich aber auch mit römischen und breiteten sich im Römischen Reich aus.

e) Am Ende ihrer Dienstzeit erhielten Soldaten neben dem römischen Bürgerrecht auch ein Stück Ackerland in einer der Provinzen. Sie siedelten sich dort an und führten neue Anbaumethoden, Handwerkstechniken, Werkzeuge, Tiere und Pflanzen ein.

f) Die Römer beteiligten einheimische Familien an der Herrschaft, die sich meist besonders schnell an die römische Lebensart, Sprache und Kultur anpassten.

M4 D Der Verlauf des Limes

Seit dem 1. Jh. n. Chr. begannen die Römer, die Grenze nach Germanien zu sichern. Sie errichteten Wälle, Mauern und Wachtürme, hinter denen sich Kastelle (Militärlager) befanden. Dieser sogenannte Limes war 550 km lang und trennte den Lebensraum der Römer von dem der Germanen. Trotzdem gab es einen regen Handel und geschäftige Kontakte über diese Grenze.

M5 Q In Hamburg gefundene römische Goldmünze

Goldmünze eines römischen Kaisers aus dem 4. Jh. n. Chr., die im heutigen Stadtgebiet Hamburgs gefunden wurde.

Germanen, die im römischen Heer als Soldaten dienten, wurden mit Münzen entlohnt und nahmen diese auf ihrem Rückweg in ihre Herkunftsgegenden mit.
Die Münze wird heute im Archäologischen Museum Hamburg im Stadtteil Harburg aufbewahrt.

M6 D Die römische Lebensweise bei uns

Mit der römischen Lebensweise und Kultur wurden viele lateinische Wörter in die deutsche Sprache übernommen:

	iustitia		moneta		carrus
	strata		murus		porta
	caseus		cellarium		fenestra
	saccus		caminus		corbis

5.9 Das Ende des weströmischen Reichs

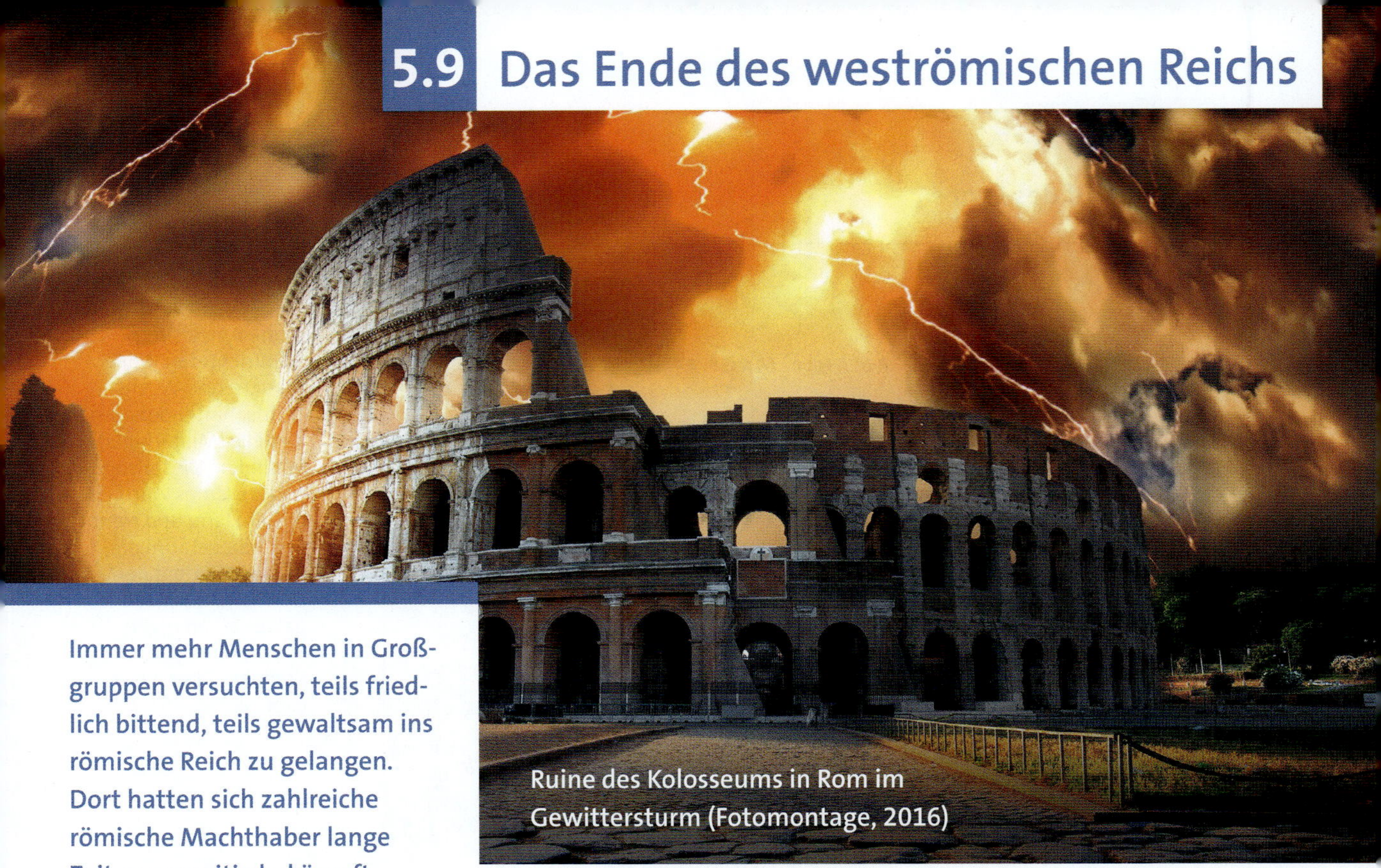

Ruine des Kolosseums in Rom im Gewittersturm (Fotomontage, 2016)

Immer mehr Menschen in Großgruppen versuchten, teils friedlich bittend, teils gewaltsam ins römische Reich zu gelangen. Dort hatten sich zahlreiche römische Machthaber lange Zeit gegenseitig bekämpft. Das Reich war zudem von wirtschaftlichen Krisen gekennzeichnet. 476 n. Chr. setzte schließlich ein germanischer Heerführer den letzten römischen Kaiser Romulus Augustulus ab.

?

Das Ende des weströmischen Reichs – Zusammenbruch im Inneren oder ...?

1. Begründe, warum das Jahr 476 n. Chr. allgemein als Ende des römischen Reichs gilt.
2. Nenne die zwei vermuteten Faktoren, die zu diesem Ende geführt haben könnten.
3. Ergänze die Leitfrage.

M1 Q Der König der Ostgoten

Das Bild des Staatsoberhauptes in Italien auf einer Münze des 6. Jh. n. Chr. Er trägt nicht-römische Kleidung und auf dem Kopf ein Spangenhelm. Dieser Helm war besonders bei „germanischen“ Kriegern verbreitet. Es handelt sich um den König der Ostgoten Theodahad (um 480–536).

Dein Weg durch das Kapitel

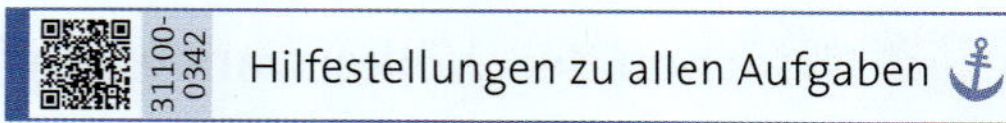

1. Beschreibe, wie sich das Römische Reich zwischen dem 4. und 6. Jh. n. Chr. veränderte (**M2**).
2. Ordne die Sachverhalte von **VT1** in Kurzform in einer Tabelle nach den im Text erläuterten „Push"- und „Pull"-Faktoren.
3. Berechne die durchschnittliche Regierungszeit der Kaiser ab 395 und beschreibe den inneren Zustand des weströmischen Reichs (**M3**). → S. 204
4. Beschreibe die Reaktion der Westgoten nach ihrer Ankunft im Römischen Reich und bewerte, inwieweit sie Eroberer oder Migranten waren. (**M4**). → S. 204
5. Gib die Hauptaussage von **M5** wieder, beschreibe die Münze **M6** und bewerte, inwieweit die Ostgoten bzw. Vandalen das römische Reich zerstören wollten.
6. Diskutiert, ob der Werbetext für die „Siedler von Catan" (**M7**) das Ende des Römischen Reiches angemessen darstellt. Beantwortet dann die Leitfrage.
7. **Der Blick aufs Ganze:** Gestalte einen Einleitungstext für ein Spiel, welches das Ende des Römischen Reiches charakterisiert. Als Grundlage dafür kannst du den Werbetext aus M7 verwenden oder dich auf ein anderes Spiel beziehen.

M2 D Kriegszüge und Machtübernahmen

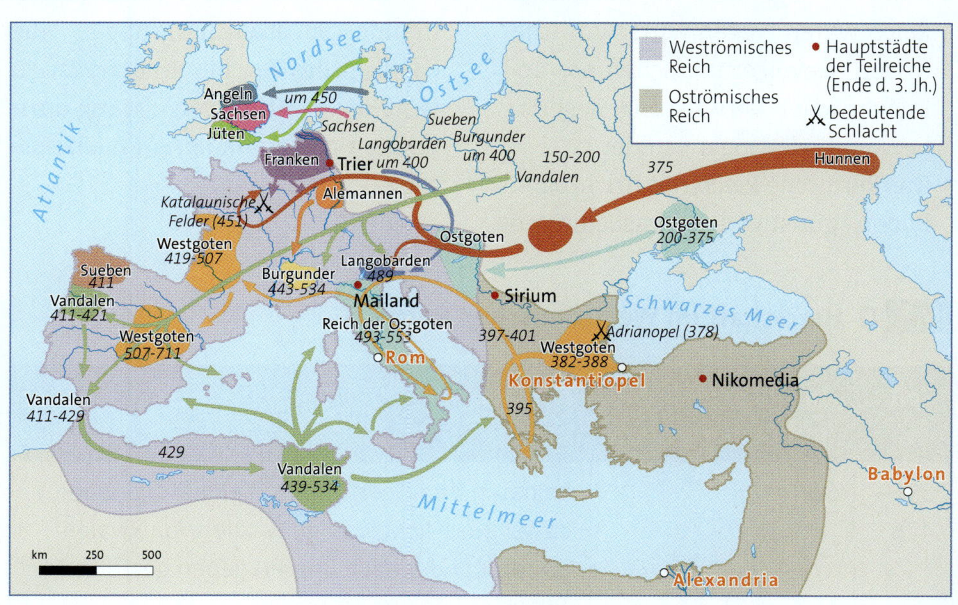

Um das Reich regierbar zu halten, teilte ein Kaiser es 395 n. Chr. in zwei Hälften. Das oströmische Reich wurde jetzt von Konstantinopel (später Byzanz genannt), das weströmische von Städten in Italien aus regiert.

VT1 Ursachen der „Völkerwanderung“

Bei Ursachen von Einwanderungen unterscheidet die Wissenschaft zwei unterschiedliche Faktoren. Als „Push“-Faktoren gelten die negativen Umstände im Herkunftsland, die Menschen aus ihren Ländern „drücken“ („to push“). „Pull“-Faktoren dagegen sind positive Umstände im Zielland, die Menschen „anziehen“ („to pull“), wie z. B. ein hoher Lebensstandard.

- Kältewellen beeinträchtigten die Landwirtschaft als Ernährungsgrundlage im Norden und Osten Europas.
- Die dort lebenden Bevölkerungsgruppen führten oft selbst Kriege miteinander. Manche zog es daher in andere, friedlichere Gebiete.
- Die Hunnen drängten die mitteleuropäischen Bevölkerungsgruppen an die Grenzen des römischen Reichs.
- Manche Gegenden im Römischen Reich waren wegen wirtschaftlicher Krisen, Bevölkerungsschwund und kriegerischer Verwüstungen gering bewohnt oder sogar verödet.
- Das Römische Reich mit fruchtbaren Böden, günstigen Lebensbedingungen, befestigten Straßen und Gebäuden aus Stein wirkte bei vielen nicht-römischen Bevölkerungsgruppen wie ein Magnet.
- Durch das Anwachsen der Bevölkerung suchten Teile von Bevölkerungsgruppen neue Siedlungsflächen.
- Die Römer benötigten zusätzliche Bauern und Landarbeiterfamilien für ihre Landwirtschaft.
- Wegen der Konflikte mit Kriegergruppen an der 1500 km langen Grenze, aber auch wegen gewalttätigen Auseinandersetzungen verschiedener römischer Befehlshaber untereinander, suchten die römischen Herrscher viele zusätzliche nicht-römische Soldaten und setzten diese auch als Offiziere oder sogar Generäle ein.
- Die römischen Kaiser beauftragten fremde Bevölkerungsgruppen, die Grenzen des Reiches militärisch zu verteidigen. Als Gegenleistung durften sie sich dort dauerhaft niederlassen.

M3 D Herrschaft im Weströmischen Reich

Zeit	Anzahl der Kaiser (mit Gegenkaisern)	Erhebung
395–476	30	Soldaten und Heerführer riefen häufig neue Kaiser aus. Nicht wenige wurden von Rivalen ermordet oder nach Bürgerkriegen gestürzt. Teilweise konkurrierten fünf Kaiser zugleich miteinander und bekämpften sich.

M4 Q Einzug der Westgoten

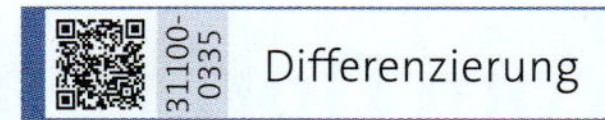

Der römische Zeitgenosse Ammianus Marcellinus berichtet 376 n. Chr. über die Situation in Dakien, einem Grenzgebiet des römischen Reichs im heutigen Rumänien:

Hörtext: Der Einzug der Westgoten
31100-0336

Unter Führung des Fürsten Alaviv besetzten sie (die Westgoten) das Donauufer und schickten Gesandte zu Kaiser Valens mit der demütigen Bitte um Aufnahme. Sie versprachen friedliches Verhalten und Hilfstruppen für den Notfall. [...] Die Sache wurde begrüßt, und der Kaiser gab die Erlaubnis. Nun setzte man sie über, Tag und Nacht, auf Schiffen, Flößen und ausgehöhlten Stämmen. Als die Barbaren nach der Überfahrt Mangel an Lebensmitteln litten, dachten sich die Befehlshaber der Römer ein schändliches Geschäft aus: Sie tauschten Hunde gegen Goten, die dann als Sklaven verkauft wurden. [...] Als sie (d. h. die Goten) das merkten, ließen sie durchblicken, sie hielten sich, um die Übel abzuwehren, nicht mehr an ihr Wort gebunden. [...] Ohne sich von einer Schwierigkeit oder Gefahr schrecken zu lassen, hoben sie ihre Fahnen nach Landessitte, begannen ihre schreckliche Feldmusik, verwüsteten Dörfer durch Raub und Brand und verheerten weit umher, was ihnen im Wege lag.

Ammanius Marcellinus, Res gestae

M5 Q Die Herrschaft des Ostgoten Theoderich (451–526)

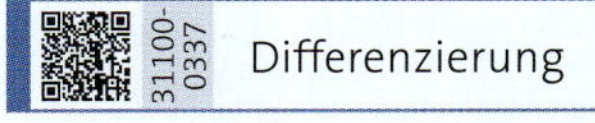

Der Zeitgenosse Valesianus schreibt:

„Theoderich regierte die beiden Völker in einem, die Römer und die Goten. Er unternahm nichts gegen die katholische Religion, gab Zirkusspiele und Amphitheater, sodass er auch von den Römern Traianus und Valentinianus genannt wurde – deren Zeit sein Vorbild war – und von den Goten stets tapferster König. Den Staatsdienst der Römer ließ er den gleichen sein wie unter den Kaisern."

Valesianus 12, 60

M6 Q Münze eines Königs

Münze des Gunthamunds, König der „germanischen" Vandalen, die die römische Provinz Africa im 5. Jh. eroberten und unterwarfen. Der Fürst trägt römische Kleidung und eine römische Stirnkrone.

M7 D Die Siedler von Catan – Kampf um Rom

Strategiespiel

„Es ist die Zeit des großen Aufbruchs – die Zeit der Völkerwanderung. Getrieben von hunnischen Reitervölkern branden germanische Stämme an die Grenzen des Römischen Reiches. Es ist nur eine Frage der Zeit, bis Rom fallen wird und sich neue germanische Reiche auf den Trümmern des einst so mächtigen Weltreiches erheben werden."

Werbetext (Kosmos)

Interaktive Übungen

31000-505

Vom Dorf zum Weltreich

VT1 Die Gründung Roms

Die Bewohner Roms trugen zur Geschichte der Stadt eine Legende weiter: Rom sei von den Zwillingen Romulus und Remus gegründet worden, die von einer Wölfin aufgezogen worden waren. Tatsächlich entwickelte sich die Stadt aber über einen langen Zeitraum aus kleinen Fischerhäusern.

VT2 Das römische Imperium

Bevor Rom die beherrschende Macht des westlichen Mittelmeerraums werden konnte, musste die Konkurrenzstadt Karthago in drei Kriegen besiegt werden. Im zweiten davon stand Rom selbst vor der Vernichtung, als der Karthager Hannibal mit Elefanten über die Alpen gezogen war.

VT3 Römische Provinzen

Nach den Punischen Kriegen dehnte Rom seinen Einflussbereich immer weiter aus. Um die Verwaltung eroberter Gebiete zu sichern, wurden sie zu Provinzen. Die Provinzen wurden von einem von Rom eingesetzten Statthalter regiert.

VT4 Caesar und die Römische Republik

Rom war eine Republik, in der Entscheidungen im Senat getroffen wurden. Zwei gleichberechtigte Konsuln waren die höchsten Vertreter. Mit der Zeit sicherten sich jedoch immer wieder Einzelpersonen die politische Macht. So sicherte Gaius Julius Caesar die Grenzen und die Macht Roms und ließ sich zum Alleinherrscher ausrufen, wurde jedoch kurz darauf ermordet.

Asterix und Miraculix werden von den Römern gefangen genommen. Filmszene aus dem Zeichentrickfilm „Asterix der Gallier“.

753 v. Chr.

Herrschaft Roms über fast das gesamte Gebiet des heutigen Italiens

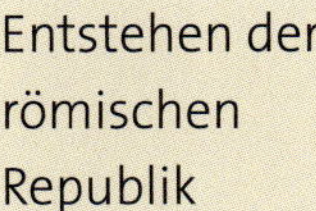

Entstehen der römischen Republik

500 v. Chr.

Tod Caesars, der mit seinem Handeln die Republik in Frage stellte

Ende der punischen Kriege durch Zerstörung Karthagos und Entstehen des römischen Weltreichs

200 v. Chr.

146 v. Chr.

44 v. Chr.

Angebliche Gründung der Stadt Rom durch zwei Brüder

Jetzt bist du dran:  31000-506 Digitales Schaubild

1. Ordne die Ereignisse den Bildern zu und ordne Ereignisse und Bilder richtig in die Zeitleiste ein.

2. Der Schriftsteller Marcus Tullius Cicero hält eine Rede vor dem Senat über die römische Geschichte. Erzähle sie mithilfe des Schaubildes nach.

VT5 Die römische Kaiserzeit

Nach einer langen Zeit ständiger Machtkämpfe und 30 Jahre nach der Ermordung Caesars gelang es seinem Nachfolger und Erben Augustus, endgültig eine Alleinherrschaft zu errichten. Zwar gab er vor, die Republik wiederhergestellt zu haben, in Wirklichkeit hatte er aber eine Monarchie geschaffen. Die Macht lag in den Händen des Kaisers. Diese Kaiserzeit war die Blütezeit des Römischen Reichs.

Rom hatte als erste Stadt der Weltgeschichte **1 Million Einwohner.** Zu den Schattenseiten gehörten auch Müll und Gestank: Abfälle wurden oft einfach aus dem Fenster geworfen, viele nutzten die Straßen als Toilette.

VT6 Leben in Rom

Rom war bereits in der Antike eine Großstadt mit eigener Wasserversorgung. Die meisten Römerinnen und Römer lebten auf engstem Raum in Mietshäusern. Nur reiche Bürger konnten sich Villen oder Landgüter leisten. Ihre Freizeit verbrachten die Römer oft in Thermen. Auch Wagenrennen oder Spiele in den großen Arenen waren beliebt.

VT7 Christianisierung

Nach Jahrzehnten der Christenverfolgung verkündete der römische Kaiser Konstantin 313 Religionsfreiheit im gesamten Römischen Reich: Das Christentum war damit eine erlaubte Religion. Andere Kaiser ernannten später das Christentum zur Staatsreligion, d.h. der christliche Glaube wurde für alle Bürger des Reichs zur Pflicht.

VT8 Die Römer bei uns

Die römischen Soldaten eroberten nicht nur neue Länder, sondern siedelten sich auch dort an. Dabei brachten sie ihre Lebensweise, römisches Recht und römische Verwaltung mit und errichteten Gebäude und Straßen nach römischem Vorbild. Die Römer prägten also unsere Kultur, unsere Sprache und unsere Rechtsvorstellungen – bis heute finden wir noch überall ihre Spuren.

VT9 Das Ende des weströmischen Reichs

476 endete das weströmische Reich nach Jahren des Niedergangs endgültig mit Absetzung des letzten römischen Kaisers. Nun traten in einzelnen Regionen neue germanische Staatswesen an seine Stelle, in denen oft römische Lebensformen übernommen wurden. Das oströmische Reich mit der Hauptstadt Konstantinopel (heute Istanbul in der Türkei) bestand jedoch noch fast tausend Jahre weiter.

Stämme

Kämpfe

Limes

Handel

Das römische ______

▪ ______

▪ Kaiserkult

▪ ab 4. Jh. n. Chr. Christentum als Staatsreligion

Politik

▪ ______

Leben und Gesellschaft

▪ Villen und ______

▪ ______

▪ Freizeit ______

▪ ______

▪ Straßenbau

▪ Romanisierung

▪ ______

(= „Perser")

› WORTSPEICHER

Götterkult – Sklaven – germanische – Gründung von Städten – Rom – Kaiser als Herrscher – Religion – Parther – Mietshäuser – Kaiserreich – (Thermen, Spiele, Wettkämpfe) – Wasserversorgung – Kämpfe – Provinzen

Jetzt bist du dran:

3. Ergänze das Schaubild digital oder im Heft.

4. Bildet Zweierteams und erklärt euch gegenseitig die Schlüsselbegriffe. Wechselt euch dabei ab.

Teste deine erworbenen **KOMPETENZEN**

Hilfestellungen zu allen Aufgaben

31100-0338

M1 Ein Kartenspiel

Ein Spieleverlag hat ein Kartenspiel herausgebracht, in welchem Caesar und Kleopatra um die Vorherrschaft im römischen Senat kämpfen, indem sie hohe römische Amtsträger auf ihre Seite bringen.

1. Nimm Stellung, inwieweit diese Spielidee historisch realistisch ist.

M2 Augustus und Caesar

Denar (Silbermünze)

17 v. Chr.

Auf der Vorderseite sind das Porträt von Augustus und die Umschrift AVGVSTVS DIVI F (Augustus, Sohn des Vergöttlichten [= Caesar]) zu erkennen. Die Rückseite zeigt ein Porträt Caesars und den Namen des Münzmeisters, der diese Münze geprägt hat. Über Caesars Kopf steht ein Komet, der nach seinem Tod erschien und seine Vergöttlichung angezeigt haben soll.

2. Beschreibe die Münze. Erläutere dabei im Hinblick auf die Herrschaftsziele des Augustus, welche Botschaft er damit verbreiten wollte.

S. 45 A1 *Lege eine Tabelle an:*

Kleidung/Ausrüstung	Nutzen

Welcher Gegenstand passt nicht zum „Steinzeitmenschen“? Tipp: Achte auf das Material, aus dem die Gegenstände hergestellt sind.

S. 45 A4
- *Wann begannen die „Metallzeiten“?*
- *Was zeichnet die „Metallzeiten“ aus?*

S. 59 A3
- *Nenne die auf der Grafik angegebenen Einrichtungen (**M3**).*
- *Erkläre ihre Funktion, z. B. das Schöpfwerk am Fluss.*
- *Schaue dir das Schöpfwerk genauer an (**M4**) und erkläre, wie es funktioniert hat. Die Bildinformation hilft dir dabei.*
- *Überlege, welches große Ziel die Menschen in Ägypten mit der Bewässerung verfolgten.*
- *Beschreibe dann, welches Teil der Bewässerungseinrichtungen welchem Zweck diente, damit das Gesamtziel erreicht werden konnte.*

S. 59 A4
- *Fasse noch einmal zusammen, welche Rolle der Nil im Leben der Ägypterinnen und Ägypter spielte.*
- *Erkläre, warum er für das Leben der Menschen in Ägypten so wichtig war.*

S. 63 A1 *Lege eine Tabelle an:*

Vergehen	Strafe

Vergleiche die Einträge in den beiden Spalten miteinander. Was fällt dir auf?

S. 63 A4
- *Schaue dir deine bisherigen Ergebnisse noch einmal an und erkläre, was für Hammurapi Gerechtigkeit bedeutet.*
- *Inwieweit sind Hammurapis Gesetze nach seinen eigenen Kriterien „gerecht“? Beurteile.*
- *Beschreibe kurz, was für dich heute Gerechtigkeit bedeutet.*
- *Inwieweit sind Hammurapis Gesetze nach unseren heutigen Kriterien „gerecht“? Bewerte.*
- *Fasse kurz zusammen, was sich an unseren Vorstellungen geändert hat und was gleichgeblieben ist.*

S. 67 A3

- *Schaue dir das Bild an und nenne die Bestandteile des Grabes.*
- *Beschreibe die Bestandteile des Grabes dann genauer und bestimme ihre Funktion.*
- *Überlege nun, warum die alten Ägypter während der Bestattung genau auf diese Gegebenheiten geachtet haben.*

S. 67 A5

- *Schaue zunächst deine bisherigen Ergebnisse an: Was regelte der Pharao?*
- *Beziehe zusätzlich die im Einführungstext genannte Verbindung des Pharaos zu den Göttern mit ein. Inwieweit war das für die Menschen wichtig?*
- *Bestimme, wer in Ägypten lebte. Schaue dazu noch einmal* ***M3*** *an.*
- *Beurteile, inwieweit der Pharao für jeden einzelnen Menschen wichtig gewesen ist.*

S. 71 A2

- *Beschreibe erst den Gesamtaufbau des Bildes und dann die kleineren Elemente.*
- *Lies dir deine Notizen zu Aufgabe 1 noch einmal durch: Was erkennst du auf dem Bild wieder?*

S. 71 A7

- *Der Text von Katarzyna Radziwiłł trifft Aussagen über Hausarbeit, berufliche Möglichkeiten und Rechte und Pflichten einer Ehefrau. Notiere dir diese Aussagen in Stichpunkten.*
- *Gehe nun die Materialien auf der Seite noch einmal durch.*
- *Markiere die Stichpunkte in deinen Notizen, die von den Materialien bestätigt werden.*

S. 75 A3

- *Beschreibe die Herstellung von Papyrus.*
- *Untersuche, wie lange es gedauert hat, Papyrus herzustellen.*
- *Zähle, wie viele Menschen (mindestens) an der Herstellung beteiligt waren.*
- *Schaue dann noch, an wie vielen und welchen Orten Papyrus hergestellt wurde.*

S. 75 A6

- *Zähle auf, was mit Schrift alles einfacher wurde.*
- *Gibt es negative Auswirkungen?*
- *Kategorisiere die Vorteile: Welche Vorteile hatte die Schrift über große räumliche Distanzen? Zeitliche Distanzen? Soziale Distanzen (z. B. zwischen Herrschenden und Beherrschten)?*
- *Fasse deine Ergebnisse zusammen.*

S. 79 A3

- *Das „Totengericht“ kannst du als Comic mit mehreren Szenen lesen. Beginne links und gehe dann nach rechts weiter. Berücksichtige auch den oberen Rand.*
- *Erschließe dir die einzelnen Szenen mithilfe der Bildinformation (Mediencode) und beschreibe den Ablauf.*
- *Lies dir* ***M3*** *durch: Was hat der Tote NICHT getan?*

S. 79 A6
- *Schreibe auf, was die Menschen nach dem Tod erreichen wollten und welche Voraussetzungen es dafür gab.*
- *Markiere die Voraussetzungen, die die Menschen beeinflussen konnten.*
- *Überlege, inwieweit Menschen anders handeln, als sie es sonst tun würden, wenn sie solche Ziele erreichen wollten wie die Ägypterinnen und Ägypter.*
- *Nenne Punkte, die ein „geordnetes Zusammenleben" ausmachen.*

S. 83 A2
- *Nenne erst die unterschiedlichen Aufgabenbereiche.*
- *Ordne diesen dann die von Herodot angegebenen Zahlen von Arbeitenden zu.*
- *Zähle schließlich alle Zahlen zusammen.*

S. 83 A4
- *Welche und wie viele Quellen haben die jeweiligen Autoren?*
- *Welchen Beruf haben die Autoren?*
- *An welche Zielgruppe (Leserinnen und Leser) wenden sich die beiden Autoren?*
- *Wann wurden die Pyramiden gebaut, wann schreiben die beiden Autoren ihre Texte?*

S. 87 A3
- *Zeichne eine zweispaltige Tabelle und trage über den Spalten einmal Ägypten und einmal Mohenjo-Daro ein.*
- *Füge dann auf der linken Seite der Tabelle hinzu: Herrschaftsträger, Schrift, Existenz von Städten, Verwendung anderer Rohstoffe als Stein.*
- *Hake in der Tabelle ab.*
- *Vergleiche dann.*

S. 87 A6
- *Beachte beispielsweise die Lage Ägyptens und die Lage anderer Hochkulturen in Bezug zu Europa.*
- *Von welchen Hochkulturen hast du schon gehört? Frage auch deine Eltern und Großeltern. Inwieweit sind solche „Traditionen" wichtig?*

S. 103 A1
- *Suche die Stelle heraus, in der erklärt wird, warum die Bewohnerinnen und Bewohner der Siedlungen in Griechenland unter sich blieben.*
- *Beziehe die Fotos auf der Einstiegsseite mit ein und begründe, weshalb der Weg von Siedlung zu Siedlung über Land beschwerlich war.*
- *Arbeite aus* ***M1*** *heraus, warum die Poleis gegründet wurden.*
- *Erkläre nun, warum Griechenland nicht zu einem Reich wie z. B. Ägypten wurde, sondern aus vielen unabhängigen kleinen Stadtstaaten bestand.*

S. 103 A5
- *Fasse für die Beantwortung dieser Aufgabe zunächst zusammen, was du bisher herausgefunden hast:*
  - *Aufgabe 1: Warum Stadtstaaten?*
  - *Aufgabe 2: Wie ist eine Polis aufgebaut?*
  - *Aufgabe 3: Was beachten Bauern in Bezug auf Jahreszeiten und angepflanzte Gewächse?*
  - *Aufgabe 4: Wie beschreibt Aristoteles die Stadtbewohner?*
- *Überlege dann: Liegt das nur am Klima und an der Landschaft? Oder nur zum Teil? Oder gar nicht? Begründe deine Meinung.*
- *Bedenke mögliche Gegenpositionen: Was spricht gegen ein Überleben durch Anpassung? Hätte das alles auch ohne deine vorherigen Ergebnisse funktioniert?*
- *Fasse dann deine Meinung zusammen.*

S. 107 A1
- *Lege eine Tabelle an mit den Spalten „göttlich" und „menschlich". Wenn du möchtest, kannst du eine zusätzliche Spalte für „heroisch" anfügen.*
- *Lies dir **VT1** zunächst sorgfältig durch und kläre unbekannte Begriffe.*
- *Trage dann die in **VT1** genannten Eigenschaften und Handlungen der Götter in die entsprechende Tabellenspalte. In die zusätzliche Spalte kannst du eintragen, was du über die Heroen herausfindest.*
- *Erläutere anhand deiner Eintragungen, was die Götter mit den Menschen verbindet und was sie unterscheidet.*

S. 107 A5
- *Lies dir **M3** zunächst sorgfältig durch und kläre unbekannte Begriffe.*
- *Arbeite die Ausgangssituation heraus, in der sich Kroisos und das Lyderreich befanden.*
- *Notiere die Frage, die Kroisos den Orakeln von Delphi und Theben stellen ließ.*
- *Schreibe die Antwort der Orakel heraus.*
- *Vergleiche die Ausgangssituation, die Frage und die Antwort miteinander und erkläre, welches Reich jeweils angesprochen wurde.*
- *Erkläre den Fehler, den Kroisos gemacht hat.*

S. 111 A2
- *Fertige zunächst eine Tabelle mit zwei Spalten an und gib den Spalten die Überschriften „Gottesdienst" und „Sportereignis".*
- *Gehe dann die einzelnen Tage durch und kläre dir unbekannte Begriffe.*
- *Entscheide anschließend für die einzelnen Programmpunkte, in welche Spalte sie gehören, und trage sie ein. Wenn du dich bei einem Programmpunkt nicht entscheiden kannst, schreibe ihn neben die Tabelle, um die Zuordnung im Unterrichtsgespräch zu klären.*
- *Kläre dann unbekannte Begriffe bei der Beschriftung der Zeichnung.*
- *Ordne nun die Gebäude in die Tabellenspalten ein.*

S. 111 A3
- *Recherchiere, welche Elemente heute neben dem eigentlichen Stadion noch zu einer olympischen Anlage gehören.*
- *Notiere Unterschiede zwischen der antiken Anlage in Olympia und einer modernen olympischen Spielstätte.*
- *Stelle Vermutungen an,*
  a) warum manche Sportarten bis heute ausgetragen werden,
  b) warum manche Sportarten inzwischen neu hinzugekommen sind, während andere nicht mehr stattfinden.
- *Vergleiche dann deine Ergebnisse mit den modernen olympischen Sportarten und deinem individuellen Hintergrundwissen zu den modernen olympischen Spielen.*

S. 115 A1
- *Überlege dir zunächst, wie die W-Fragen für diese Karte lauten müssten.*
- *Tipp: W-Fragen könnten z. B. sein: Wann? Wer? Wo?*
- *Finde dann Überschriften für die Tabelle und fülle diese.*
  Tipp: Tabellenüberschriften könnten z.B. sein: Schlachten, persische Städte, griechische Poleis

S. 115 A8
- *Warum nimmt man überhaupt Wertungen vor?*
- *Überlege, was geschehen würde, wenn es keine Wertungen gäbe.*
- *Was bedeutet noch einmal „erzählen“ und „berichten“?*
  Tipp: Es geht um den Unterschied in der Erzählweise.
- *Sind Bücher und Filme Berichte oder Erzählungen?*
- *Was bedeutet das für die Antwort auf die Frage?*

S. 119 A2 *So kann deine Tabelle aussehen:*

Bürger		Metöken		Sklaven	
Rechte	Pflichten	Rechte	Pflichten	Rechte	Pflichten

S. 119 A3 *Lege eine Tabelle an.*

	Oikos	heutige Familien
Wer gehört dazu?		
Wer bestimmt über den Oikos/ die Familie?		
Warum heiraten die Eltern?		
Welche Rolle hat das Kind?		

Die Informationen zum Oikos findest du in ***VT2****. Überlege, wie das Leben in deiner Familie aussieht. Vergleiche die Antworten zum Oikos und zur heutigen Familie.*

S. 123 A4 *Folgende Fragen können dir helfen:*

- *Welchen besonderen Stellenwert hat Athens Demokratie laut Perikles?*
- *Was soll Griechenland von Athen lernen?*
- *Welchen Vorteil bringt die Demokratie für die Bürger?*
- *Perikles spricht davon, dass eine größere Zahl von Bürgern die Macht hat. Überprüfe diese Aussagen anhand der Materialien. Beachte dabei die Einteilung der Bevölkerung auf S. 118. Welche dieser Gruppen konnte Macht ausüben und wie viele Menschen waren das im Vergleich zur restlichen Bevölkerung?*

S. 123 A6 *Für den Vergleich der antiken und heutigen Demokratie eignet sich eine Tabelle:*

	Demokratie im antiken Athen	Demokratie heute
Wer darf wählen?		
Wer darf gewählt werden?		
Werden bestimmte Gruppen ausgeschlossen?		
Wer darf Gesetzesvorschläge machen?		
Wer entscheidet über Gesetzesvorschläge?		

Vergleicht nun die Demokratie im antiken Athen und die Demokratie heute. Wo findet ihr Gemeinsamkeiten und Unterschiede? Überlegt anschließend, in welchen Punkten die Demokratie im antiken Athen ein Vorbild der heutigen Demokratie ist und welche Aspekte sich verändert haben.

S. 127 A1

- *Suche zunächst beide Städte auf der Karte.*
- *Schaue dann, welche Gebiete sie beeinflussten und beherrschten.*
- *Wo treffen die Interessen beider Poleis zusammen?*
- *Hätten die Poleis in eine andere Richtung ausweichen können?*
- *Beantworte dann die Frage.*

S. 127 A2

- *Welche Besonderheiten stellt Plutarch heraus?*
- *Welche Besonderheiten formuliert das Video?*
- *„Gesellschaft" bezeichnet insbesondere das Zusammenleben von Menschen. Achte darauf, dass du insbesondere diese Aussagen aufnimmst.*

S. 131 A2
- *Denkt schon während ihr den Dialog spielt darüber nach, was er jeweils aussagt.*
- *Welche Rolle übernimmt Sokrates im Dialog, welche Menon?*
- *Über welche Themen könnten sich beide noch unterhalten?*
- *Sucht dann ein Thema aus und schreibt im gleichen Stil weiter.*

S. 131 A4
- *Benennt zunächst die Hauptfiguren, bevor ihr recherchiert.*
- *Recherchiert dann die Rolle der jeweiligen Figur im Drama.*
- *Überlegt erst danach, was die Rolle für die Zuschauenden aussagen oder vertreten soll. Es könnte beispielsweise um Verhaltensweisen oder Werte gehen.*
- *Danach könnt ihr nachdenken, inwiefern diese Verhaltensweisen und Werte heute noch vorkommen oder wichtig sind.*

S. 135 A7
- *Überlege in Abgrenzung, was „griechisch" oder „persisch" vorher bedeuteten.*
- *Was war dann das Neue?*
- *Schreibe dann eine Definition von „Hellenismus" auf.*

S. 135 A9
- *Für diese Aufgabe musst du alle (oder möglichst viele) der bisherigen Aufgaben mit heranziehen.*
- *Gib der Tabelle eine Überschrift, beispielsweise: „Alexander – ein antiker Superheld?"*
- *Lege dann je eine Spalte für die Pro- und Kontra-Argumente an.*
- *Fülle diese Tabelle mit möglichst vielen Argumenten beider Seiten.*
- *Gewichte diese Argumente und entscheide, ob du zustimmst oder nicht.*
- *Vertritt dann deine Meinung in der Klasse.*

S. 151 A2
- *Lies zuerst noch einmal deine Ergebnisse aus Aufgabe 1.*
- *Bewerte dann, für wie glaubwürdig du die Gründungssage hältst.*
- *Bewerte anschließend, warum sie so populär geworden ist.*
- *Bewerte abschließend, ob die mit der Sage vermittelten Werte aus deiner Sicht auch heute noch gute Werte sind.*

S. 151 A7
- *Lies erst einmal deine Ergebnisse aus Aufgabe 6 noch einmal durch.*
- *Gehe dann die einzelnen Kriterien für die Gründungssage Roms durch. Du kannst einen Haken setzen, wenn ein Kriterium erfüllt ist.*
- *Schaue dann, wo du überall einen Haken setzen konntest und bei welchen Aspekten du Zweifel hast.*

S. 155 A2
- *Stelle dir vor, du bist in Hagenbecks Tierpark und im Elefantengehege steht plötzlich ein großer Elefant vor dir.*
- *Dann stelle dir vor, dass der Elefant nicht durch einen Graben oder durch eine Mauer von dir getrennt ist, sondern du ohne Schutz vor ihm stehst. Dazu treibt ein bewaffneter Soldat, der oben auf dem Tier sitzt, diesen Elefanten gegen dich an.*
- *Versuche jetzt das Gefühl, das in dir hochsteigt oder hochsteigen könnte, in Worte zu fassen.*
- *Beschreibe dann deinem historischen Freund, der Elefanten bisher nur aus Erzählungen kennt, deine Gefühle und die Schlacht.*

S. 155 A4
- *Überlege, zu welchen Zeiten und Umständen ein umfangreicher Handel möglich ist.*
- *Suche die Stadt Sagunt auf der Karte* ***M1****.*
- *Erkläre deinen Mitbürgerinnen und Mitbürgern in Sagunt deine Wünsche in Bezug auf Handel für die Zukunft. Du musst dich dabei nicht unbedingt für eine Seite entscheiden.*

S. 159 A1
- *Suche eine Karte von Europa und dem Mittelmeerraum in einem gedruckten oder digitalen Atlas. Die Karte muss die heutigen Ländernamen beinhalten.*
- *Lege diese Karte neben* ***M3*** *und vergleiche.*
- *Notiere die entsprechenden heutigen Ländernamen des damaligen römischen Reichs.*

S. 159 A5
- *Diodor war griechischer Herkunft. Das damalige Griechenland wurde von den Römern erobert.*
- *Diodor kritisiert eine zweite Phase der römischen Herrschaft. Überlege, wie sich seine Herkunft auf sein Urteil auswirken könnte.*
- *Vergil war ein römischer Bürger und stammte aus Norditalien. Überlege, wie sich seine Herkunft auf sein Urteil auswirken könnte.*
- *Begründe dein Urteil und gehe – falls notwendig für deine Begründung – auch auf diese Verbindungen zur eigenen Herkunft ein.*

S. 163 A1
- *Ein Flussdiagramm gliedert Informationen zu einer Entwicklung in ein übersichtliches und bildhaftes Schema.*
- *Notiere die Begriffe der Ämter, die ein Römer durchlaufen konnte, und sortiere sie nach Wichtigkeit für den römischen Staat.*
- *Verbinde diese Begriffe in Form einer übersichtlichen Skizze, indem du um jede Amtsbezeichnung ein Kästchen malst.*
- *Verbinde alle Kästchen mit Pfeilen: Das Flussdiagramm ist fertig!*

S. 163 A7
- *Arbeite das Verhalten Kleopatras gegenüber Caesar heraus.*
- *Arbeite die Reaktion Caesars und die Folge der Beziehung zu Kleopatra heraus.*
- *Überlege, welche Bedeutung ein eigener Sohn mit der herrschenden Pharaonin für die Stellung Caesars in Ägypten gehabt haben könnte.*

S. 167 A1

- *Suche eine andere Bezeichnung für den Titel „Kaiser" (**VT2**).*
- *Stelle die Leistungen Augustus' für die römische Bevölkerung dar (**VT2**).*
- *Die Quelle **M2** beginnt mit drei Teilsätzen, bevor die eigentliche Hauptaussage folgt. Diese Hauptaussage heißt „... was nicht Augustus nach seiner Rückkehr [...] dem Staat, dem römischen Volk und der Welt gegeben hat."*
- *Schließe nun an jeden Teilsatz, die obenstehende Hauptaussage an, dann kannst du diese lange Quelle besser verstehen.*
- *Erkläre nun das Lob des Paterculus.*

S. 167 A5

- *Füge im oberen Bereich der Mindmap die Bereiche, in denen Sklaven arbeiteten, ein.*
- *Füge im unteren Bereich der Mindmap Adjektive, die dir bei dem Durcharbeiten der Quellen zur Behandlung von Sklaven einfallen, ein. Achte auch auf Ausnahmen.*
- *Überlege, wer die zahlreichen Gebäude, Städte und Straßen größtenteils und eigenhändig gebaut hat.*

S. 171 A3

- *Weise den damaligen Gebäuden bestimmte Funktionen zu, z. B. war das Kolosseum ein Platz oder ein Theater für bestimmte Spiele.*
- *Überlege dann, welche Bauwerke und Einrichtungen diese Funktion heute übernehmen. Vielleicht gibt es heute auch derartige Funktionen nicht mehr?*

S. 171 A9

- *Schaue zunächst noch einmal deine Ergebnisse dieses Kapitels an. Bestimme die Funktionen aller Gebäude, die du aufgeschrieben hast.*
- *Ein Beispiel könnte die Funktion des Kolosseums sein (für Vergnügen/Entspannung). Möglicherweise hast du heute vergleichbare Gebäude gefunden (Stadion, Kino).*
- *Arbeite dann die Mindmap und die römischen Gebäude nacheinander durch.*
- *Vergleiche schließlich das Stadtleben heute und damals.*

S. 175 A2

- *Überlege, wer in der römischen Bevölkerung in dieser Zeit besonders unbeliebt gewesen sein könnte oder bedrohlich wirkte.*
- *In vielen Gemeinschaften gab und gibt es eine Neigung, für Unglücke so genannte „Sündenböcke" verantwortlich zu machen. Überlege, warum sich Nero oder die christliche Minderheit besonders zu diesem Zweck eigneten.*

S. 175 A6
- *Der Autor, Eusebius von Caesaria, war Christ und wollte unbedingt den christlichen Glauben verbreiten. Nenne Mittel, die er verwenden konnte, um dieses Ziel zu erreichen.*
- *Überlege, warum Eusebius gerade diese Geschichte von Konstantin erzählt hat.*
- *Beurteile die Glaubwürdigkeit des Eusebius.*

S. 179 A2
- *Arbeite aus **M3** und **VT2** heraus, aus welchen Jahren die Münzfunde aus Kalkriese stammen und wann die schriftlichen Quellen von der Varusschlacht berichten.*
- *Aus welchen Jahren wurden Münzen gefunden? Erkläre nun, warum diese Funde ein Hinweis auf die Varusschlacht gewesen sein könnten.*

S. 179 A3
- *Überlege, welche Bedeutung die Niederlage in der Varusschlacht für die Römer hatte.*
- *Arbeite aus den Materialien heraus, welche Maßnahmen nun ergriffen wurden, um erneute Niederlagen zu vermeiden.*
- *Überlege, wie die Römer kriegsfähige Männer für ihre Hilfstruppen finden konnten und was die römische Münze in Hamburg womöglich damit zu tun haben könnte.*

S. 183 A3
- *Berechne wie viele Jahre zwischen 395 und 476 n. Chr. vergangen sind. Wenn du dann diese Zahl durch die Zahl der in dieser Zeit regierenden Kaiser dividierst, erhältst du die durchschnittliche Regierungszeit eines Kaisers.*
- *Manche Kaiser regierten im 1. und 2. Jh. n. Chr. jahrzehntelang. Kaiser Augustus war 41 Jahre an der Spitze des römischen Reichs. Vergleiche mit deiner ermittelten durchschnittlichen Regierungszeit der Kaiser zwischen 395 und 476 n. Chr. und leite ab, was dieser Vergleich für den Zustand des römischen Reiches aussagt.*

S. 183 A4
- *Arbeite aus den Zeilen 1–7 von **M4** heraus, mit welcher Absicht die Westgoten ins römische Reich kamen.*
- *Arbeite dann aus den Zeilen 8–17 heraus, wie die Römer auf diese Absicht reagierten.*
- *Arbeite dann aus den Zeilen 17–27 heraus, wie die Westgoten wiederum auf diese Behandlung durch die Römer reagierten.*
- *Beantworte jetzt die Aufgabe.*

Arbeitsmethoden für das Fach Geschichte

METHODE Textquellen auswerten

› 1. Schritt: Beschreiben

Fasse die wichtigsten Punkte zusammen: Was ist Thema der Quelle? Was erfahren wir über Personen und Ereignisse? Kläre Begriffe, die dir unbekannt sind.

› 2. Schritt: Untersuchen

1. Wer hat den Text geschrieben?
2. Für wen ist der Text bestimmt?
3. Wie steht die Verfasserin/der Verfasser vermutlich zum Berichteten?

› 3. Schritt: Zusammenfassen und deuten

1. Was sind die wichtigsten Erkenntnisse aus der Quelle? Fasse sie in Stichpunkten zusammen.
2. Welche Absicht der Autorin/des Autors wird im Text deutlich? Wie bewertet sie/er das Berichtete? Wie passen die Ergebnisse zu deinen bisherigen Kenntnissen?

METHODE Geschichtskarten untersuchen

› 1. Schritt: Beschreiben

1. Benenne das Thema der Karte. Tipp: Beachte die Überschrift.
2. Beschreibe, welche Gebiete/Länder in der Karte dargestellt werden und über welche Zeit die Karte Auskunft gibt.

› 2. Schritt: Untersuchen

1. Erläutere die einzelnen Elemente der Legende und arbeite damit die Informationen heraus, die du der Karte entnehmen kannst.
2. Benenne, ob die Karte einen bestimmten Zustand oder eine Entwicklung zeigt.

› 3. Schritt: Deuten

Fasse kurz zusammen, welche geschichtlichen Erkenntnisse dir die Karte liefert und welche nicht.

METHODE Zeitleisten erstellen

› 1. Schritt: Recherchieren

1. Überlege zuerst, zu welchem Thema und zu welchem Zweck du eine Zeitleiste erstellen möchtest.
2. Sammle Daten, die auf der Zeitleiste eingetragen werden sollen.

› 2. Schritt: Planen

1. Entscheide, mit welchem Zeitpunkt die Leiste beginnen und mit welchem sie enden soll.
2. Lege fest, welche Zeiträume und Daten eingetragen werden sollen, und teile die Skala in Zeitabschnitte ein.
3. Ordne die Daten chronologisch, d. h. in der richtigen zeitlichen Reihenfolge.

› 3. Schritt: Gestalten

1. Trage die Daten auf der Skala ein.
   Tipp: Für eine bessere Orientierung kannst du auch noch andere Ereignisse eintragen, die für die dargestellte Zeit besonders wichtig waren.
2. Klebe Bilder an die passende Stelle unter oder über die Zeitleiste.
3. Formuliere passende Unterschriften zu deinen Bildern.

METHODE Schaubilder untersuchen

› 1. Schritt: Beschreiben

Nenne das Thema des Schaubildes und ordne das Schaubild einer Zeit und einem Ort zu. Tipp: Die Überschrift hilft dir hier weiter.

› 2. Schritt: Untersuchen

1. Betrachte die Bestandteile des Schaubildes und achte dabei auch auf Pfeile, Zeichen und Kästen. Kläre unklare Begriffe.
2. Kläre, wofür die einzelnen Bestandteile des Schaubildes stehen.
3. Erkläre, falls möglich und dir einleuchtend, ob die Form des Schaubildes etwas über den Inhalt aussagt.

› 3. Schritt: Deuten

Fasse zusammen, welche Informationen du dem Schaubild entnehmen kannst und welche nicht.

METHODE Rekonstruktionszeichnungen erschließen

› 1. Schritt: Betrachten und Beschreiben

Betrachte das Bild und beschreibe, was du siehst.

› 2. Schritt: Untersuchen

1. Benenne Einzelheiten: Personen, Lebewesen, Gegenstände.
2. Schildere, welche Tätigkeiten dargestellt sind.
3. Werte die Bildunterschrift aus: Welchen Titel trägt die Rekonstruktionszeichnung? Wann, wo, von wem und für wen ist sie geschaffen worden?
4. Erläutere die Art der Darstellung: Welche Merkmale (Farben, Perspektive) kennzeichnen das Bild? Welche Stimmung wird erzeugt?

› 3. Schritt: Deuten

1. Erkläre den Zweck der Rekonstruktionszeichnung.
2. Fasse zusammen, welche historischen Erkenntnisse die Rekonstruktionszeichnung vermitteln möchte.
3. Überprüfe – wenn möglich –, ob diese Erkenntnisse auf Vermutungen beruhen oder gesichert sind. An welchen Merkmalen lässt sich das erkennen?

Allgemeine Arbeitstechniken

ARBEITSTECHNIK Internetrecherche

› 1. Schritt: Einen Überblick verschaffen

1. Gib den gesuchten Begriff in eine Suchmaschine, wie z. B. Google oder Blinde Kuh, ein.
2. Lies die Beschreibungen zu den gefundenen Webseiten und wähle eine davon aus.

› 2. Schritt: Informieren

1. Klicke die ausgewählte Seite an und prüfe, ob sie vertrauenswürdig ist. Dazu kannst du die folgende Checkliste benutzen:
   - Ist die Seite übersichtlich gestaltet?
   - Ist Werbung auf der Seite gekennzeichnet?
   - Sind die Autorinnen und Autoren der Texte genannt?
   - Sind Quellenangaben zu den Medien auf der Seite vorhanden?
   - Gibt es ein Impressum und ist das Impressum glaubwürdig?
2. Prüfe nach, ob die Seite hilfreiche Informationen zum gesuchten Thema enthält. Betrachte dazu z. B. die Überschriften und die Bilder.

› 3. Schritt: Notizen machen

Lies den Text aufmerksam und notiere die wichtigsten Inhalte in Stichpunkten. Notiere auch, auf welcher Webseite du die Informationen gefunden hast und wenn möglich den Autor oder die Autorin des Textes.

› 4. Schritt: Informationen überprüfen

Wiederhole die Schritte 2 und 3 bei mindestens zwei weiteren Webseiten und überprüfe, ob du dieselben Informationen erhältst.

Du möchtest Internetrecherche lieber in einem Online-Modul lernen? Unter Mediencode 31100-0042 zeigt dir Robby, wie das geht.

ARBEITSTECHNIK Diskussionen vorbereiten

In einer Diskussion werden verschiedene Meinungen zu einer Sache ausgetauscht. So bereitet ihr eine Diskussion vor:

1. Ihr legt das Thema oder die Streitfrage fest, über die ihr diskutieren wollt.
2. Ihr sammelt für jede Meinung Begründungen (Argumente und Beispiele).
3. In der Diskussion tragt ihr Argumente und Beispiele vor und begründet damit eure Meinung.

ARBEITSTECHNIK Wandplakat erstellen

Hast du dich mit einem Thema gründlich beschäftigt, kannst du dein Arbeitsergebnis anschaulich als Wandplakat mit Texten, Abbildungen und Grafiken präsentieren.

› 1. Schritt: Vorbereitung

1. Der Umfang bzw. Platz sowie die zur Verfügung stehende Zeit sind begrenzt. Darauf musst du dich einstellen.
2. Ordne deine Ergebnisse wie in einer kurzen Zeitungsmeldung nach Wichtigkeit.

› 2. Schritt: Inhalt

1. Formuliere klar, genau und verständlich in kurzen, einfachen Sätzen wie in einer Inhaltsangabe.
2. Verdeutliche wichtige Aussagen mit großen Abbildungen, Schaubildern oder Karten.
3. Gib dem Plakat einen Titel, der motiviert und informiert.
4. Vergiss nicht, die Quellen deiner Informationen, Texte und Bilder anzugeben.

› 3. Schritt: Gestaltung

1. Wähle eine einheitliche Schrift in angemessener Größe, sodass sie einwandfrei lesbar ist. Kurze Abschnitte mit knappen Überschriften machen den Text übersichtlich.
2. Gestalte dein Plakat vielfältig und übersichtlich. Achte darauf, dass der Text- den Bildanteil nicht übertrifft.

ARBEITSTECHNIK Plakat-Ausstellung durchführen

❯ 1. Schritt: Plakate sichten

1. Stellt die Plakate gut sichtbar und leicht zugänglich an verschiedenen Standorten im Klassenzimmer aus.
2. Verschafft euch einzeln oder in Gruppen einen Überblick über die Ausstellung.
3. Gegebenenfalls steht bei den einzelnen Plakaten eine Expertin oder ein Experte bereit, um die ausgestellten Arbeitsergebnisse zu erläutern sowie auf Rückfragen einzugehen.

❯ 2. Schritt: Austausch

1. Je nach Auftrag diskutiert bzw. kommentiert ihr die Arbeitsergebnisse eurer Mitschülerinnen und Mitschüler.
2. Auf ein Signal hin wechselt ihr den Standort.
3. Der Wechsel erfolgt solange, bis der Ausgangsstandort wieder erreicht ist.
4. Achtet darauf, dass auch die Expertinnen und Experten eine Möglichkeit bekommen, die Plakat-Ausstellung vollständig zu besuchen.
5. Registriert anschließend die Kommentare und das Feedback eurer Mitschülerinnen und Mitschüler und arbeitet dies in die eigene Präsentation ein.

ARBEITSTECHNIK Cluster/Wortwolke/Mindmap/Concept-Map erstellen

❯ 1. Schritt: Was ist ein Cluster/eine Wortwolke?

1. Das englische Wort „Cluster" steht für das Sammeln von Gedanken zu einem Begriff oder Satz. Hierfür wird der Begriff oder der Satz in die Mitte eines Blattes geschrieben.
2. Angeregt von diesem Wort oder Satz schreibst du spontan weitere Wörter darum herum, die dir dazu einfallen. Diese Arbeitsmethode hilft, Ideen zu sammeln und Gedanken zu ordnen.

❯ 2. Schritt: Wie entsteht eine Mindmap/Concept-Map?

Aus einem Cluster wird eine Mindmap (Gedanken-Landkarte)/Concept-Map, wenn du deine Ideen nach Oberbegriffen gliederst und zwischen den Begriffen Verbindungslinien ziehst. Sie machen dann die Beziehungen der Begriffe zueinander deutlich. Eine Mindmap setzt schon genauere Kenntnisse über den Begriff oder den Satz voraus, zu dem du Ideen sammeln willst. Eine Mindmap hilft dir, ein Thema zu vertiefen und übersichtlich darzustellen. Cluster/Wortwolke/Mindmap/Concept-Map können besonders ertragreich sein, wenn sie in Partner- oder Gruppenarbeit erstellt werden.

ARBEITSTECHNIK Präsentation erstellen

❯ 1. Schritt: Online-Modul

Du hast noch nie mit einem Präsentationsprogramm gearbeitet? Unter Mediencode 31100-0043 erklärt Robby dir Schritt für Schritt, wie das geht. Sieh dir das Online-Modul an und erstelle parallel deine erste eigene Präsentation.

Online-Modul: Präsentationsprogramm

31100-0043

❯ 2. Schritt: Design wählen und Startfolie erstellen

1. Wähle ein passendes Design aus dem Reiter „Entwurf“ aus. Achte darauf, dass das Design nicht zu unruhig wirkt oder zu grell oder zu dunkel ist.
2. Gestalte die Startfolie. Sie sollte den Titel deiner Präsentation und deinen Namen enthalten. Ein Untertitel und ein passendes Foto machen die Folie interessanter. Die Schriftgröße sollte beim Titel mindestens 48 pt betragen.

❯ 3. Schritt: Folien gestalten

1. Du hast dir bereits überlegt, wie du deine Präsentation sinnvoll gliederst. Erstelle nun anhand deiner Gliederung die Folien.
2. Beginne mit der Überschrift. Sie sollte groß und gut lesbar sein.
3. Notiere deine Informationen möglichst in Stichpunkten, die nacheinander erscheinen. Das ist besser lesbar als ein Fließtext. Kurze Zitate kannst du natürlich einbauen. Achte auch hier auf eine große und gut lesbare Schrift. Setze Farben sparsam ein.
4. Überlege, ob du die Folie durch ein Bild ansprechender gestalten kannst.

❯ 4. Schritt: Quellenangaben

1. Gib bei allen Texten und Bildern, die du verwendest, an, woher du sie hast. Du kannst das direkt darunter tun, normalerweise verwendet man dafür aber eine eigene Folie.
2. Bei Bildern und Texten aus dem Internet gibst du den Link zur Seite an und dahinter in Klammern das Datum, an dem du die Seite zuletzt aufgerufen hast:
   https://www.link-zu-einer-seite.de/Bild1 (Stand: 23.05.2024)
3. Bei Texten gibst du den Autor oder Herausgeber, den Titel des Werkes, Erscheinungsjahr und -ort sowie die Seite, auf der der Text steht an:
   Vorname Name, Titel des Werkes, Ort 2024, S. 15–19

ARBEITSTECHNIK Eine Stadt digital entdecken

❯ 1. Schritt: Sehenswürdigkeiten und interessante Orte recherchieren

1. Gib den Namen der Stadt in eine Suchmaschine ein und suche nach Sehenswürdigkeiten oder sehenswerten Orten.
2. Lasse dir die Stadt als digitalen Stadtplan anzeigen. Häufig sind darauf weitere Sehenswürdigkeiten eingezeichnet.
3. Notiere dir, welche Orte du digital besuchen möchtest.

❯ 2. Schritt: Sehenswürdigkeiten digital erkunden

1. Gib diese Orte bei Google Street View ein und laufe für einen ersten Eindruck virtuell an ihnen vorbei. Du kannst sie auch per 360° Foto betrachten.
2. Wenn du Details einzelner Bauwerke sehen möchtest, kannst du mit einer Suchmaschine nach entsprechenden Bildern suchen.

❯ 3. Schritt: Informationen festhalten

1. Notiere dir, welche Orte du in der Stadt digital entdeckt hast.
2. Schreibe auch auf, was du leicht herausfinden konntest und was digital vielleicht nicht oder schwer zu besuchen war.

ARBEITSTECHNIK Ein Klipp-Klapp erstellen

❯ 1. Schritt: Was ist ein Klipp-Klapp?

Ein Klipp-Klapp besteht aus einem Blatt Papier, das in der Mitte gefaltet wird. Die vordere Seite kann noch eingeschnitten werden, sodass verschiedene „Klappen“ entstehen:

❯ 2. Schritt: Wie befüllt man ein Klipp-Klapp?

Bei einem Klipp-Klapp gibt die Außenseite einen Hinweis darauf, was man auf der Innenseite findet. So kann auf der Außenseite z. B. eine Frage stehen, die dann auf der Innenseite beantwortet wird. Oder auf der Außenseite steht eine These zu der dann auf der Innenseite ein Gegenargument oder die Begründung steht. Wichtig ist nur, dass sich Außen- und Innenseite einer „Klappe“ aufeinander beziehen.

Lexikon zur Geschichte – Begriffe

In den Verfassertexten sind wichtige Begriffe hervorgehoben. Erklärungen zu diesen Begriffen findest du in diesem Lexikon. Da manche Begriffe zusammenhängen, verwenden wir in den Erklärungen manchmal einen anderen Eintrag aus dem Lexikon. Dies machen wir durch ein Pfeilsymbol → deutlich.

Adel: (althochdeutsch adal: Geschlecht) Eine Gruppe von Familien, die aufgrund von Geburt, Besitz oder Leistung eine besondere Stellung einnahm.

Altsteinzeit: Ältester Abschnitt der Menschheitsgeschichte, der vor rund 2,6 Millionen Jahren begann. Die Menschen lernten, das Feuer zu gebrauchen und → Werkzeuge und Waffen aus Stein, Knochen und Holz herzustellen. Sie lebten als → Jäger und Sammler.

Antike: (lat. antiquus: alt) Der Begriff Antike umfasst etwa den Zeitraum zwischen 1200 v. Chr. und 500 n. Chr. In diesem Zeitraum beherrschten und prägten die Römer und Griechen den Mittelmeerraum und Mitteleuropa.

Arbeitsteilung: Um ein bestimmtes Produkt fertigzustellen, sind unterschiedliche Arbeitsschritte notwendig. Bei einer Arbeitsteilung werden diese auf verschiedene Menschen aufgeteilt, die sich darauf spezialisiert haben. Eine Folge der Arbeitsteilung ist die Entstehung von Berufen.

Aristokratie: (griech. aristos: bester; kratia: Herrschaft; „Herrschaft der Besten") Regierungsform, in der eine Gruppe von Adligen (→ Adel) oder besonders angesehenen Menschen herrscht.

Bildquelle: → Quelle, die in Form eines Bildes überliefert ist, z. B. Gemälde, Zeichnung, Karikatur, Film oder Fotografie.

Bürgerrecht: Rechte eines Menschen im → Staat, in dem er lebt. In der → Antike genoss häufig nur derjenige Bürgerrechte, der von Bürgern abstammte, Haus- und Grundbesitz hatte und die Gemeinschaft durch Steuern und Wehrdienst unterstützen konnte.

Christentum: Monotheistische Weltreligion (→ Religion, → Monotheismus), die aus dem älteren Judentum hervorgegangen ist. Die Christinnen und Christen glauben an einen Gott und seinen Sohn → Jesus Christus. Er habe sich für die Menschen geopfert und sei vom Tode auferstanden. Deshalb ist das Christentum eng verknüpft mit dem Glauben an die Auferstehung und das Leben nach dem Tod. Im → Imperium Romanum wurden Christinnen und Christen zunächst verfolgt (→ Christenverfolgung). → Kaiser → Konstantin erlaubte 313 n. Chr. der christlichen Bevölkerung die Religionsausübung. 380 n. Chr. wurde das Christentum → Staatsreligion, was die Christianisierung Europas ermöglichte.

Christenverfolgung: Gewaltsame Unterdrückung des → Christentums im → Imperium Romanum (1.–4. Jh. n. Chr.). Viele römische → Kaiser verfolgten die christliche Bevölkerung, da das Verbot, mehrere Götter zu verehren (→ Monotheismus), dem römischen → Kaiserkult widersprach. Den Christinnen und Christen drohte für ihren Glauben der Tod, sodass viele als Märtyrer starben.

Chronologie: Die Lehre von der → Zeitrechnung, also der Ordnung der → Zeit als Abfolge von Jahren und Ereignissen (→ Kalender, Zeitstrahl).

Darstellung: (Wissenschaftliche) Erzählung über die Vergangenheit, die sich auf → Quellen aus der Zeit stützt und den Methoden der Geschichtswissenschaft folgt.

Demokratie: (griech. demos: Volk; kratía: Herrschaft) Herrschaft des Volkes über sich selbst. In Athen konnten sich seit Mitte des 5. Jh. v. Chr. alle einheimischen und wehrfähigen Bürger an der Regierung und Rechtsprechung beteiligen; bei Wahlen und Abstimmungen entschied die Mehrheit.

Epoche: Ein großer Zeitraum der → Geschichte. Man unterscheidet in Europa vier Epochen: die Ur- und Frühgeschichte, die → Antike, das Mittelalter und die Neuzeit. Für andere Kontinente gelten andere Epocheneinteilungen, weil sie sich lange Zeit ganz anders als Europa entwickelt haben.

familia: Im Römischen Reich die Hausgemeinschaft, zu der die Familienmitglieder aller Generationen sowie Bedienstete, → Sklaven und Freigelassene gehörten. An der Spitze der Hausgemeinschaft stand das älteste männliche Familienmitglied, der Pater familias, dessen väterlicher Gewalt sich die gesamte Familia unterwerfen musste.

Faustkeil: In der → Altsteinzeit weit verbreitetes → Werkzeug, das zu vielen verschiedenen Tätigkeiten verwendet wurde. Der Faustkeil bestand aus hartem Stein, der so behauen wurde, dass er an einem Ende rund war und am anderen eine Spitze hatte.

Germane/Germanin: Zusammenfassende Bezeichnung für Angehörige einer Vielzahl von Stämmen in Mitteleuropa und Südskandinavien seit etwa 100 v. Chr. Die Bezeichnung als „Germanen" erfolgte durch römische Schriftsteller. Ein einheitliches „germanisches Volk" gab es nicht, auch wenn Sprache und → Religion der germanischen Stämme viele Gemeinsamkeiten aufweisen. Während der → Völkerwanderung kamen Germaninnen und Germanen in das Römische Reich und errichteten nach dem Untergang der römischen Kaiserherrschaft germanische Reiche.

Geschichte: Geschichte (lat. historia) Alles, was Menschen in der Vergangenheit gemacht haben und durch → Quellen überliefert wurde. Die → Darstellung von Geschichte ist immer das Ergebnis einer bestimmten Sichtweise von ausgewählten Teilen der Vergangenheit.

Gesellschaft: Eine Gruppe von Menschen, die sich sprachlich verständigen können, ähnlich leben und sich durch → Religion oder Gewohnheiten von Menschen in anderen Ländern unterscheiden. Die Personen, die in einer Gesellschaft leben, stehen im sozialen Austausch – zum Beispiel durch Berufe, die sich gegenseitig ergänzen und durch ein Zusammenleben in Gemeinschaften.

Götterkulte: (lat. cultus: Verehrung [der Götter]) Handlungen von Menschen, um mit Gott oder Göttern in Kontakt zu treten: Gebet, Opfer, Verehrung von Bildern, Aufführung von religiösen Spielen und Musik, Wettkämpfe zu Ehren der Götter. Die meisten Kulthandlungen fanden in Tempeln statt.

Gründungsmythos: Sagenhafte Erzählung über den Anfang und Ursprung einer Stadt oder eines Reiches oder einer alten und vornehmen Familie. Der Gründungsmythos beruft sich auf die Götter und beschreibt übernatürliche Ereignisse. Ein Beispiel ist die mythische Gründung Roms im Jahre 753 v. Chr. durch Romulus (→ Romulus und Remus).

Hellenismus: Zeit zwischen dem 3. und 1. Jh. v. Chr., in der unter dem Einfluss → Alexanders des Großen die griechische Architektur, Kunst und Sprache über den ganzen Mittelmeerraum und Nordasien verbreitet waren.

Hierarchie: (griech. hieros: heilig, archè: Herrschaft) Eine Hierarchie bedingt Stufen innerhalb einer → Gesellschaft. Menschen aus den oberen Stufen dürfen denen der unteren Befehle erteilen, sind angesehener und wohlhabender. Die vormodernen Gesellschaften wie die alten → Hochkulturen Ägypten oder Mesopotamien, das antike Griechenland und das alte Rom (→ Antike) waren hierarchisch gegliedert und durch eine solche Rangordnung bestimmt.

Hieroglyphen: (griech. hieros: heilig, glyphe: Eingeritztes) → Schrift der Ägypterinnen und Ägypter, die von ca. 3200 v. Chr. bis 394 n. Chr. benutzt wurde und auch „Schrift der Gottesworte" genannt wurde. Die Hieroglyphen bestand aus über 700 Zeichen, die in Stein geritzt und ausgemalt wurden. Sie wurden im 19. Jh. durch Jean-François Champollion mithilfe des Steins von Rosetta entschlüsselt, auf dem der gleiche Text in mehreren Sprachen und Schriften stand (Hieroglyphen, Altgriechisch und Demotisch, einer weiteren ägyptischen Schrift).

Historikerin/Historiker: Geschichtsforschende, die sich mit der Erforschung und → Darstellung der → Geschichte beschäftigen. Der Begriff leitet sich ab von griech. historia: Erkundung, Erforschung ab.

Hochkultur: Eine gegenüber dem einfachen bäuerlichen Leben weiterentwickelte Lebensform (→ Kultur). Kennzeichen einer frühen Hochkultur sind Städte, große Bauwerke (z. B. → Pyramiden in Ägypten oder Zikkurats in Mesopotamien), → Schrift (z. B. → Hieroglyphen oder Keilschrift), → Verwaltung, → Religion, Rechtspflege, Handwerk, Handel und → Arbeitsteilung. Die ersten Hochkulturen entstanden an den Flüssen Euphrat und Tigris in Mesopotamien (heute Anatolien, Irak und Syrien), am Nil (Ägypten) sowie am Indus in Indien und am Hwangho im Norden Chinas.

Homo sapiens: Lat. Bezeichnung für den verstehenden, vernünftigen Menschen, den Jetztmenschen, der entwicklungsgeschichtlich als unser direkter Vorfahr gilt. Erste Angehörige der Art Homo sapiens lebten vor etwa 100 000 Jahren.

Imperium Romanum: (lat. imperare: befehlen, beherrschen) Bezeichnete zunächst die Befehlsgewalt der höchsten römischen Beamten, später das gesamte Reich, das die Römer ca. vom 8. Jh. v. Chr. bis zum 5. Jh. n. Chr. beherrschten.

Jäger und Sammler: Männer und Frauen, die in der Natur umherzogen, um sich von wilden Tieren und Pflanzen zu ernähren. Diese Lebens- und Wirtschaftsform dauerte von der → Altsteinzeit bis in die → Jungsteinzeit an.

Jungsteinzeit: Ein Zeitabschnitt ab etwa 10 000 v. Chr., in dem viele Menschen sesshaft wurden (→ Sesshaftigkeit). Sie entwickelten sich dabei von → Jägern und Sammlern zu Ackerbauern und Viehzüchtern. Der Übergang dauerte viele Jahrhunderte. Lange Zeit lebten wandernde und sesshafte Menschen nebeneinander.

Kaiser: Höchster weltlicher Herrschertitel. Der Begriff ist abgeleitet vom Namen „Caesar" (Gaius Julius → Caesar), der Bestandteil des Titels der Herrscher des Römischen Reiches seit → Augustus war.

Kaiserkult: Kultische Verehrung des → Kaisers und seiner Vorfahren im Römischen Reich. Die Menschen brachten toten oder lebenden Herrschern Opfer dar, beteten ihr Bildnis an und machten sie dadurch zwar nicht zu einem Gott (deus), aber zu einem Vergöttlichten (divus). Der Kaiserkult war Teil der → Staatsreligion und setzte sich ab → Augustus durch, der seinen ermordeten Adoptivvater → Caesar verehren ließ.

Kaiserzeit: Auf die Zeit der römischen → Republik folgte 27 v. Chr. eine Kaiserzeit, die mit → Augustus begann und bis zum Herrschaftsantritt Diokletians 284 n. Chr. andauerte.

Kalender: Übersicht der Tage, Wochen und Monate eines Jahres. Ein Kalender soll nicht nur Termine eindeutig beschreiben. Er soll auch eine Aussage über jährlich wiederkehrende Ereignisse erlauben, etwa die → Nilschwemme oder den Frühlingsbeginn.

Kultur: (lat. cultura: Bearbeitung, Pflege, Ackerbau) Im weitesten Sinne alles, was der Mensch gestaltend hervorgebracht hat: die Veränderung der Natur etwa durch Ackerbau oder das Anfertigen von → Werkzeugen, aber auch geistige Dinge wie Sprache, → Schrift, → Religion, Kunst und Wissenschaft sowie die sozialen Organisationsformen, in denen die Menschen zusammenleben, etwa als → Gesellschaft (→ Hochkultur). Der Begriff Kultur kann auch für bestimmte Volksgruppen und deren Besonderheiten des Zusammenlebens verwandt werden, z. B. die antiken Kulturen Griechenland und Rom (→ Antike).

Legion: (lat. legere: auswählen) Römischer Heeresverband, der aus bis zu 6000 Soldaten bestand und von deutlich weniger berittenen Soldaten unterstützt wurde. Eine Legion kämpfte selbstständig und war gut ausgebildet und ausgerüstet. Die Legionen trugen wesentlich zu den militärischen Erfolgen des Römischen Reiches bei.

Metallzeiten: Geschichtliche → Epochen, die den Steinzeiten folgen und in denen die Menschen lernen, Gegenstände aus Metall herzustellen. Voraussetzung war, dass sie erkennen, in welchen Gesteinen Metalle vorkommen, dass sie diese aus dem Gestein gewinnen und anschließend schmelzen, in Formen gießen oder schmieden können. Zuerst bearbeiteten die Menschen Kupfer, später lernten sie, Bronze herzustellen und Eisen zu bearbeiten. Auf diese Weise können wir die Bronzezeit und Eisenzeit als geschichtliche Epochen unterscheiden.

Metöke: (griech. meta: inmitten) In griechischen Stadtstaaten (→ Polis) ein zugezogener Bürger, ein „Fremder". Er hatte gegenüber den dort geborenen Menschen weniger Rechte, er durfte nicht in der → Volksversammlung abstimmen.

Monotheismus: Glaube an einen einzigen Gott. Die großen monotheistischen → Religionen sind Judentum, → Christentum und Islam. Das Gegenteil des Monotheismus ist der → Polytheismus.

mündliche Quelle: Mündlich überlieferte → Quelle, z. B. von Generation zu Generation weitererzählte Geschichten, Sagen oder Lieder, aber auch Aussagen von Zeitzeugen.

Mythologie: Die Gesamtheit aller → Mythen einer Gruppe von Menschen oder eines Volkes wird Mythologie genannt.

Mythos: Begriff aus dem Griechischen; er bedeutet Reden, Erzählungen. Mythen sind eng mit Sagen verwandt. Beide Erzählformen werden zunächst mündlich weitergegeben und haben einen festen Kern, der als Erzählung mit erfundenen Anteilen ausgeschmückt wird. Mythen handeln von Göttern und

Helden, sind oft sehr alt und damit Geschichten, die auf den Ursprung einer → Gesellschaft zurückgehen.

Neandertaler: Ausgestorbene Art des Urmenschen. Neandertaler lebten vor etwa 100 000 bis 30 000 Jahren in Europa und Teilen Asiens. Ihr Körperbau war an kaltes Klima angepasst. Eine Zeitlang lebten sie gemeinsam mit Jetztmenschen.

Neolithische Revolution: (Neolithikum; griech. neos: neu, jung; lithos: Stein) Allmählicher Übergang von der → Altsteinzeit, die etwa vor 2,6 Millionen Jahren begann, in die → Jungsteinzeit, die etwa vor 7 500 Jahren begann. Damals gingen → Jäger und Sammler dazu über, sesshafte Ackerbauern, Viehhalter und Handwerker zu werden (→ Sesshaftigkeit). Der Übergang dauerte viele Jahrhunderte. Lange Zeit lebten wandernde und sesshafte Menschen nebeneinander. → Historikerinnen und Historiker sprechen von der Neolithischen „→ Revolution", da der Umbruch des Lebens tiefgreifend war.

Nilschwemme: Ein jährlich wiederkehrendes, schlammiges Hochwasser aus dem Nil, das die Felder bewässerte und düngte und eine Grundbedingung dafür darstellte, dass sich in Ägypten eine → Hochkultur entwickeln konnte. Die Gefahr von Überschwemmungen wurde erst mit dem Bau des Assuan-Staudamms im letzten Jahrhundert eingegrenzt.

Oikos: (griech. Haushalt, Wohnung) Gemeinschaft von Menschen, die in einem Haus oder auf einem Hof lebten. Dazu gehörten der Hausherr und seine Frau, ihre Kinder, bei erwachsenen Söhnen auch deren Frauen, sowie Diener und → Sklaven. Der Oikos war die Grundlage der griechischen → Gesellschaft.

Olympische Spiele: Olympische Spiele: Seit etwa dem 11. Jh. v. Chr. fanden in Olympia Feiern zu Ehren der Götter statt, zu denen Sportwettkämpfe wehrfähiger Männer gehörten. 394 n. Chr. wurden die Spiele von den Christen (→ Christentum) als heidnisch verboten. 1896 fanden die ersten Olympischen Spiele der Neuzeit in Athen statt.

Orakel: (lat. oraculum: „Sprechstätte", Götterspruch) Ort, an dem durch eine Person die Zukunft gedeutet, Unbekanntes erklärt und Verborgenes aufgedeckt wird. Durch Orakelpriester sollen die Götter selbst gesprochen haben. Orakel wurden befragt, um in unsicheren Lagen die richtige Handlung zu finden.

Patrizier: Angehörige der wohlhabenden Oberschicht im alten Rom und Nachkommen der ältesten adligen Familien (→ Adel, → Aristokratie), die zu Beginn der römischen → Republik alleine regierten. Sie stellten zunächst alle Mitglieder des Rates (→ Senat), besaßen die politische Führung und waren gegenüber den → Plebejern privilegiert.

Persisches Großreich: Reich, das sich um 500 v. Chr. von der Küste Kleinasiens bis nach Indien erstreckte und Ägypten einschloss. Herrscher des Reiches waren Großkönige. Ihre Herrschaft umfasste viele frühere selbstständige Königreiche.

Pharao: Er oder sie war Herrscher über das alte Ägypten und die Bevölkerung sagte ihm oder ihr göttliche Abstammung nach. Der Titel bedeutete zunächst „großes Haus" und wurde ab dem 2. Jahrtausend v. Chr. für die ägyptischen Herrscherinnen und Herrscher verwendet.

Plebejer: (lat. plebs: Menge, Volk): Im alten Rom Angehörige des Volkes, der arbeitenden Schicht. In den Ständekämpfen forderten sie die Gleichstellung mit den → Patriziern.

Polis: (dt. Burg, Stadt; Plural: Poleis) Bezeichnung für einen Stadtstaat im antiken Griechenland (→ Antike); zunächst eine Burg mit dazugehöriger Siedlung, ab etwa 800 ein Ort, der aus einem städtischen Zentrum und Umland bestand. Das Zentrum war geschützter Wohnort, Sitz der Regierung und Mittelpunkt religiöser Feiern (→ Tempel). Im Umland wurde Nahrung angebaut. Im 5. Jh. v. Chr. gab es rund 700 griechische Stadtstaaten.

Polytheismus: (griech. poly: viel; theos: Gott) Glaube an viele Götter (im Gegensatz zum → Monotheismus). Die Menschen im alten Ägypten, Griechenland und Rom verehrten zahlreiche Götter.

Provinz: (lat. provincia: ursprünglich Aufgabengebiet, später Provinz) Römische Gebiete, die außerhalb Italiens lagen, bezeichnete man als Provinzen. Die dortige Bevölkerung musste Steuern und Abgaben an den Statthalter zahlen. Der musste nur eine bestimmte Summe an den römischen → Staat abführen. Den Rest des Geldes konnte er behalten. Deshalb wurden die Provinzen oft von den Statthaltern ausgebeutet.

Pyramide: Diese Bauwerke errichteten die Menschen im alten Ägypten als Grabstätten der → Pharaonen. Die größte ist die Cheops-Pyramide. Die Maya und die Inka in Mittelamerika bauten Pyramiden als Tempelanlagen.

Quelle: Alle Überreste aus der Vergangenheit, wie zum Beispiel Briefe, andere Texte, Bilder, Gebäude, Werkzeuge, alte Namen usw., die uns etwas über die früheren Zeiten erzählen, nennen wir Quellen (im Gegensatz zur → Darstellung).

Religion: Typus von Weltanschauungen, deren Anhänger an die Existenz von etwas Übernatürlichem (z. B. einen Gott) glauben, das auf das irdische und erfahrbare Leben Einfluss hatte und/oder noch hat. Religionen legen meist fest, welches Verhalten, Empfinden, Denken und welche Wertevorstellungen von Menschen sich daraus ergeben sollen.

Republik: (lat. res publica: öffentliche Angelegenheit) Staatsform mit jährlich wechselnder Regierung hoher Beamter, die in Rom um 500 v. Chr. entstand. Mit → Augustus verloren → Senat und Volksversammlung an Einfluss, die → Kaiserzeit begann.

Revolution: (lat. revolutio: Umwälzung) Grundlegende und tiefgreifende Veränderung bestehender Verhältnisse. In der Politik wird von Revolutionen gesprochen, wenn der Zugang zur Macht (Herrschaft) in einem → Staat in kurzer Zeit grundlegend verändert wird. Revolutionen sind in der Regel mit kulturellen, sozialen, wirtschaftlichen und rechtlichen Veränderungen einer → Gesellschaft und der Anwendung von Gewalt verbunden.

Romulus und Remus: Zwillingsbrüder, die nach dem → Gründungsmythos 753 v. Chr. die Stadt Rom gegründet haben sollen. Besonders bekannt ist die Darstellung, in der beide von einer Wölfin gesäugt werden.

Schrift: Verfahren, um Sprache aufzuzeichnen. Die älteste Schrift war ab 3300 v. Chr. die Keilschrift der Sumerer. Um 3000 v. Chr. entwickelten Menschen im alten Ägypten die → Hieroglyphen. Beide Schriftarten hatten viele hundert Zeichen. Um 1000 v. Chr. dachten sich die Phönizier eine Schrift aus, die weniger Zeichen hatte: Jeder gesprochene Laut hatte einen Buchstaben. Aus ihr entwickelten sich alle späteren Alphabete.

schriftliche Quelle: Schriftlich überlieferte → Quelle, z. B. Urkunden, Berichte,

Tagebucheinträge, Zeitungsberichte, Protokolle oder Texte von Zeitzeugen.

Senat: (lat. senatus: Rat erfahrener Politiker) Eine hauptsächlich von → Patriziern besetzte angesehene Versammlung ehemaliger Regierungsmitglieder in der römischen → Republik. Der Senat, dem bis zu 300 vormalige Regierungsbeamte angehörten, bestimmte die Politik, indem er die Politiker beriet. In der → Kaiserzeit verlor er seine Macht.

Sesshaftigkeit: In der → Jungsteinzeit wurden allmählich aus → Jägern und Sammlern sesshafte Bauern, die Getreide anbauten, Haustiere hielten und Häuser errichteten.

Sklave/Sklavin: Diese Menschen sind unfrei und rechtlos; ein Mensch, der wie eine Sache einem Eigentümer gehört und ohne Lohn arbeiten muss. Häufig wurden Kriegsgefangene versklavt. Die Eigentümerinnen und Eigentümer konnten ihre Sklavinnen und Sklaven auch freilassen; im alten Rom blieben diese aber dennoch Teil der → familia.

Staat: Menschen (das Volk), die in einem Gebiet nach einer bestimmten Herrschaftsordnung leben.

Staatsreligion: Meist eine einzige → Religion, die ein → Staat gegenüber allen anderen Glaubensformen bevorzugt. Der Staat gibt der Staatsreligion bestimmte Rechte und erkennt sie dadurch als „seine" Religion an. Dies führt zu einer unterschiedlich stark ausgeprägten Vermischung der religiösen und der politischen Macht.

Tonquelle: → Quelle, die als Tonaufnahme überliefert ist, z. B. Aufzeichnung einer Rede, Radioansprache oder Tonspur eines Films.

Verfassung: Rechtliche Grundordnung eines → Staates; in ihr werden u.a. der Staatsaufbau, die Territorien und die Rechte und Pflichten von Regierenden und Bürgerinnen und Bürgern festgelegt.

Verwaltung: Alle Vorgänge und Aufgaben, die für die Organisation des Zusammenlebens und -arbeitens nötig sind und von weisungsgebundenen Beamten oder Angestellten durchgeführt werden. Das Vorhandensein einer Verwaltung ist Kennzeichen früher → Hochkulturen (z. B. Ägypten, Mesopotamien) und moderner → Staaten mit Ämtern und Behörden (Bürokratie).

Völkerwanderung: Migration germanischer Stämme (→ Germane / Germanin) in Mittel- und Osteuropa in der späten → Antike und dem frühen Mittelalter (375–568 n. Chr.). Viele Historikerinnen und Historiker sehen den Begriff kritisch, da nicht ganze Völker wanderten, sondern kleine, bunt gemischte Menschengruppen auf der Suche nach besseren Lebensbedingungen.

Volksversammlung: Zusammenkunft von Bürgern eines → Staates (in Athen Männer ab 20 Jahren), um zu beraten, abzustimmen oder Personen in Ämter zu wählen. Viele griechische Poleis (→ Polis) hielten Volksversammlungen ab, auch Rom zur Zeit der Republik.

Werkzeug: Gegenstand, mit dessen Hilfe der Mensch ein bestimmtes Ziel leichter oder überhaupt erst erreichen kann. Oft hilft ein Werkzeug dabei, etwas zu bewegen, umzuformen, abzutrennen oder zu verbinden. Als nichtschriftliche → Quellen geben Werkzeuge Auskunft, über welche Fähigkeiten die Menschen zu einer bestimmten Zeit verfügten.

Zeit: Die nicht wiederholbare Abfolge des Geschehens, die als Vergangenheit, Gegenwart und Zukunft vom Menschen jeweils unterschiedlich erlebt, eingeteilt und gemessen wird (→ Chronologie).

Zeitrechnung: Gliederung der → Zeit in gleichmäßige Abschnitte, z. B. Tage, Monate, Jahre; Zählung von Jahren ab einem bestimmten Jahr, das dann als das „Jahr Null“ gilt.

Lexikon zur Geschichte – Personen

Alexander der Große (356–323 v. Chr.): König des nordgriechischen Staates Makedonien, Feldherr und Herrscher über ein Reich auf den Kontinenten Europa, Asien und Afrika. Alexanders Vater Philipp hatte fast alle griechischen → Poleis unter makedonische Herrschaft gebracht. Alexander selbst eroberte in nur elf Jahren (334–323 v. Chr.) mit einem makedonisch-griechischen Heer ein riesiges Reich bis nach Indien. Nach seinem Tod zerfiel es in zahlreiche Nachfolgestaaten.

Augustus (63 v. Chr.–14 n. Chr.): Geboren als Octavian, Adoptivsohn → Caesars. Nach Caesars Ermordung verbündete sich Octavian mit dessen Anhängern und verfolgte die Mörder. Alle römischen Feldherren, die über Truppen verfügten, besiegte er nach und nach. 31 v. Chr. war er in Rom Princeps, der „erste Mann im Staat“ (Prinzipat). Der → Senat verlieh ihm 27 v. Chr. den Ehrentitel „Augustus“ („der Erhabene“). Er wird als erster römischer Kaiser angesehen und vererbte die Macht in seiner Familie. Damit endete die Republik und es begann die Römische Kaiserzeit.

Caesar, Gaius Julius (100–44 v. Chr.): Feldherr, Staatsmann und Autor. Er nutzte seine politischen Ämter, um den Oberbefehl über die Truppen zu bekommen. Mit diesen brachte er dem Römischen Reich große Gewinne. Das Heer unterstützte ihn auch, als er im Bürgerkrieg alle konkurrierenden Politiker bekämpfte und besiegte. Vom → Senat ließ er sich zum Diktator ausrufen. Seine Gegner befürchteten, er wolle eine Königsherrschaft (Monarchie) errichten, und töteten ihn.

Hannibal (247–183 v. Chr.): Feldherr aus Karthago und erbitterter Gegner der Römer. Er zog im zweiten Punischen Krieg mit einem Heer und 37 Kriegselefanten über die Alpen gegen das Römische Reich.

Jesus Christus (ca. 6 v. Chr.–ca. 30 n. Chr.): Jesus wurde in Israel geboren. Mit etwa 30 Jahren begann er, als jüdischer Wanderprediger vom Reich Gottes zu erzählen. In Jerusalem wurde Jesus von vielen als Erlöser (Messias) begrüßt. Wegen seiner Lehre wurde er von den Römern gekreuzigt. Die Bibel berichtet, dass Jesus am dritten Tag ins Leben zurückgekehrt und später in den Himmel aufgestiegen sei. Seine Anhänger, die Christen (→ Christentum), sehen in Jesus den Sohn Gottes, der für alle Menschen starb.

Konstantin I., der Große (um 285–337): Feldherr und römischer → Kaiser. Konstantin erkannte mit dem Toleranzedikt von Mailand 313 das → Christentum als gleichberechtigte → Religion an. Er ließ sich aber erst auf dem Sterbebett taufen. Im Jahre 330 hatte er Konstantinopel (Byzanz) zur Hauptstadt des Römischen Reiches gemacht. Fälschlicherweise wird oft die Einführung des Christentums als → Staatsreligion mit Konstantin in Verbindung gebracht. Dies geschah aber erst 380 n. Chr. unter Kaiser Theodosius.

Sachregister

Personenregister

Textnachweis

S. 32 M2 Gabriele Beyerlein und James Field, Steinzeit. Die Welt unserer Vorfahren, Würzburg 2008, S. 41

S. 43 M9 Brigitte Röder, Jungsteinzeit: Frauenzeit? Frauen in den frühen bäuerlichen Gesellschaften Mitteleuropas, in: Frauen – Zeiten – Spuren, hrsg. von Bärbel Auffermann und Gerd-Christian Weniger, Mettmann 1998, S. 242, 245 f. und 260 ff. (vereinfacht)

S. 43 M10 Zusammengestellt nach: Südtiroler Archäologiemuseum, Bozen, www.iceman.it/oetzi-der-mann-aus-dem-Eis

S. 58 M1 1. Buch Mose 46,6; 47,3–4, Einheitsübersetzung der Heiligen Schrift, © 2016 Katholische Bibelanstalt GmbH Stuttgart

S. 60 M4 Übersetzung nach Peter Dils (gekürzt und vereinfacht); Thesaurus Linguae Aegyptiae, http://aaew.bbaw.de/tla/servlet/S05?d=d001&h=h001 [08.08.2024]

S. 63/64 M1 Codex Hammurapi (vereinfacht), nach: Gerhard Köbler, https://www.koeblergerhard.de/Fontes/CodexHammurapi_de.htm [08.08.2024]

S. 64 M2 Steffen Wenig, Die Frau im Alten Ägypten, Wien/München 1969, S. 24 (gekürzt und vereinfacht)

S. 65 M3 Wolfgang Helck, Die datierten und datierbaren Ostraka, Papyri und Graffiti von Deir el-Medineh, Ägyptologische Abhandlungen, Bd. 63, Wiesbaden 2002, S. 227, 240

S. 65 M4 Nach: Strafgesetzbuch, § 186, § 223, § 242, zitiert nach: https://www.gesetze-im-internet.de/stgb/ [08.08.2024]

S. 65 M5 Grundgesetz der Bundesrepublik Deutschland, Artikel 1.1 zitiert nach: https://www.gesetze-im-internet.de/gg/BJNR000010949.html [08.08.2024]

S. 67 M2 Friedrich Wilhelm Freiherr von Bissing, Altägyptische Lebensweisheit, Zürich 1955, S. 54 f. (gekürzt)

S. 71/72 M2 Joyce Tyldesley, Die Königinnen des Alten Ägypten, Von den frühen Dynastien bis zum Tod Kleopatras, Leipzig 2008, S. 9, Übersetzer: Agentur Commintern

S. 72 M3 Joyce Tyldesley, Die Königinnen des Alten Ägypten, Von den frühen Dynastien bis zum Tod Kleopatras, Leipzig 2008, S. 9, Übersetzer: Agentur Commintern

S. 72 M5 Erik Hornung, Altägyptische Dichtung, Stuttgart 1996, S. 68 f.

S. 73 M7 Katarzyna Radziwiłł, Frauenleben im Lauf der Zeit, Basel/Lausanne 2021, S. 11 f., (übersetzt von Martina Polek)

S. 75 M1 Friedrich Wilhelm Freiherr von Bissing, Altägyptische Lebensweisheit, Zürich 1955, S. 57–59 (gekürzt)

S. 81 M3 Erik Hornung, Altägyptische Dichtung, Stuttgart 1996, S. 121–123 (Text stark gekürzt und leicht verändert)

S. 81 M4 Miriam Lichtheim, Ancien Egyptian Literature, A Book of Readings, Vol 1: The Old and Middle Kingdoms, Berkely u. a. 2006, S. 41 f. (übersetzt von Klaus Dieter Hein-Mooren)

S. 81 M5 Erik Hornung, Das Totenbuch der Ägypter, Zürich u. a. 1979, S. 48

S. 84 M3 Herodot Historien Buch II, 124, zitiert nach: Lautemann, Wolfgang und Schlenke, Manfred (Hrsg.): Geschichte in Quellen. Altertum. Bayerischer Schulbuchverlag, München 1975 (2. Auflage), S. 15. Text leicht verändert durch Rolf Schulte und Benjamin Stello

S. 103 M 1 Aristoteles, Politik, übersetzt v. Eugen Rolfes, Hamburg 1990, I/1252, S. 3 f.

S. 104 M3 Hesiod: Erga, 383–466 (übersetzt von Björn Onken)

S. 106 M1 Homerische Hymnen, übertragen, eingeführt und erläutert von Karl Arno Pfeiff, Tübingen 2002, S. 42–57 (stark vereinfachter Text)

S. 109 M3 Herodot I 51–53, in: Herodot, Historien, übersetzt von August Horneffer, Stuttgart 1971, S. 22

S. 111 M2 Ludwig Drees, Olympia. Götter, Künstler und Athleten, Stuttgart 1967, S. 77 ff. (vereinfacht)

S. 113 M4a Isokrates, Panegyrikos, 43 und 44, zitiert nach:
http://www.perseus.tufts.edu/hopper/text?doc=Perseus%3Atext%3A1999.01.0144%3Aspeech%3D4%3Asection%3D43
http://www.perseus.tufts.edu/hopper/text?doc=Perseus%3Atext%3A1999.01.0144%3Aspeech%3D4%3Asection%3D44
[08.08.2024], übersetzt von Stephan Kohser

S. 113 M4b Xenophanes, Fragmente 2, in: Wolfgang Lautemann und Manfred Schlenke (Hrsg.): Geschichte in Quellen. Altertum. Alter Orient – Hellas – Rom, bearbeitet von Walter Arend, München 19783, S. 126

S. 114 M1 Cornelius Nepos, De viris illustribus, Biographien berühmter Männer, übersetzt und herausgegeben von Peter Krafft und Felicitas Olef-Krafft, Stuttgart 1993, S. 17

S. 117 M5 Ernst H. Gombrich, Eine kurze Weltgeschichte für junge Leser, Köln 2021, S. 67–69

S. 117 M6 Omid Nouripour: Der verletzte Stolz der Iraner, in: https://www.spiegel.de/kultur/kino/streit-um-300-der-verletzte-stolz-der-iraner-a-475956.html [08.08.2024]

S. 119 M2 Aristoteles, Politik 1274b39 – 1275a26, zitiert nach: Gehrke, Hans-Joachim/Schneider, Helmuth (Hrsg.): Geschichte der Antike. Quellenband, Stuttgart 2007, S. 117, (stark gestrafft und vereinfacht)

S. 120 M3 Nach: Aristotle. Aristotle in 23 Volumes, Vol. 21, 1254a, translated by H. Rackham. Cambridge, MA, Harvard University Press; London, William Heinemann Ltd. 1944. https://www.perseus.tufts.edu/hopper/text?doc=Perseus%3Atext%3A1999.01.0058%3Abook%3D1%3Asection%3D1254a [08.08.2024] aus dem Englischen übersetzt von Stephan Kohser (stark gestrafft und vereinfacht)

S. 120 M4 Xenophon, Ökonomische Schriften, griechisch und deutsch von Gert Audring, Berlin 1992, S. 63 und 65 (leicht vereinfacht)

S. 124 M1 Nach: Jochen Bleicken, Die athenische Demokratie, Paderborn 1985 und Raimund Schulz, Athen und Sparta, Darmstadt 2003

S. 125 M2 Nach: www.derklassenrat.de und www.klassenrat.org [08.08.2024]

S. 125 M3 Thukydides, Geschichte des Peloponnesischen Krieges, Buch 2, 35–46, nach: Georg Peter Landmann (Übers.), München/Zürich 1993, S. 235–249 (gekürzt und vereinfacht)

S. 126 M1 Lars Abromeit: Sparta – ein Leben für den Krieg, in: https://www.spiegel.de/wissenschaft/mensch/antikes-griechenland-sparta-ein-leben-fuer-den-krieg-a-310785.html [08.08.2024]

S. 128 M4 Des Plutarchen vergleichende Lebensbeschreibungen. Aus dem Griechischen übersetzt von Johann Kaltwasser. Magdeburg 1799, S. 187 f.

S. 128 M5 Michael Stang, Die Toten von Sparta vom 26.06.2006, in: https://www.deutschlandfunk.de/die-toten-von-sparta-100.html [08.08.2024]

S. 136 M4 Diodor, Bibliotheca historica, 17,1: 3f. Zitiert nach: https://penelope.uchicago.edu/Thayer/E/Roman/Texts/Diodorus_Siculus/17A*.html#1 [08.08.2024], übersetzt von Finn Melchertsen

S. 137 M5	Seneca, Epistulae Morales 94: 62. Zitiert nach: https://www.lateinlex.de/?call=Puc&permalink=Sen_epist [08.08.2024], übersetzt von Finn Melchertsen
S. 137 M6	Arrian, Der Alexanderzug, 7, 4. In: Hans-Joachim Gehrke/Helmuth Schneider (Hrsg.): Geschichte der Antike. Quellenband, Stuttgart 2007, S. 152
S. 143 M3	Pausanias Beschreibung Griechenlands, 5, 24, 9, zit. nach: Walter Arend, Geschichte in Quellen, Band I. Altertum, München 1989, S. 123
S. 151/152 M1	Frank Schwieger, Ich, Caesar, und die Bande vom Kapitol, München 2018, S. 18
S. 153 M5	Ernst H. Gombrich, Eine kurze Weltgeschichte für junge Leser, Köln 2021, S. 104
S. 153 M6	Klexikon, Sage, https://klexikon.zum.de/wiki/Sage CC BY-SA 4.0 [08.08.2024]
S. 156, M2	Tom Dauer, Hannibal – der Mann, der beinahe Rom besiegte, in: GEOlino Zeitreise Nr. 4, https://www.geo.de/geolino/mensch/18154-rtkl-rom-hannibal-der-mann-der-beinahe-rom-besiegte [08.07.2024]
S. 159/160 M2	Cicero, Reden gegen Verres 2, 4, I, nach: Walter Arend, Geschichte in Quellen 1, München 1965, S. 501
S. 161 M5a	Diodor, Diodori Siculi Bibliotheca historica 32, 4.4-4.5, zit. nach: Walter Arend (Bearb.), Geschichte in Quellen. Altertum, München 1978, S. 456
S. 161 M5b	Vergil Aeneis 6, 847 ff., übers. von Klaus Gast
S. 164/165 M3	Caesar, Der Gallische Krieg. De bello Gallico. Lateinisch – deutsch (Sammlung Tusculum), übers. und erl. v. Otto Schönberger, Berlin 42013, S. 87
S. 165 M4	Plutarch, Doppelbiographien 49, Übersetzung von Benjamin Stello
S. 168 M2	Vellius Paterculus, Römische Geschichte 2, 89, Übersetzung von Rolf Schulte
S. 169 M8	Plutarch, Cato 21 (übersetzt und vereinfacht von Susanne Mortensen)
S. 169 M9	Plinius, Briefe 5, 19, 1–6 (übersetzt und vereinfacht von Susanne Mortensen)
S. 172 M5	Martial, Liber spectaculorum 29 (übersetzt von Björn Onken)
S. 173 M6	Seneca, Ad Lucillum 7,2–6, übersetzt von Klaus Gast

S. 176 M3a Corpus Inscriptionum Latinarum 6,826, in: https://droitromain.univ-grenoble-alpes.fr/Negotia/Arae_urbanae_CIL.htm [08.08.2024], übersetzt von Benjamin Stello

S. 176 M3b Detlef Detlefsen, C. Plinii Secundi. Naturalis Historia, Berlin 1868, S. 56

S. 176 M3c Franziskus Oehler (Hrsg.), Quinti Septimii Florentis Tertulliani quae supersunt omnia, Band 1, Leipzig 1853, S. 131

S. 177 M4 Vita Constantini et Oratio ad coetum sanctorum; Autor: Eusebius von Cäsarea; deutsch: Vier Bücher über das Leben des Kaisers Konstantin und des Kaisers Konstantin Rede an die Versammlung der Heiligen, Übersetzer: P. Johannes Maria Pfättisch und Dr. Andreas Bigelmair, München 1913; in modernes Deutsch übertragen Benjamin Stello

S. 177 M5 Peter Leusch, Konstantin der Große und die Anfänge des christlichen Europa vom 31.05. 2007, in: https://www.deutschlandfunk.de/konstantin-der-grosse-und-die-anfaenge-des-christlichen-100.html [08.08.2024]

S. 185 M4 Ammianus Marcellinus, Res gestae, zit. n. Johann A. Wagner, Ammian Marcellin, Übersetzung, Frankfurt 1794, 3. Buch, S. 147–154, leicht adaptiert

S. 185 M5 Valesianus 12, 60, zit. n. Wolfgang Lautemann und Manfred Schlenke (Hrsg.), Geschichte in Quellen. Bd. 1, bearbeitet v. Walter Arend, München 1989, S. 829, gekürzt

S. 185 M7 Werbetext (Kosmos)

Bildnachweis

AdobeStock / Leonid Andronov – S. 168; - / Aufwind-Luftbilder – S. 170; - / Dagmara_K – S. 30; - / Jeanette Dietl – S. 25; - / ExQuisine – S. 41; - / Bernard GIRARDIN – S. 168; - / ollirg – S. 129; - / Marcel Paschertz – S. 30; - / robnaw – S. 88; - / sborisov – S. 170; - / sculpies – S. 70; - / THIERRY – S. 37; - / WavebreakMediaMicro – S. 54; - / Mathias Weil – S. 30; - / Werner – S. 30; akg-images – S. 177; - / De Agostini Picture Library, G. Dagli Orti – S. 50, 93, 173, 178; - / Rainer Hackenberg – S. 102; - / Erich Lessing – S. 116, 168; - / Monheim, Jochen Helle – S. 19; - / Nimatallah – S. 89; - / Jean-Louis Nou – S. 88, 89; - / Simon Schwartz – S. 175; Alamy Stock Photo / Abaca Press – S. 5, 144/145; - / Arco Images GmbH, G. A. Rossi – S. 145; - / artpartner-images.com – S. 113; - / A. Astes – S. 75; - / Atlaspix – S. 86; - / Ceri Breeze – S. 118; - / Cinematic – S. 134; - / ColsTravel – S. 150, 187; - / Danita Delimont – S. 94; - / Christian Draghici– S. 4, 96/97; - / Pavel Dudek – S. 102; - / Eric Farrelly – S. 12; - / Givaga – S. 182; - / GRANGER - Historical Picture Archive – S. 61, 70; - / Robert Harding – S. 11; - / Heritage Image Partnership Ltd. – S. 80, 93, 157; - / Historic Images – S. 182; - / Hoberman Publishing – S. 166; - / imageBROKER.com GmbH & Co. KG – S. 152, 154, 174, 187; - / Imagedoc – S. 62; - / Ivy Close Images – S. 160; - / LANDMARK MEDIA – S. 134; - / Jose Lucas – S. 66; - / Oleksiy Maksymenko – S. 54; - / riccardo Mancioli – S. 16; - / Manor Photography – S. 54; - / Maximum Film – S. 191; - / MBI – S. 12; - / MGStudio – S. 12; - / PRISMA ARCHIVO – S. 78, 191; - / Andrej Privizer – S. 73; - / Chris Redan – S. 106; - / Floriano Rescigno – S. 168; - / RGR Collection – S. 126, 158; - / SAO Struck – S. 62; - / Science History Images – S. 128; - / Ivashutin Sergey – S. 106; - / Daniel Swee – S. 98; - / Zuri Swimmer – S. 61; - / The History Collection – S. 184; - / The Picture Art Collection – S. 95; - / United Archives GmbH – S. 158, 162, 186, 187; - / Ivan Vdovin – S. 146; - / World History Archive – S. 64; © Antikenmuseum Basel und Sammlung Ludwig – S. 116; Archäologisches Museum Hamburg – S. 41; - / Illustration: Roland Warzecha – S. 19; © Libor Balák – S. 29; „Die Schule der kleinen Götter" / Geschrieben von Lucy K. Walker und illustriert von Marta Kissi, © 2023 Baumhaus Verlag in der Bastei Lübbe AG – S. 98; bpk-Bildagentur / Antikensammlung, SMB, Johannes Laurentius – S. 104, 109; - / Deutsches Historisches Museum – S. 18; - / Museo Archeologico Nazionale, Neapel, Scala – S. 11; - / RMN-Grand Palais, Ayman Khoury – S. 93; - / Scala – S. 10, 162; - / The Metropolitan Museum of Art – S. 143; Bridgeman Images / Dorling Kindersley/UIG – S. 168; - / Farabola – S. 110; - / G. Dagli Orti, © NPL - DeA Picture Library – S. 181; - / © NPL - DeA Picture Library – S. 78; B. Dieckmann, A. Harwarth, M. Heumüller, J. Hoffstadt, U. Maier, I. Matuschik, A. Schwoerbel, E. Stephan, P. Schweizer-Strobel, A. Styring, H. Schlichtherle, B. Theune-Großkopf, Eine kurze Dorfgeschichte. Hornstaad-Hörnle IA am Bodensee, in: 4.000 Jahre Pfahlbauten. Begleitband zur Großen Landesausstellung Baden-Württemberg 2016, Ostfildern 2016, S. 80-92 – S. 47; Frank Schwieger: Ich, Zeus, und die Bande vom Olymp. Umschlagbild und -gestaltung: Ramona Wultschner © 2017 dtv Verlagsgesellschaft mbH & Co. KG, München – S. 98; Christopher Forsey – S. 93; Fotolia / Hubertus Blume – S. 30; Getty Images / Moment, Artur Debat – Cover; Getty Images Plus / iStockphoto, Anton Aleksenko – S. 4, 52/53; - / iStockphoto, bennymarty – S. 97; - / iStockphoto, Photo Beto – S. 166; - / iStockphoto, Eva Blanco – S. 30; - / iStockphoto, bluejayphoto – S. 3, 10/11; - / iStockphoto, William Dummitt – S. 85; - / iStockphoto, GrahamMoore999 –

S. 145; -/iStockphoto, klug-photo – S. 145; -/iStockphoto, Mirko Kuzmanovic – S. 58; -/iStockphoto, syaber – S. 82; -/iStockphoto, teamtime – S. 62; -/iStockphoto, webking – S. 54; -/iStockphoto, WHPics – S. 10, 50; -/iStockphoto, Drazen Zigic – S. 5, 33, 57; © Jean-Claude Golvin – S. 112, 133; © Gorny & Mosch Giessener Münzhandlung GmbH, Auktion 244, 06.03.2017, Los 456/Fotografie: Lübke & Wiedemann KG, Leonberg – S. 190; Detlef Gronenborn und Silviane Scharl, Das Neolithikum als globales Phänomen, in: Jürgen Kunow, Thomas Otten u.a. (Hrsg.), Revolution Jungsteinzeit. Archäologische Landesausstellung NRW, Stuttgart 2015, S. 59–71, S. 60, Abb. 1 Mitte – S. 31; imago images/AGB Photo – S. 174; -/Panthermedia – S. 161, 187; -/Pond5 Images – S. 66; -/SNA – S. 165; -/UPI Photo – S. 110; Interfoto/Science & Society, Science Museum – S. 26; iStockphoto/JuliarStudio – S. 79; -/kbeis – S. 22; -/martin-dm – S. 146; Stephan Kohser, Springe – S. 142; KOSMOS Verlag – S. 185, 190; Landesmuseum Natur und Mensch Oldenburg/Nachbau eines Vierradwagens der Jungsteinzeit aus der Wende vom 4. zum 3. Jahrtausend v. Chr. – S. 42; Limes-Therme, Bad Gögging – S. 146; From The Greek World, first published in 1987 by Kingfisher Publications, an imprint of Pan Macmillan. Reproduced by permission of Macmillan Publishers International Limited Illustrator Kevin Maddison. Copyright © Macmillan Publishers International Limited 1987 – S. 122; Mauritius Images/Alamy Stock Photo, Bildagentur-online, Schoening – S. 97; -/Alamy Stock Photo, George Blonsky – S. 130; -/Alamy Stock Photo, Colaimages – S. 157; -/Alamy Stock Photo, Mar FERNÁNDEZ NAVARRO – S. 72; -/Alamy Stock Photo, Icom images – S. 11; -/Alamy Stock Photo, Susie Kearley – S. 36; -/Alamy Stock Photo, STOCK4B-RF – S. 20; -/Alamy Stock Photo, The History Collection – S. 11; -/Alamy Stock Photo, Terence Waeland – S. 74; -/Blend Images, Roberto Westbrook – S. 30; -/Anne-Katrin Heine – S. 30; © Netflix/Barbaren – S. 178; picture-alliance/akg-images – S. 50; -/akg-images, Erich Lessing – S. 26; -/akg-images, Nimatallah – S. 121; -/akg-images, Michael Zapf – S. 130; -/Uwe Anspach – S. 44; -/AP Images, Winfried Rothermel – S. 38, 51; -/Arco Images GmbH, F. Schneider – S. 93; -/Bildagentur-online, Sunny Celeste – S. 18; -/Christian Charisius – S. 122; -/dpa, Institute for Mummies – S. 45; -/dpa, Lad Esslingen, Meuhleis Yam – S. 36, 50; -/DUMONT Bildarchiv, M.-O. Schulz – S. 27; -/imageBROKER, Raimund Franken – S. 68; -/Erich Lessing – S. 81; -/Angelika Warmuth – S. 98; -/ZB, euroluftbild.de, Martin Elsen – S. 18; -/ZB, Peter_Endig – S. 34; Fernando Vergara Pina, Santiago – S. 104; © playmobil – S. 114; Carole Raddato – S. 145; Shutterstock/DedMityay – S. 20; -/Massimo Todaro – S. 136; -/urbanbuzz – S. 146; Steinzeitpark Dithmarschen, Albersdorf – S. 3, 28/29; © Südtiroler Archäologiemuseum/A. Ochsenreiter – S. 44; -/Harald Wisthaler – S. 45 (3); ullstein bild/Lombard – S. 38; Universalmuseum Joanneum GmbH/Foto Sarah Kiszter – S. 43; Universität Tübingen/Foto: Hilde Jensen – S. 50; Victrix Limited – S. 136; © Oliver Wetterauer Illustrationen, Stuttgart – S. 51; www.wikimedia.org/Karsten11 – S. 41; -/Mimova – S. 145; -/Sandstein – S. 41.

Mediencodes

AdobeStock / Jeanette Dietl – S. 25 (31000-476)
AdobeStock / Mathias Weil – S. 30 (31000-478)
Getty Images Plus / iStockphoto, Eva Blanco – S. 30 (31000-478)
Fotolia / Hubertus Blume – S. 30 (31000-478)
Mauritius Images / Anne-Katrin Heine – S. 30 (31000-478)
AdobeStock / Dagmara_K – S. 30 (31000-478)
Mauritius Images / Blend Images, Roberto Westbrook – S. 30 (31000-478)
AdobeStock / Marcel Paschertz – S. 30 (31000-478)
AdobeStock / Werner – S. 30 (31000-478)
ullstein bild / Lombard – S. 38 (31000-486)
Alamy Stock Photo / Zuri Swimmer – S. 61 (31000-295)
bpk-Bildagentur / RMN-Grand Palais, Ayman Khoury – S. 66 (31000-296)
Alamy Stock Photo / Heritage Image Partnership Ltd. – S. 80 (31000-297)
akg-images / De Agostini Picture Library, G. Dagli Orti – S. 93 (31100-0037)
picture-alliance / Arco Images GmbH, F. Schneider – S. 93 (31100-0037)
Christopher Forsey – S. 93 (31100-0037)
Mauritius Images / Alamy Stock Photo, Terence Waeland – S. 93 (31100-0037)
bpk-Bildagentur / RMN-Grand Palais, Ayman Khoury – S. 93 (31100-0037)
Alamy Stock Photo / Ivashutin Sergey – S. 106 (31000-350)
© Jean-Claude Golvin – S. 133 (31000-299)
Alamy Stock Photo / imageBROKER.com GmbH & Co. KG – S. 157 (31000-496)
imago images / Panthermedia – S. 161 (31000-497)
akg-images / Simon Schwartz – S. 175 (31000-499)
akg-images – S. 177 (31000-500)
akg-images / De Agostini Picture Library, A. Dagli Orti – S. 178 (31000-501)
Alamy Stock Photo / Historic Images – S. 182 (31000-504)